陳 祖恩［著］

銭 暁波・森平崇文［訳］

上海

記憶の散歩

勁草書房

プラタナスへの思い──序に代えて

　上海の風景の中で、最も忘れがたいのはプラタナスの街並みである。

　鈴懸の木とも呼ばれるプラタナスは、1880年代にヨーロッパから上海に移植されたといわれているが、この新しい都市にフランス風のロマンチックさと温もりを与え、西洋の油絵のような美しい色彩をもたらしてくれた。西部の静謐な住宅地では、プラタナスによりその芝生と洋館がさらに引き立ち、明るい月光の下、綿花のような花びらが音もなく舞い落ちていく。にぎやかな商店街では、高くまっすぐに伸びた枝が肩を並べ、生い茂る緑葉が日差しを遮ってくれるので、プラタナスの下で人々はくつろぎ、足取りも軽やかになる。庶民の暮らす下町においてプラタナスは日差しを遮る日傘であり、雨宿りのためのひさしであり、幼年時代の記憶であり、晩年においては快適さを与えてくれる。すべての上海人は、灯りのともる窓の下でプラタナスの木にまつわる物語を持っている。

　中国の多くの都市にプラタナスの木が植えられているが、そこではプラタナスは街を彩る飾りに過ぎない。唯一上海だけは、ほとんどの道路や街角において、この高くて鬱蒼としたプラタナスの木が並んでいる。もしプラタナスがなくなったら、上海らしさを具えた都市は二度と存在しなくなる。数十年前になるが、淮海中路を再開発した際に沿道のプラタナスが伐採され、一時最も上海らしいストリートからプラタナスの緑が失われて、直射日光を受けるむき出しのアスファルト道路になったことがあった。それに対し市民から反発が起こり、当局はプラタナスを元に戻さざるを得なくなり、淮海中路は再び以前の活気を取り戻した。

　上海市の木はモクレンの木である。確かにモクレンは気高く上品であるが、孤高の美女のようで、上海市民には親しみにくい。上海の至る所にあるプラタナスこそが上海らしさの代表であり、市民にとっての市の木である。

　上海を思う時、いつもプラタナスが思い出される。記憶の散歩とは、都市の昔の夢の跡をたどる、ということである。

日本語版序

　本書『上海　記憶の散歩』は 2018 年 8 月に上海人民出版社から出版され、もう 1 冊の『南京路　歴史と風景』(2020) と併せて「上海都市形象百佳庫」(上海の都市イメージに関する良書 100 冊) に選ばれた。この度、勁草書房から日本語版が出版され、日本の読者に本書が紹介されることは大変光栄である。

　都市としての上海を定義するには、都市と県城、城市と集鎮の区別から始めなければならない。地域の概念からいえば、近代の上海には共同租界、フランス租界のほか、南市、閘北、江湾といった華界も含まれる。しかし都市としての上海、とりわけモダン上海としての上海は租界、中でも蘇州河より南の共同租界に限定される。この一帯が最も上海らしいモダンな区域である。わかりやすい比較をしてみたい。租界にある南京路の商店街はネオンサインに溢れているのに対し、華界にある南市の店舗には赤い提灯が掛かっている。租界の中心部では新しい書籍や新聞が販売され、世界各地から寄せられた新しい情報を発信しているのに対し、南市の道端にある露店には収蔵価値しかない古本が並べられている。租界の中心部では上海の夜景に人々は陶酔し、映画、カフェ、洋食が日常のお気に入りになっているのに対し、南市の狭く、曲がりくねった道路でぶらぶらしているのは占い師、愛鳥家、芸人などである。もちろん、このような南市に代表される華界の風景は時代とともに変化し、次第に都市化され洗練されるようになった。世の中の流れは滔々として果てしなく、その発展の趨勢を阻むことはできない。

　開港により上海は世界の潮流の中に参入した。租界とは荒れ放題の土地に建てられた近代都市であって、華洋の雑居と租界の不断の拡張により、上海の租界は中国の他の都市における租界とは異なる発展を遂げた。西洋の物質文明、市政の管理、議会制度、ライフスタイル、倫理道徳、価値観、美的感覚などの移入により、上海は急速に東洋における西洋文明の飛び地となった。それと併せて道路、橋、公共施設、公園、デパート、娯楽施設、集合住宅、庭付き邸宅といった都市の建築、および電灯、ガス、上水道、電車などの生活インフラが

モダン時代の消費需要に合致した。したがって、上海の租界は中国でも特別な存在であり、背景の異なる文化が衝突し、融合することで上海独特の文化やビジネス環境を作り出し、中国における近代化された都市のモデルとなった。

　移民都市である上海には包容力があり、すべてを受け入れるのが上海の都市としての特徴である。外国人を含む異郷人が上海にやってくると、そこには各地の言葉が入り交じっており、自らのアイデンティティおよび上海という土地とそこでの生活に対する感謝の気持ちから、上海に暮らし働くすべての人間が、「自分は上海人だ」という共通の身分を手にする。

　上海には日本人がかつて 10 万人以上いたが、日本の研究者は上海の市民生活にほとんど関心を向けず、それらは「黄浦江の子」であると自称する上海で暮らした日本人によって体験され、観察されてきた。内山完造（1885-1959）は庶民の目線で、路地裏の日常から中国人の生活の光景を観察し、そこで得た知識を本にまとめた。彼の『上海漫語』、『上海夜話』、『上海風語』、『上海霖語』、『上海汗語』といった書籍に記された上海の日々の暮らしに関する記載は、史料としての価値があるだけでなく、文化の伝播という点でも重要な意味があり、その評価は魯迅（1881-1936）が内山の書籍に関し下した、「事実は雄弁に勝る。これらのエッセイは確かに異彩を放っているのではないか」に尽きる。

　この度森平崇文先生の計らいで、本書が翻訳出版される運びとなった。私が森平先生と知り合ったのは彼が博士課程に在籍中の時で、すでに 20 年以上前になる。森平先生は中国の演劇、特に上海の各劇を研究され、常に上海の劇場で観劇しており、何とも楽しいことである。彼はまた上海の街を歩き、旧跡を訪れ、新しいスポットにも目を配って、上海の歴史と都市の生活に対する感覚を深めている。近代上海の歴史を研究するには、もちろん史料に依拠しなければならないが、現実から歴史を読み解き、街を歩いて考えるというのも重要な過程である。森平先生はまさに現実から歴史を読み解く研究者であって、私の知己である。この度彼が本書の翻訳をしてくれるということで、私は大変安心している。

　もう一人の訳者である上海対外経貿大学の銭暁波先生は、日本に長年留学され、博士の学位も取得されている。上海日本語学界における優秀な後進で、J.TEST（実用日本語検定）のイメージキャラクターを務めている。銭暁波先生は生粋の上海人であるが、「あなたは上海方言より日本語の方が上手だ」、と揶揄されるほど日本語が達者である。この度銭暁波先生と森平先生が翻訳を担当

されることで、本書の輝きはより増すであろう。

　本書の編集を担当してくれた張暁玲さんは、上海人民出版社法律と社会センターの副主任で、その視野は広く、国際文化交流に尽力している。本書の海外への発信は彼女の強い勧めと努力のおかげであり、最終的に森平先生の推薦で実現をみた。

　皆さまに対し心から感謝を申し上げる。

2021 年 5 月 20 日

陳祖恩

上海歴史地図（1842-1949）

閘北

共同租界

フランス租界

虹口

多倫路
横浜路

四川北路

蘇州河

大自鳴鐘
内外綿本部

大新公司 永安公
新世界

パーク・ホテル
（国際飯店）

グランドシアター

競馬場 大世

張園

静安寺路
（南京西路）

南京大戯院

ライシャム
シアター

セント・ジョンズ大学

静安寺

パラマウント
ダンスホール

フランス・
クラブ

キャセイ・
マンション

ジェスフィールド
公園

プーシキン像 ジョッフル路

豊田佐吉邸

武康路

上海美術
専門学校

徐家匯

龍華寺

上海関連年表 (1842-1949)

1842	『南京条約』調印、上海がイギリスの対外通商港となる（8月）。
1845	「上海土地章程」が公布され、イギリス租界が成立（11月）。
1849	フランス租界が成立（4月）。
1853	小刀会が武装蜂起し、上海県城を占領（9月）。
1854	第二次「上海土地章程」制定、租界の行政管理機構として工部局が成立（7月）。
1855	中国人の租界居住が許可される（2月）。
1861	シャンハイクラブが創立。
1863	イギリス租界とアメリカ租界が合併し、共同租界が成立（9月）。
1865	中国初の近代的軍事工場「江南機器製造総局」が虹口に創設（5月）。
1872	新聞『申報』創刊（1949年まで）（4月）。
1879	セント・ジョンズ書院（後のセント・ジョンズ大学）が開学（9月）。 上海公共楽隊（後の工部局交響楽団）が成立。
1882	イギリス資本の上海電光公司が発電を開始（7月）。
1883	イギリス資本の自来水公司が共同租界と虹口に給水を開始（5月）。
1896	徐園内の又一村において中国で初めて映画が上演される（8月）。
1897	上海初の官立大学「南洋公学」が開学（4月）。
1898	上海と呉淞間に鉄道が開通（8月）。
1904	商務印書館が総合雑誌『東方雑誌』を創刊（1948年まで）（3月）。
1905	復旦公学（復旦大学の前身）が開学（9月）。 上海と横浜間（9月）、上海とアメリカ間（11月）に海底テーブルが開通。
1908	路面電車が共同租界（3月）とフランス租界（5月）で営業開始。 新式の劇場である新舞台が落成（7月）。 上海最初の映画館である虹口影戯院が落成。
1911	日本の内外綿会社が上海に工場を開設（10月）。北一輝が上海を来訪。
1912	上海県城の城壁の撤去工事が始まる（2月）。
1913	京劇の女形梅蘭芳が初の上海公演を丹桂第一台で行う（11月）。
1914	フランス租界公董局に初の中国人参事が2名就任（9月）。
1915	日本の「二十一ヶ条要求」に反対する国民大会が張園で開催（3月）。 『新青年』（原名『青年雑誌』）が上海で創刊され「文学革命」を牽引（9月）。
1917	フランス租界に大世界遊楽場が開業（7月）。 内山完造が四川路魏盛里に内山書店を開設。
1918	南京路四大デパートの1つ永安公司が開業（9月）。
1919	大韓民国臨時政府がフランス租界に成立（4月）。 上海の労働者が北洋政府の学生弾圧に抗議してストライキに入る（6月）。

1921	芥川龍之介が大阪朝日新聞特派員として上海を来訪（3月）。
	中国共産党第一回全国大会がフランス租界で開催（7月）。
1922	上海で最初のバスの運行が始まる（8月）。
	アインシュタインが工部局講堂で相対性理論について講演（12月）。
1923	外国の郵便局が撤収し、中国郵局が上海の全郵便業務を統括（1月）。
	アメリカ人オズボーンにより中国初のラジオ放送が始まる（1月）。
	日本郵船が上海と長崎間の定期運航を開始。村松梢風が上海を訪問。
1924	タゴールが上海を来訪、歓迎茶会が開かれる（4月）。
	江浙戦争が勃発、斉燮元・孫伝芳軍が上海に進駐（9月）。
1925	「五・三〇事件」が発生、全市がゼネストに入り、反帝国主義運動を展開（5月）。
1926	『良友』画報が四川北路の良友図書印刷公司にて創刊（2月）。
	萬籟鳴らが中国初の短編アニメーション『大鬧画室』を完成（12月）。
1927	蒋介石が「四・一二クーデター」を発動（4月）。魯迅が上海に居を移す（10月）。
	蒋介石と宋美齢がマジェスティック・ホテルで披露宴を行う（12月）。
1928	共同租界工部局で初の中国人理事3人が就任（4月）。
1929	国民政府が「大上海計画」の実行を決定（7月）。
1930	中国左翼作家連盟（左連）が成立大会を開催（3月）。
1931	中国初のレコード式トーキー映画『歌女紅牡丹』が新光大戯院で公開（3月）。
1932	第一次上海事変勃発、華界の閘北一帯で市街戦を展開（1月）。
1933	茅盾の長編小説『子夜』が開明書店より出版、ベストセラーに（1月）。
1934	当時上海で最高層の建物であったパーク・ホテル（国際飯店）が落成（12月）。
	ベーブ・ルース一行が来訪し、申園で中国チームと野球対戦（12月）。
1935	人気映画女優阮玲玉が市内の自宅で自殺し大きな社会的反響を呼ぶ（3月）。
	上海を含む全国のラジオ放送が国語（北京語）による放送を開始（5月）。
1936	チャップリンが新婚旅行で上海を来訪（2月）。
	魯迅が市内の自宅にて死去（10月）。
1937	第二次上海事変勃発（8月）、上海の華界が陥落し、租界は「孤島」に（11月）。
1938	ユダヤ難民救助委員会が成立（10月）、以後ユダヤ難民が続々と上海へ到着。
1939	時代劇映画『木蘭従軍』が滬光大戯院で公開され、大ヒット（2月）。
1940	上海駐留のイギリス陸軍が撤退を宣布（8月）。
1941	萬籟鳴らによる中国初の長編アニメーション『鉄扇公主』が公開（11月）。
	太平洋戦争が勃発、日本軍が租界に進駐（12月）。
1943	汪精衛政府がフランス租界（7月）、共同租界（8月）をそれぞれ接収。
1944	上海聯芸劇社がライシャム・シアターで話劇『文天祥』を上演、ロングラン公演に（1月）。
1945	李香蘭のリサイタルがグランド・シアターで開かれる（5月）。
	湯恩伯率いる国民党政府第三方面軍が上海に入る（9月）。
	日本人の帰国第一陣が上海を離れる（12月）。
1946	雪声劇団が魯迅原作の小説を舞台化した越劇『祥林嫂』を上演（5月）。
1947	張資平の漫画『三毛流浪記』が『大公報』で連載を開始（6月）。
1948	蒋経国が経済管制委員会の督導員として着任、経済管制を敷く（8月）。
1949	人民解放軍が上海に入り、上海市人民政府が成立（5月）。

目　次

プラタナスへの思い──序に代えて　i

日本語版序　ii

上海歴史地図（1842-1949）　vi

上海関連年表（1842-1949）　viii

1　石像と城壁　1

2　千年の龍華寺　5

3　華洋の交差点──徐家匯　11

4　静安寺路の物語　18

5　楽善堂　26

6　ガーデン・ブリッジ　35

7　シャンハイ・クラブ　40

8　バンドの彫刻作品　46

9　フランス租界の記念碑　52

10　演劇における欧風の窓　58

11　プラタナス並木の武康路　66

12　梵王の渡しのほとり、セント・ジョンズ大学　71

13　近代工業文明のゆりかご　80

14　「王菩薩」と関東大震災　89

15　石井柏亭の上海紀行　99

16　ロシア情緒溢れるジョッフル路　104

17　呉淞路の商店街　110

18　遊楽場の世界　115

19　豊田佐吉邸の謎　121

20　福民病院　127

21　峨眉路108号　134

22　四川北路の都市生活　140

23　魯迅旧居と３本の道路　148

24　虹口の黄浦江埠頭　154

25　砲塁の如き屠畜場　161

26　上海の勝景は張園にあり　165

27　梓園のこと　170

28　南京大戯院　178

29　最高のパラマウント・ダンスホール　182

30　七重天　187

31　永安の文化雑誌　193

32　耳目を一新させた「大新」デパート　200

33　滬西の大時計：川村記念碑　206

34　五角場の「大上海」建築群　212

35　1945——上海における日本の降伏　219

訳者あとがき　225

日本語参考文献　228

索　引　229

凡　例

＊各頁の注はすべて翻訳者による訳注である。

＊上海歴史地図と上海関連年表は原書にはなく、日本語版のオリジナルである。

＊引用文中の漢字及びかなは原則として現行のものに改めた。

＊ルビは引用を含め適宜振った。中国人名・地名等については基本的に日本語の音読みとし、特定の人名に限り中国語標準語音にした。また上海の主要な地名や一部の固有名詞は上海語音に基づいたカタカナや、日本人によく知られた読み方を採用した。

＊年号は基本的に西暦年で表記した。

＊書籍、作品名、演目は『　』で、雑誌掲載の論文、記事などは「　」で示した。

＊敬称は略した。

1　石像と城壁

　上海は揚子江の泥の堆積によってできた砂州(さす)である。昔、呉淞江(ウーソン)は松江(しょうこう)とも呼ばれ、その下流は直接に海につながっていた。今のように一度黄浦江に流れ、合流した後に海へ流れ込んだのではなかった。当時呉淞江の東方面の海口は「滬瀆(ことく)」と呼ばれていた。「滬」は竹で編んだ漁具で、「瀆」は長江の河口を指している。つまり、「滬瀆」は上海の最も古い地名であり、この荒涼とした河口一帯において、当時網を打ち魚を捕る人たちがいたことを意味している。

　西晋時代の313年、夏から秋の満潮時、もともと静寂だった上海の河口に突如2基の石像が海上から姿を現した。村民たちは好奇心に駆られ、集まって石像をとり囲んだ。多くの人は海の神様のご降臨ではないかと思った。その後、蘇州から駆けつけてきた仏教徒の朱膺(しゅよう)と東霊寺和尚の帛尼(はくじ)によって、2つの石像は維衛(いえい)と迦葉(かしょう)という仏像であることが確認された。その後、石像は蘇州の通玄寺に迎えられ、滬瀆はようやくいつもの静寂を取り戻した。そこで梁の簡文帝が『浮海石像碑銘』を撰したが、その碑文には「松江の下、滬瀆と呼ばれ、人はここに住み、漁業を営む」と書かれている。つまり当時の滬瀆は漁村社会で、主に漁業を生業としていたことがわかる。敦煌の莫高窟(ばっこうくつ)にある第323窟の壁画にも「松江滬瀆石仏浮江」の絵があり、古代上海で起きたこの伝説が描かれている。

　石像が海から姿を現したということは、古代の上海が河口域の最前線に位置していたことを示している。それから数十年後、滬瀆の名は再び注目を受けるようになった。外敵の侵犯を防ぐために「滬瀆塁」と呼ばれた堡塁(ほるい)が沿岸に設置されたからである。当時、上海の「滬瀆塁」は東西にそれぞれ一か所あったが、その後、川の流れの変化によって、東塁と西塁は相次いで水没してしまった。

　水運と通商の優位性により、上海は急速に発展した。751年（唐の天宝(てんぼう)10年）に華亭県(かてい)が設置され、上海は1つの行政区域となった。1292年（元朝27年）に設置された上海県には72500世帯がおり、管轄地域は東西160里、南北90

里に及んで[1]、江南の豊かな地域となった。明代になると、上海の市街は次第に繁栄し、人口も増えてきた。しかし、県城としての上海には長い間、城壁がなかった。何度も提案されたが、河川と海に囲まれた生活に慣れた市民は、海からの侵犯を恐れず、城を築く必要がないと考えていた。しかし、明代において中国東南地方の海域は決して泰平というわけではなく、海賊と倭寇による攪乱は上海に深刻な損失をもたらした。特に1553年（嘉靖36年）4月から6月にかけて、倭寇は5回連続で県城に侵入、略奪を行い、庁舎や民家は焼失、市街の半分が焦土となり、河川に停泊した食糧船もすべて焼き払われてしまった。この時、人々はようやく城壁がなければ海からの侵犯を防ぐのに不十分であることを認識して、城壁を築くことを計画した。同年9月に工事が始まり、2か月足らずで竣工した。新しく建築された上海城の周囲は9里、高さは2丈4尺[2]、城門は6か所で、東門は朝宗、南門は跨竜、西門は儀鳳、北門は晏海、小東門は宝帯、小南門は朝陽、とそれぞれ命名された。そのほか、さらに3つの水門が設けられた。城壁には3600余りの雉堞があり[3]、敵情を監視する望楼が2つ設けられた。城濠の長さは1500丈余り、幅は6丈、深さは1.7丈ほどである。上海城は地理的に攻めにくい場所にあり、その建設は軍事上において重要な意義があった。

　上海城が竣工して数か月後に、倭寇の襲来があった。倭寇は水軍を打ち破り、1554年正月には上海城を攻め立てたが城壁に守られ、上海の守備軍は倭寇の攻撃を退けた。その後、倭寇は何度も襲ってきたが、その度に撃退され、上海の城壁には著しく大きな効果があった。それから、倭寇による襲撃はなくなり、住民は安心して生業に励むようになった。

　上海の城壁には万軍台という弓矢を構えるための台がある。元々は見張りや戦闘時の弓矢を構えるためのものであった。生活の安定に伴い、天后の女神（媽祖ともいう）を奉る丹鳳楼を万軍台に移した。万軍台は城壁に接し、3階の高さにあって黄浦江に面しており、ここから両岸の景色が一望できるため、上海の名勝の1つとなった。

　数百年後、かつて「金城湯池」と称された城壁であったが、西洋の列強による銃砲の前には防御の役割を失った。外国列強に対してだけでなく、太平天

---

1) 1里は古代中国では約400メートル。
2) 1丈は約3.3メートル、1尺はその10分の1で0.3メートル。
3) 城壁の上部に作られた小さな垣のこと。

1　清末上海城壁と堀（上野辰馬撮）

2　老西門一帯の城壁とその住民

4　大境の関帝廟

3　宝帯門外の写生図

国軍が上海に攻めてきた際にも[4]、清王朝の軍隊だけでは城門を守る兵力は足りず、英仏軍の支援に頼ることとなり、かえって清朝衰亡の現実を露呈させた。
　租界の繁栄や近代都市建設が加速するにつれ、城壁は上海の経済と文化の発展の妨げとなっていることが認識されるようになり、城壁を解体すべきという声が高まった。1905年、上海城内外総工程局の理事李平書は「城壁を壊し、

[4] 太平天国軍は1860年と1862年に計3回上海を攻撃した。

堀を埋め、道路を修築し、環状道路を構築する」と提案したが、城壁を残したい一派の反対を受けた。1912年に中華民国となってから、李平書の城壁解体案が支持されるようになり、当時の上海市政府は城壁解体のための専門部署を設置した。それから2年後、大境閣あたりの小さな城壁を除く、300年以上の歴史をもつ古い城壁はすべて取り壊された。円状であった城壁の跡地は環状道路になり、南北に二分され、北側は民国路、南側は中華路と命名された。これにより上海の県城と租界を結ぶ道路が連結するようになった。大境閣のあるところは元は城壁の上にある矢を射るための場所であったが、倭寇の襲来が治まった後に関帝廟が建てられた。1815年に3階建ての「傑閣」に改築され、1階部分は城壁に横付けとなり、2階と3階は城壁の上に設置された。ここは広々としているため「大境」と呼ばれた。大境閣を取り壊さなかったのは関帝を刺激したくなかったからかもしれない。この大境閣の下にあるレンガが上海の城壁の痕跡を残す最後の物証となった。

　城壁を失った上海はまた元の「灘」に戻ったが、これこそが上海灘の本来の姿なのであろう。

2 千年の龍華寺

　「この寺はいまだに古刹の名をとどめている。霜が降りる中、草橋を渡るものがいる。日は沈みかけ月明りも弱いためか、水面に寺の塔の影は映っていない」。これは唐の詩人皮日休（834-883）[5]が龍華寺に投宿した際に吟じた詩である。龍華寺は唐の時代からすでに古刹と呼ばれた。大都市としての上海の歴史は長くないが、江南の名刹としての龍華寺の歴史は悠久である。

　龍華は寺院と塔で名を馳せている。寺院は五代の呉越国（907-978）の時代に建立された。最初の名は「龍華教寺」で、上海で最も大きな仏教の建築群であった。清朝の咸豊帝の時代（1850-1861）に戦乱のため廃墟となり、1870年に再建され、その後も再建を繰り返してきた。現在は正殿とその西側に配殿がある。本堂の大雄宝殿の東側にある花園にはかつて杭州から移植された、樹齢140年余りの牡丹があり、毎年開花の時期には多くの観光客を惹きつけている。

　龍華塔は寺の南西にあり、三国時代に呉（222-280）の初代皇帝孫権によって建立されたと伝えられている。977年、呉越王の銭俶によって再建された。塔の高さは40.4メートルで、外形は八角、内側は方形となっている。七重の塔で、1階から登るらせん階段がある。すらりとした欄干の部分は飛行する鳥の翼のようで、古塔を引き立てている。七重の塔の8つの角には全部で56の銅製の鈴が吊るしてある。そよ風に吹かれて鈴が鳴ると、格別な感動がある。塔を登り遠くを眺めると、黄浦江上の帆船や農村の田野を一望に収めることができる。著名な建築美学の研究者である陳従周（1918-2000）は、「江南の楼閣にある木製のひさしやレンガの塔は、「建築美」に満ちている。江南地方に長く暮らすものがそれらを愛おしく感じるのは当然であるが、初めて江南を訪れる人もより一層その麗しさと精巧さに惹きつけられ、柔和でよい景色である。美しく清らかな江南の景色を引き立てるものの最良の例が龍華塔である」と語っている。

　清末の上海には「滬城八景」として、海天旭日（海の日出）、黄浦秋涛（黄浦

5）晩唐の詩人、現在の湖北省出身、著書に『皮日休集』などがある。

江の秋の高波）、龍華晩鐘（龍華寺の晩鐘）、呉淞煙雨（呉淞一帯の霧雨）、石梁夜月（小東門そばの石橋にかかる夜月）、夜渡兼葭（葭の茂る一帯の夜景）、鳳楼遠望（丹鳳楼からの遠景）、江皋霽雪（雪の日に大境閣から眺める景色）があった。つまり龍華寺の晩鐘は「滬城八景」の１つである。夕暮れ時、龍華の古刹から次々と重厚な鐘の音、「地響きのような、雷鳴が響き渡るかのような音」を聞くと、はるか昔に思いを馳せるようになる。

　龍華寺の南に黄浦江が横たわり、その埠頭には「百歩」と呼ばれた橋がかかっていた。橋の長さは南北に数十丈で、赤い手すりが備え付けられ、虹がかかっているようであった。この百歩橋は乾隆帝の時代（1735-1796）に建てられたが、蘇州にある「万年橋」を模し、２つの石の橋脚が支えていた。当時、観光客が龍華を訪れる際は、大体小東門から船に乗って到着する。入り込んだ川の様子について、「3月15日の春うららかな日、古刹を訪れる遊覧客は多い。川の波音と寺の鐘の音が重なり、船は龍華の18の湾を抜けていく」という描写がある。

　1861年4月17日、プロイセンの外交特使団が上海訪問の際に龍華塔を訪れた。小東門から船（扁平形の船で、真ん中に船室があり、船頭は前と後ろで船を漕ぐ）に乗った。「宝塔は高くて精巧な美しい建物である。四角形の石造りで、外側は木造の八角形となっている。七重の塔で、開放的な遊廊には突き出して反り返ったひさしがある。相輪の部分は鉄製で芸術的である。飾りの部分には羊のように反り上がった角がある。1階の中央には金めっきの仏像がある。梯子形の階段は最上階の回廊に直結し、そこからは燦爛たる日差しがさしている。下には見渡す限りの緑が広がり、期せずして目に飛び込んできたのは、桃の花が満開の小さな村落であった」。高い地点から遠くを眺めると、「延々と続く河の中に千の帆船が競い合うように浮かび、さらに遠くには帆柱が林立する上海が見え、最も遠い西の地平線には２つの島のような高地がそびえ立っている」。ドイツ人の目に映った島のような高地とは松江の佘山である。

　晩春の3月、江南地方の草が長く伸び、龍華では桃の花が咲き誇る季節となった。観光客は競って焼香し、花見をし、龍華の古塔に登って、郊外の景色を眺めた。1883年、黄式権の『淞南夢影録』に以下のような記述がある。「上海南西部の一角は僻地で、桃の花が野に咲き誇る。晩春には花は雨のようにあふれ、緑は煙のように湧き出でる。民家の娘たちも特に連れ立って野遊びをし、花を折って水に遊び、優雅に着飾る艶やかな姿は景色を引き立てている。周

5　龍華寺全景

6　龍華寺西隣の桃園

7　龍華塔

8　清末の龍華塔

昉[6]の絵にもこのような艶やかさはない。美しい芸妓とともに馬車に乗り、俗世にまみれていてはこのような風景を味わうことはできないだろう」。この一節は龍華の花見の風景である。民国初年、春を楽しむ淑女たちは、2人乗りの馬車に乗ることが多く、四馬路、静安寺を経由し、徐家匯、高昌廟を経由して、龍華に至った。まさに「馬車は流れる水、馬は龍のように行き交う。船や帆船は白波を受けながら航行している。3月半ば花の香が充満し、龍華塔の頂きに濃い煙となってあがる」である。1916年、上海と杭州、寧波とを結ぶ鉄道が開通し、麦根路駅から、蘇州河を越えて梵王渡に着き、さらに法華、徐家匯を経て、漕河涇から龍華西部の黎角尖に到着するようになった。それに伴い、列車で龍華に行く観光客が増え、祝日には鉄道会社が臨時列車を増発した。

「祭月」は龍華の伝統的な祭祀である。唐代から始まったといわれ、明清時代に流行した。儀式は大雄宝殿で行われ、元宝（馬蹄銀）の形にした燭台に大きな蝋燭を5本のせ、赤い布の掛けられたテーブルに月餅や果物、里芋、菱の実などが供えられる。明月が昇り、太鼓が3回打ち鳴らされると祭月の開始である。法師とその弟子たちは袈裟を身にまとい、仏教の幢幡を高く掲げ、楽器を演奏しながら列を組んで場内を一周した後、祭場に集まり声明を唱える。声明が終わり、法師を先頭に線香を捧げ、万事如意、天下泰平であることを祈念する「月宮讃」が詠唱されると儀式は最高潮を迎える。

カヌー競技は上海に暮らす外国人たちの間で熱心に行われたスポーツの1つである。毎年4月、龍華近郊の黄浦江はカヌーの競技会場でもあった。新緑の季節、参加する各チームは自分たちの旗を川上に掲げ、声援が次から次へと響き渡る様子はたいへん壮観である。

王一亭（1867-1938）[7]らが創設した上海孤児院は当初南市[8]に設立されたが、その後、龍華寺の東側に移設した。「現地の人は素朴で、街に世俗的な雰囲気がない」ということも龍華を選択した原因の1つである。敷地は全30畝[9]で、部屋数は40以上あった。工場や運動場を備え、6歳から20歳の男女の孤児を引き取り養育した。孤児院内に6年制の小学校が設けられ、初等小学校は全日

6）唐代の画家、生没年不詳。仏画や美人画で著名。

7）上海の実業家、書画家、慈善事業家。王一亭については本書第14章で詳しく紹介している。

8）上海県城内における旧市街を指す。2000年に南市区が黄浦区に統合され、「南市」の名称は消えた。

9）中国の1畝は667平方メートル。

9　龍華塔周辺の水辺の様子

10　霞がかかる龍華塔

11　桃の花の季節、レガッタをする東亜同文書
院の学生たち

制、高等小学校は授業と作業が半日ずつ行われた。工芸に関し、男児には籐工
芸や木工、園芸、はた織りの4科目を設置し、女児には裁縫、料理、絵画、絹
花（絹で花模様をあしらう手芸）、刺繍の5科目を開設した。1916年に商務印書
館の協賛を得て規模はさらに拡大され、上海最大の孤児院となった。1929年
末の段階で、龍華孤児院の孤児は348人に達した。1936年、王一亭の古希を
祝うイベントの1つとして、当時の上海市長の呉鉄城（1888-1953）らが寄付金
を集め、「龍華を上海の景勝地として引き立たせ、名勝地となることを願い、
王一亭氏の長寿を祈念する」プロジェクトが提案された。具体的な内容は次の
とおりである。1.　龍華寺塔を修繕し、国内外の観光客による参拝を呼び込む。
2.　寺院の近くに3部屋からなる家を建てて「一亭堂」と命名、王一亭の石刻
の画像をその中に陳列し、あるいは「一亭」という名の東屋を建てる。3.　龍
華に桃の木を1万株植林し、風景に彩りを添える。4.　もしお金が余ったら、
建物の修繕や植樹のための基金とする。上記の提案に従って、龍華景勝地の建

設以外に、王一亭が創設した上海孤児院の近くに龍華までの新たな道路をつくり「王一亭路」と名付けた。すべての準備が整っていたにもかかわらず、日本軍の上海占領のせいで、この計画は中断を余儀なくされた。

1927年3月、上海に進出した北伐軍は龍華に「淞滬警備司令部」を設立、牢屋と刑場を併設した。そこで多くの共産党員を殺害したため、龍華は上海の「雨花台」10)とも呼ばれている。1931年2月7日夜、左翼作家連盟所属で才気に溢れた若き作家たち、胡也頻（1903-1931）、馮鏗（1907-1931）、殷夫（1909-1931）、柔石（1902-1931）、李偉森（1903-1931）らが龍華で処刑された。龍華の桃の花には血が滲んでいると憤慨し、「壁の外の桃の花と壁の内側の血はともに鮮やかで赤い」という詩を書いたものもいた。

---

10) 雨花台は南京市内にある丘で、革命烈士の陵園がある。「革命烈士記念館」や「雨花台革命烈士記念碑」が設置されている。

3　華洋の交差点──徐家匯

　徐家匯は上海南西部に位置し、もとは肇嘉浜と法華涇の２つの河の合流地点の小さな村落で、東は黄浦江まで、北は蘇州河までともに十数里であった[11]。黄浦江と蘇州河がガーデン・ブリッジで合流し、長江を経て海へ流れ込むのもわずか三十数里に過ぎない。文化の媒介がまさに地霊の助けを受けたのは、まるで蜂や蝶による受粉のようであった。中国と西洋の文化がここで交差し、上海の南西地域にカトリック教会の中心地が形成された。

　徐家匯という地名は明代の科学者徐光啓（1562-1633）に由来している。徐光啓は上海県太卿坊（現在の上海の喬家路と光啓路が交差する九間楼）で出生した。万暦31年（1603年）にカトリックに入信し、イタリア人宣教師マテオ・リッチ（*Matteo Ricci*, 1552-1610）などに西洋の天文学、暦法、数学、測量、水利などの科学技術を学んで『農政全書』を編纂、中国において西洋の宗教文化を受け入れた最初の人物といわれている。徐光啓は徐家匯に農園を開いて農業実験に従事、逝去後は農園の南に葬られ、墓前には彼の功績を記念する石人石馬が並べられた。その後、徐氏の子孫の一部がここで暮らしたことで、一帯は徐家匯と称されるようになった。

　徐家匯は上海におけるカトリック教会活動の中心地で、徐光啓を嚆矢とする。1608年、徐光啓はイタリアの宣教師カッタネオ（*Lazzaro Cattaneo*, 1560-1640）を徐家匯に招き、聖母マリア祈祷所を創設して信者を育成した。開港後の1847年に、カトリック江南教区のイエズス会会長ゴットランド（*Claude Gotteland*, 1803-1856）は、旧イエズス会宣教師を招いた徐光啓を偲び、さらに肇嘉浜は上海県城と松江への交通が便利だということもあり、ここに総院の設立を定め、7月に耶蘇会総院が完成された。

　1851年7月31日、イエズス会は徐光啓墓の東側にローマ風のカトリック聖堂を建てた。これは中国で初めて西洋建築式に建てられた聖堂で、中には聖心院、聖衣院、聖母院などが設けられた。この美しいギリシャ式聖堂に中国風ラ

11）　1里は古代中国では約400メートル。

ンタンの装飾が加わることで、長期間上海の奇観の1つとされていた。イエズ
ス会の創設者であるイグナチオ・デ・ロヨラ（1491-1556）を守護聖人としてま
つるため、「聖イグナチオ聖堂」とも呼ばれている。1852年には聖体祭パレー
ドが行われ、パレードはキリスト受難像を先頭に、後ろには色とりどりの旗や、
散華の児童や赤い服と短い白衣を着た助祭の子供たちが続いた。4人の男性が
はながさを高く掲げ、美しい装飾が施された聖体顕示台などもあった。信者が
日増しに増えてきたため、1906年に旧堂のそばに新堂を建て、1910年に落成
した。新堂はイギリス人ドドウォール（Dodwall）によって設計され、フラン
ス系の建設会社が建築を請け負った。建物の平面は十字形で、聖堂の正門は東
にあり、入口には2つの高くそびえる尖塔がある。聖堂内の長さは79メート
ルで、幅は28メートル、精巧な宗教画、彫刻とステンドグラスで飾られ、柱
は金山石で美しい彫刻が施され、主祭壇のほか、小さな祭壇19基を設け、約
2500人を収容することができ、「極東第一の大聖堂」と称された。

　1847年、耶蘇会総院が完成した後、院内に図書室が設けられた。これが徐
家匯の「蔵書楼」の前身である。光緒初年、西洋の教会書庫を模して2階建て
の建物ができあがった。2階は洋書の書庫で、各言語による『聖書』、各国の
名高い百科事典および17世紀にフェルディナント・フェルビースト（Ferdinand
Verbiest, 1623-1688）が描いた『坤輿全図』の印刷物などが収蔵された。1階は
中国語図書の書庫となっており、『申報』[12]（1872-1949）は創刊号から全号が所
蔵されている。特に全国の地方誌をすべて収蔵していることで有名である。
1949年までに、蔵書は約20万冊あった。

　徐家匯の天文台もカトリック教会の事業の一部である。最初は同治11年
（1872年）に設立され、すべての経費を教会が拠出し、1873年に天文台の建築
物が完全に竣工した。同年10月には風速計を設置した。光緒年間（1875-1908）
に入ると上海税関の要請に応じ、上海の英字新聞は隔日で気象観測を報告する
ようになった。バンド[13]の洋涇浜口に信号台を設置し、手旗信号とボール信
号で気象情報を発信した。これは近代中国初の気象観測機関であった。1875
年8月3日、気象台を訪れた上海道台[14]の馮焌光（1830-1878）は、数日後に

12）清末から中華民国時代の上海を代表する日刊紙。
13）バンドとはペルシア語に由来する、埠頭や港の海岸路などを意味する語で、中国語では
　「外灘」と表記する。上海のランドマーク。
14）上海の行政長官。

わざわざ感謝を表す書信を認めている。馮焌光は上述のフェルディナント・フェルビーストの著書を読んだことがあり、天文台側は新しい事業を評価できる能力を認めていた。馮道台はかつて「江南機器製造総局」の行政主管を務め、道台に就任早々「洋務総局」を設立し、西洋の言語や学問を通じた人材を招き入れるなど、洋務派の地方官吏であった[15]。

　当時の天文台は上海の奇観の1つだった。当時の様子を『申江百詠』では、「天文を仰ぎ見る美しい宮殿のよう。100丈[16]ほどの高くて堅固な建物で、鉛筆の先を軽く動かせば、今後3日間の風の動きを予測する」と描写している。徐家匯天文台はのちに業務の急速な発展により独立したため、もとの天文台は不要となり、1901年に旧天文台の南側に新しいものが建てられた。バンドにある上海税関ビルの時計塔の時刻は徐家匯天文台に準じている。天文台は1873年から上海の気温を記録している。当初は最高気温だけを測っていたが、1875年より3時間ごとに観測するようになり、1893年からは1時間ごとに観測するようになった。

　徐家匯の土山湾は明清時代に川を浚渫して出された土砂で山を築き、そばに曲がりくねった水路があったために名付けられた。1852年、カトリック教会はここに孤児院と工芸学校を開設した。孤児たちはそこで木工、靴作り、裁縫、彫刻、金めっき、ペンキ、絵画、紡績および農作技術のほか、活版印刷における漢字や木版の制作も学んだ。絵画に関しては水彩、鉛筆、擦筆、木炭、油絵などを教えたが、題材は主にカトリックの宗教画であり、上海で最初の西洋美術の学校となった。中国の信者たちが好む聖像や、聖堂用の装飾と用具の大部分はここで制作された。ここではかつて『徐光啓とマテオ・リッチ』という大きな油絵を、洋画の色彩と中国画の技法と格調で制作している。また土山湾は彫刻作品でもよく知られている。彫刻を教えたスペイン人修道士フェレア（Jean Ferrer）は祖父の代からのスペイン宮廷の彫刻師であった。董家渡と徐家匯の大聖堂の図案は全部彼の設計である。学校では西洋美術を教えるだけでなく工房を併設し、美術品や工芸品の制作も行った。宗教芸術を起源とするステンドグラスは、特別に焼いた各色のガラスを溶接して精緻な色で絵を作り、

15）江南機器製造総局は1865年に上海で成立した、当時最も先進的で重要な軍事工場。「洋務派」とは1860年代から1890年代にかけ、西洋の科学技術を導入して国力増強を目指した「洋務運動」を推進したものを指す。

16）1丈は約3.3メートル。

12 徐光啓とマテオ・リッチ

13 徐光啓の墓

15 徐家匯天文台

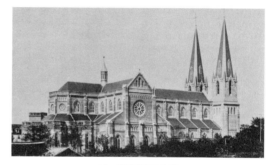

14 徐家匯天主堂

教会やほかの建築物の窓ガラスとして使われた。土山湾の工房はこのステンド
グラスの制作を上海で独占していた。上海フランス総会内のステンドグラス窓
は土山湾で作られたといわれている。『江南宣教史』では、「フェレア修道士が
中国人の弟子たちを育成するためにはらわれた驚くべき忍耐と知恵については
論を俟たない」と指摘している。イギリスの上海領事であったオールコック
(*Rutherford Alcock*, 1809-1897) [17] もかつて土山湾で絵画、彫刻、塑像を学び、

17) 上海領事の任期は 1846-1855 年。1859 年には初代駐日総領事に任命されている。

何日間もそこで寝泊まりすることがあった。

　土山湾の印書館は1869年にすでに「70種類の木版があり、そのほとんどは宗教や人を惹きつける聖書」であった。その中の大部分は17-18世紀のマテオ・リッチやフィリップ・クプレ（*Philippe Couplet*, 1623-1693）[18]などの著作の旧版であった。1874年より土山湾は活字の植字と印刷を導入し、安価で軽量な書籍を印刷することができた。

　徐悲鴻（じょひこう）（1894-1953）[19]は「中国新芸術運動の回顧と展望」[20]の中で、徐家匯は中国美術家たちにとって「根拠地の一つで、そこは中国と西洋の文化交流にとって極めて貴重な貢献があった」と指摘している。ここでいう「徐家匯」とはつまり土山湾の工芸学校を指しており、ここから中国近代美術の多くの新しいものが誕生した。

　「徐匯公学」は1849年に創立され、聖イグナチオ公学とも称された。1850年には12人、1855年には45名の学生が在籍していた。読み書きのほか、フランス語、歌唱、音楽、絵画などの授業が開講された。これらの授業に対して、学生が示した興味と吸収力は教師を驚かせた。「書道の授業も重要な科目である。学生の識字率と筆の秀麗さは、常にその学識の高低を測る基準であった」。1859年にはラテン語の授業が開設された。学校には音楽隊があり、銅製の太鼓やラッパなどの楽器がフランスから運ばれてきた。1864年11月22日、聖チェチリア（*Sancta Caecilia*）祭日の際、楽隊は洋涇浜（ヤンジンバン）の聖堂でミサ曲を演奏し、多くの外国人を魅了した。1871年10月、中国人司祭の指揮の下、4人の学生がハイドンの交響曲を演奏した。見学に来たフランス人男爵は以下のように記している。「この尊敬すべき指揮者は、大きなメガネを鼻にかけ、小さな棒を手にしている。彼は指揮しながら演奏者を励ました。彼の指揮棒はすべてをコントロールしている。青年演奏者たちは楽譜を見つめ、大汗をかきながらようやく巨匠の最もすばらしい交響曲を美しく演奏できた。ハイドンの名曲が中国で、しかも中国人によって演奏された。なぜそれを秘して公表しないのか。我々は皆大変感動した」。

　1933年は徐光啓逝去300年に当たり、イエズス会江南教区は『徐上海特刊』という記念の冊子を編集し出版している。上海の有名人の姓を上海に冠する呼

---

18) ベルギーのイエズス会修道士で、中国名は柏応理。儒学の四書をラテン語訳した。
19) 洋画家、美術教育者としても功績があり、馬の水彩画で知られる。
20) 1943年3月15日『時事新報』（重慶）に掲載された。

16　初期の徐匯公学

17　土山湾工芸学校

18　土山湾工芸学校の工房

称はこれまでほとんど前例がないことで、徐光啓が如何に上海と徐家匯の発展
に大きな影響をあたえたのかが窺える。

4 静安寺路の物語

上海の「十里洋場」[21]は、南京東路と南京西路（旧名は静安寺路）を指すとよくいわれる。というのも、静安寺からバンドまでの距離がちょうど10里だからである[22]。

しかし、陳定山（1897-1987）は早くも『春申旧聞』で次のように述べている[23]。十里洋場とは「乃ち十里四方という意味であり、直径の10里ではない。クリケット場[24]を中心として、南は洋涇浜、北は蘇州河、東は黄浦灘、西は泥城河までである」。簡潔にいえば、十里洋場とは南京路の10里ではなく、イギリス租界を中心とした租界を意味している。いうまでもなく、南京路と静安寺路、およびその周辺地域は租界の中心地帯である。

静安寺路は静安寺に因んで命名された。当初は馬車道であった。1876年、葛元煦は『滬遊雑記』で次のように記している。「租界は河川沿いに雑木が植えられ、木と木の間には4、5歩ぐらいの距離があった。木の種類は柳が多い。南京路から静安寺までの長さは10里である。道路の両側は植樹され、生い茂る様子は林の如き、まことに絵画のようである」。かつての静安寺路は人影が少なかったため、いっそう広く感じられ、空気もより爽やかであった。とりわけ晩秋の夕暮れ時、西風に追われて音を立てつつ路地に舞い落ちる枯葉、微かな斜陽の残照に映え、路地に写し出される道端の2列の樹影。この植樹された10里の道はたしかに「十里洋場」を想起させる光景である。

初期の静安寺路については、多くの外国人居留民が記録を残している。1875年、フランス人のロル・ディラン・ファールテールは以下のように記している。

---

21) 中国における租界、外国人居留地を指す。

22) 1里は古代中国では約400メートル。

23) 作家、書画家。1918年設立の「家庭工芸社」に携わり、歯磨き粉など日用品を販売。『春申旧聞』はオールド上海に関するエッセイ集で、1978年に世界文物出版社（台北）から刊行された。

24) 当時イギリスの球技の多くは「抛球」と称され、ここの「抛球場」は史料によると、クリケット場を指している。

「昼時、ランチを終えると訪問客たちが次々と現れ、午後3時までいた。その後、私たちも馬車に乗って友人を訪ねに出かけた。天気が良いときは、ピクニックバスケットを持って出かけ、とても寒い時は馬車に乗る。普段はショッピングのあと、当時の流行に合わせ、上海のシャンゼリゼ通りである静安寺路を散策する。そこで顔を合わせた人たちは、互いの身なりや馬車、従者を見比べて張り合うのである。私たちの身なりや馬車は当地の上流階級に身を置くに十分のものであり、生活の諸条件は納得させるだけのものであった」。1897年に、イギリス人は静安寺路に「斜橋総会」とも称されるカントリー・クラブを設立した。面積は65畝[25]、中にはダンスホール、テニスコート、プールなどを有し、カントリーの名に相応しい施設であった。

　1882年4月14日、鄭孝胥（1860-1938）[26]は静安寺を遊覧した際、以下のように記している。昼に聚豊園で軽く飲食をとる。「宴席がまさに終了せんとする際、献恭が静安寺へ行くことを欲した。余とその叔父も同伴を求められ、馬車に乗り寺院に至る。夕日が照らされる中、散策する人は途絶えることがない。化粧を施し、着飾る女性が多く、その香りは1里の外へ伝わる。帰り際にはすでに夕暮れとなっていた」。

　静安寺は1750年余の歴史を有す、上海で最も古い寺院である。元々は呉淞江の北岸にあったため、波浪の衝撃を常に受けざるを得なかった。1216年（南宋の嘉定9年）、住職の仲依和尚は呉淞江の流れの変化を予見し、静安寺の沈没をあらかじめ察知したため、芦浦傍の沸井浜の岸辺に寺院を移した。これがすなわち、現在の場所である。

　静安寺には元々「八景」があった。すなわち赤烏碑、芦子渡、緑雲洞、滬瀆壘、講経堂、蝦子潭、陳朝檜、湧泉井の8つの佳景の古跡である。緑雲洞は元の時代、住職の寿寧和尚の休憩場であり、また、文人を招き入れ、活動を行う場所でもあった。寿寧和尚は当時の文人が静安寺を詠じる詩歌を『静安八詠詩集』として編集、出版したこともあった。しかしながら、世の移り変わりを経て、前後はあったが、静安寺の「八景」はついにすべて失われてしまった。

　静安八景のなか、最も長く世に存在したのが湧泉井であった。湧泉の別名は沸井泉で、「天下第六番の泉」とも称えられ、清朝末期の著名な書画家の胡公寿（1823-1886）はその泉に書を残している。湧泉井は海に通ずると考えられ、

---

25) 中国の1畝は667平方メートル。

26) 清末の官僚で満州国の初代国務院総理を務めた。

「海眼」とも称された。涌泉は当初静安寺の入り口にあり、泉水が昼夜を問わず湧き上がった。湧泉井の周囲には欄干がつくられ、石の欄干のそばにインドのアショーカ王時代の石碑の形を象った石幢[27]が建てられ、「梵幢」と称された。湧泉に関して、『上海県竹枝詞』に、「四角い建造物の周りには欄干、その上には甋棱[28]があり、井戸は深く泉湧き上がる。昼夜を問わず魚やカニの目のような小さな泡が湧き出ており、井戸の底は海に通ずるといわれるのはなにゆえか」という描写がある。1862 年、静安寺路建設当初、湧泉井は道路の中にあった。静安寺は湧泉によって名を馳せたため、工部局[29]は静安寺を「*BUBBLING WELL TEMPLE*」と英訳している。そのため静安寺路も「*BUBBLING WELL ROAD*」と訳された。しかし、アーネスト・オー・ハウザー（*Ernest O Hauser, 1910-1997*）[30]は、「静安寺のかの名泉を見てしまったら失望せざるを得ない。なぜなら、それはただただ炭酸が湧き上がる汚水にすぎないのだ」と述べている。1960 年代に南京西路の道路拡張工事に伴い、静安寺の最後の一景である「湧泉井」もついに撤去されてしまった。

　「往年の静安寺は上海西部郊外の名勝地であった。古刹の前には一本の大路があり、その両側には芝生や、鬱蒼とした大木が並んでいる。小橋に流れる渓流、のどかな田舎の風景があった。崇高なる仏堂が木々の茂みの中にあらわれ、高い軒が幾層も立ち並び、黄色い壁や竹垣に囲まれている。この時期の静安寺は静粛であった」。1962 年、エッセイストとして名高い曹聚仁（1900-1972）がその著書『上海春秋』で述懐している静安寺の様子である。続けて、「100 年余り以前、上海県城内の人が老北門の埠頭で 1 隻の小舟を雇い、蘇州河に沿って西へ向かった。午前 7 時に出発し、揺られながら静安寺に着くとすでに午後である。そこで 3、4 時間遊覧し、午後 4 時に帰途につくと、船を降りて上海県城に戻るのはどうしても 9、10 時で、まもなく城門が閉まる時刻になってしまう。静安寺へ遊びに行くというのは、一家族が丸 1 日かけるほどの一大事であった」と指摘している。現在の上海人には信じがたい話であろう。

　静安寺路の奥ゆかしさと静けさは、上海随一と思われていた。1898 年に工部局が開設した外人墓地も静安寺路にあった。そこにはイギリス製の火葬炉が

27) 六角または八角の石柱。
28) 屋根の尖り出た角のこと。
29) 工部局は 1854 年の太平天国の乱を機に英米仏 3 国が組織した租界の最高行政管理機構。
30) 『上海：大幇の都』の著者。

整備され、上海で最も早く建設された火葬場も付設していた。日本人作家横光利一（1898-1947）[31]はエッセイ「静安寺の碑文——上海の思い出」にて、「大きなプラタナスの鬱蒼としている下に墓石が一面に並んでいる。綿のようなプラタナスの花が絶えず舞い落ちて来」、「墓場が名所となるのも街に伝統のない明るさである」と述べている。

　日本人作家村松梢風（1889-1961）[32]が描く静安寺の風景はまさに油絵のような魅力をもっている。「静安寺路の端れにある静安寺という寺は古い土塀に囲われていて、其の塀外の往来には榎の大木が二三本立っていた。それを、少し離れて、榎と、塀と、寺の建物とを一緒に取り入れて眺めると、非常に纏った絵になっていた」[33]。

　サイラス・アーロン・ハードゥーン（*Silas Aaron Hardoon*, 1849-1931）[34]の「アイリー・ガーデン」（愛儷園）もこの静安寺路とハードゥーン路の一帯にあった。これは東洋的風格を持った個人庭園であり、その名の「愛儷」には「後世の恋人たちも私たちのように深い夫婦愛に包まれるよう祈念する」という意味が込められている。ガーデンの面積は 100 畝余りと広大で、園内に楼閣や東屋、小橋や渓流、竹林や築山など、83 の景観スポットがあった。小体な東屋はレンガや敷瓦などで建てられ、真っ赤な生漆で塗られた柱を配し、古色蒼然たる美しさがある。園内には高くまっすぐにそびえ立つ 槐 （えんじゅ）の木や、背が低くずんどのような 棕櫚 （しゅろ）の木のほか、珍しい植物が多く植えられていた。

　英国紳士のいるところに、競馬場あり。これは一種の法則の如きものである。上海にいるイギリス人をメインとする西洋の居留民がわずか 210 人だった 1850 年、開港わずか 7 年後には上海にも競馬が持ち込まれた。競技そのものの魅力とかけ金の誘惑によって、この西洋生まれのスポーツはたちまち上海でも人気となり、上海の国際都市としての象徴の 1 つにもなった。上海初の競馬場は、アヘン販売を主に扱うイギリス系麟瑞洋行の経営者ホッグ（*W. Hogg*）など 5 名が、1 畝白銀 10 両の低価格で花園弄（現在の南京路）と界路（現在の河南路）の角地に造成した。競馬のほか、植樹や球技場を整備してスポーツの

---

31) 新感覚派の作家で、小説『上海』を 1928 年より発表。「静安寺の碑文——上海の思い出」は『改造』1937 年 12 月号に発表、のち『考える葦』（創元社、1939 年）に収録。

32) 村松は 1923 年に上海に渡り、上海を題材にした評論集『魔都』（小西書店、1924 年）、小説集『上海』（騒人社、1927 年）を発表している。

33) 「市街の風景」『支那風物記』河原書店（京都）、1941 年。

34) 上海では不動産業で財を成した英国籍のユダヤ系富豪、中国の表記は「哈同」である。

19 人力車で静安寺付近を観光する外国人

20 斜橋総会

21 競馬場全景

場を提供し、当時「老公園」と呼ばれた。1851年には上海第一回の競馬レースも挙行されている。1854年、浙江路と護界河（現在の西蔵中路）の間にある約170畝の土地を低価格で強引に購入し、第二競馬場を建設、「新公園」と称された。1862年、上海の土地価格が高騰したため、競馬総会は新公園の土地を売り、静安寺路と西蔵路の土地430畝を新たに購入し、新競馬場が完成した。

上海でよく知られた「競馬場」とはこの第三競馬場のことを指している。静安寺路も競馬場の建設のために 1862 年に誕生した。しかし、4 年後に利益が減少、修築の資金に困り、静安寺路は工部局に移管されることととなった。

競馬場が完成した当初、競馬はイギリス人の最も好むアウトドアスポーツであり、競馬場に属する「建物とガーデン」には西洋人のみ入ることが許可されていた。中国人は競馬場の外からしか見物できず、馬車に乗って見る、臨時につくられた席で見る、付近の建物のベランダから見るなど、見物方法は様々であった。五十数年後の 1909 年、競馬場はようやく中国人にも開放された。中国人の参入は競馬場の収入を大幅に増加させ、競馬総会は競馬で莫大な利益を得、多くの不動産も購入した。

1908 年 3 月 5 日、上海初の路面電車が正式に開通した。路線は静安寺から愚園路、赫徳路（現在の常徳路）、愛文義路（現在の北京西路）、卡徳路（現在の石門二路）、静安寺路、南京路、終点はバンドに位置するシャンハイ・クラブだった。路線の全長は 6.04 キロである。この路線によって共同租界の東西が貫通された。路面電車の開通に伴い、静安寺路の不動産開発は急速に発展し、ガーデン付き戸建て住宅や、新スタイルの集合住宅、高層ビルなどが続々と建設され、大都市の繁栄ぶりを呈するようになった。

赤レンガ造りの「静安別荘」は静安寺路において輝かしい存在だった。伝統的なグレーレンガでできた上海の建物と壁は外国人の目には極めて平淡で味気のないものだったが、赤レンガが都市に「陽気さや華やかさ」をもたらした。ドイツのジャーナリスト、ポール・ゴールドマン（Paul Goldman）は次のように述べている。「生気を吹き込むために建物にいくつかの赤レンガを埋め込んでいく。太陽の光に照らされた赤レンガは煌びやかな赤色の光沢を放ち、灰色に暖かい南方の情緒をもたらす。一般には、屋根だけが赤色であって、伝統的なスタイルの灰色と異国情緒あふれる赤色の組み合わせにより、上海の建物は独特な風格がある。これはつまり、アジアにあるヨーロッパ風大都市ならではの風情である」。

1933 年に開設された映画館「グランドシアター」は、アメリカ風モダンなスタイルで人々の目を引いた。長方形のガラスの灯柱と玄関先の乳白色のガラスアーケードがユニークだった。ここはアジア初のワイドスクリーンとステレオ音響システムが備わった映画館で、「極東最上級の映画館」として名を馳せた。同年、イギリス系の馬海洋行が設計した古典主義のスタイルをもつ競馬場

22　競馬場新館

23　静安別荘

24　グランドシアター

25　張光宇の漫画『使い道』

　の新ビルが竣工した。ビルの外壁は赤褐色のレンガと石を交互に積み上げてできたもので、タシュケント式柱がつくられた。この高さ60メートルの鐘楼が静安寺路の重要なランドマークとなっていた。穆時英 (1912-1940) [35]は、「競馬場の屋根に付けられた風速計の上の金馬が赤い月に向かって4本の脚を放つ」と描写している。

　1934年、アメリカ式摩天楼の超高層ビル「パークホテル（国際飯店）」が竣工した。地下2階を含む24階建てのビルの地面からの高さは83.8メートルで、当時全国およびアジアにおいて最も高い建物であった。この高さは上海において半世紀にわたって越えられることがなかった。屹立する高層ビルに通行人は足を止め、目を向けずにはいられなかった。漫画家はその風景をモチーフに、例えば、通行人は頭をあげてビルを仰ぎ見ながら、帽子をしっかりと押さえる

35) 1920-30年代に上海で活躍した小説家。「中国の新感覚派」と呼ばれている。

必要があった。そうしなければ帽子は風に吹かれて地面に落ちてしまうから、などの漫画を描いている。中でも、張光宇（1900-1965）[36]の漫画『使い道』は大変ユニークでユーモアにあふれていた。

　　田舎者Ａ：（パークホテルに向かって）こんな高いビルおっ建てて何すんだ。
　　田舎者Ｂ：おめえは何も知らねえなあ。今度黄浦江の水が溢れたときに使うんだんべ。

36）漫画家、挿絵家。『上海漫画』や『時代漫画』などの漫画誌を編集。

5　楽善堂

　1880年3月、共同租界の河南路（福州路近く）沿道にあるレンガ作りの2階建ての洋館に「楽善堂書薬屋」という看板が出された。そして、「東西の各種薬材の配送を承り、廉価で卸売り」という広告もあった。この建物は工部局ビルの裏口にあり、上の階からは工部局[37]の庭にある大きなモクレンの木が見えた。楽善堂を創設したのは岡山出身の文化商人岸田吟香（1833-1905）で、楽善堂はまもなく上海の名所となった。

　岸田吟香はヘボン博士の助手と日本の印刷業者という身分で初めて上海にやってきた。1863年5月、岸田吟香は眼病の治療のため、米国人医師で言語学者であるヘボン博士（*James Currtis Hepburn*, 1815-1911）が横浜に開設した施療所を訪れ、西洋の目薬の効果を体験した。この時、ヘボン博士は和英辞書を編集していた。『和英語林集成』というのは日本で最初の和英辞書であった。西洋文化に大きな興味をもった岸田吟香がヘボン博士に協力し、辞書編纂の助手を務めることになった。さらにヘボン博士からは、眼病の治療法や目薬の調合技術も学んだ。1866年9月、岸田吟香の協力のもと、ヘボン博士は『和英語林集成』を完成した。しかし、当時の日本には近代活版印刷の技術がなく、ヘボン夫婦は岸田吟香を連れて上海行きの船に乗り、美華書館で印刷することになった。

　1866年9月15日、ヘボン夫妻と岸田吟香の一行が上海に到着した。彼らは8か月近く上海に滞在した。岸田吟香は上海で美華書館の設備を利用し、日本語のかな文字の活字を作り、印刷の校正を担当した。1867年5月、上海で印刷された『和英語林集成』の和英の見出し語は20722、英和の見出し語は10030となっている。これは日本の英語史の重要な文献だけでなく、近代日本語資料としても大変重要な価値があった。初版の1200部は即時完売となり、多くの人にとって必携なレファレンスブックとなった。

　岸田吟香が初めて上海を訪れた際、上海に日本人の定住者がほとんどおらず、

37）工部局は1854年の太平天国の乱を機に英米仏3国が組織した租界の最高行政管理機構。

ごく少数の日本からの訪問者しかいなかった。そのため上海各界が岸田に注目し、親しみをこめて「東洋先生」と呼んだ。国際市場への進出を急務と考える中国人画家、収集家、画商などの多くが彼と交際し、重要な賓客としてもてなし、厚遇した。当時の上海画壇には多様な流派が結集していただけでなく、都市化や商業化が日々進んでおり、「上海でその技芸を鳴らす各地の書家や画家は100人を下らなかった」。上海の画家として日本人の間では、胡公寿（1823-1886）と張子祥（1803-1886）がよく知られている。胡公寿は山水、蘭竹、花卉に長け、とりわけ山水の造詣は一段と深く、軽々に他人のために詩や絵をものすことはなかった。「江蘇や浙江の名士で胡公寿に敬服しないものはなく、その作品は300年に1つといえる」。一方の張子祥は上海に最も長く暮らし、多くの弟子を擁しており、花卉に長け、生気に溢れた画風である。「その画の大きさで測っても、その力量が見て取れる。人物画と山水画を何れも良くし、古雅かつ脱俗の境に達している」。このような状況下で、無名な日本人印刷業者であった岸田吟香が、上海にて張子祥や胡公寿など多くの著名な画家や、のちに駐日中国公使何如璋（1838-1891）の下で副公使を務めた張斯桂（1816-1888）[38]と面識を得たことは、日中両国の文化人が互いに価値観の再認識を求めた当時の開放的な環境と大いに関係があった。

　岸田吟香と張斯桂が知り合うきっかけが、張斯桂の日本の海産物への関心にあったことは興味深い。張斯桂は浙江の寧波出身で字は景顔、号は魯生である。経世の才があり、西洋の学問にも通じていた。張はウィリアム・アレクサンダー・パーソンズ・マーティン（*William Alexander Parsons Martin*, 1827-1916）が翻訳した『万国公法』に序文を書き、当時の中国人としては非常に数少ない、国際関係に対する理解力があった。1866年12月4日、岸田吟香は朝食にて海苔を醤油につけ美味そうに食べた。張斯桂は好奇心からそれは何の食べ物かと尋ね、岸田は日本から持ってきた「紫の苔」であると答えた。数日後、岸田吟香は大馬路（現在の南京路）の張斯桂のもとに招かれ、「筆談」を行った。「筆談」は当時の日中の文化人が交流する際によく用いられていた。

　　張斯桂：閣下の文章は欧蘇（欧陽修と蘇東坡）の精髄を得ています。小生
　　　　　　は八股文に害され、かつて古文を好んでいましたが、その細かい
　　　　　　妙味は理解できていません。慚愧の至りですが、貴国は古文で議

38）張斯桂の日本での任期は1876-1882年。

　論できるかどうかで人材を選抜しているに対し、わが国は八股文で士を選抜しているため、士の才能は日に日に下がる一方で、まことに嘆ずべきであります。
　岸田吟香：先生の文章の妙味を、小生はかつて『万国公法序』でその一斑をうかがっています。

　1867年4月、岸田吟香が上海を去るに当たり、張斯桂はわざわざ豫園の湖心亭で宴席を設け、送別会を催した。湖心亭は当時上海の文人たちの高級な宴会場である。「高閣に風を迎え、窓に水が映り、俗世の中にかつてない清涼の境地」であった。席の中で、張子祥は張斯桂の求めに応じ、『淞江送別図』を描き、記念として岸田吟香に贈った。張斯桂はその絵に以下の詞をつけて、忘れがたい友情を表した。

　　雨がそぼ降り、柳も艶やかになびいていると、感情もこみあげてくる。この場を離れれば別離の哀しさが増し、家に戻ればこの感情を思い出す。金谷酒や酔香酒を飲めば、ともに偉そうな仙人に見えよう。当時筆談による交流を思うと、友情は変わらず、長江両岸の山や川もそのままである。まさに春が暮れようとしており、夕陽とともに心配や怨恨が消えていく。目の前の景色が心を打つ。再び上海を訪れるのはいつか、いつまでも戻らないのかを問う。

　張斯佳の弟張斯椿も絵に題字し、「吟香先生は品位高く、交友も慎重である。歓談においても、温厚で親しみやすい」と記した。
　ヘボン博士の助手である岸田吟香の収入は限られていた。上海の名家の書画を収蔵したかったが、「帰る前に1枚の絵でも手に入れたいが、私の状況は変わらず、お金とは終始無縁で、まことに困った」。今回湖心亭で張子祥の絵が手に入ったのは、張斯桂のおかげである。
　1867年5月1日、岸田吟香はヘボン博士とともに日本に帰った。『和英語林集成』の編纂と翻訳、印刷に対する協力への謝礼として、ヘボン博士は目薬の秘方を岸田吟香に授けた。ヘボン博士の承諾を得て、岸田吟香は目薬「精錡水」をつくり、販売するようになった。1868年2月、彼は「薬売り」として再び上海に舞い戻る。目薬「精錡水」の販売代理店として、小東門外の「瑞興

号」と洋涇橋の「万祥号」と契約し、店の前に「東洋岸田吟香先生監修目薬精錡水寄売」の金看板を掲げた。

　1880 年、岸田吟香が起業のため本格的に上海に現れた際には、状況はすでに大きく変化していた。まず、岸田吟香はすでにヘボン博士の助手や、無名の日本人印刷業者ではなくなり、『東京日日新聞』主筆や編集長を務めた著名な新聞人となっていた。また、中国と日本の状況も変わった。日中両国は 1871 年に外交関係を結び、上海に日本総領事館を開設、1875 年には三菱商会が上海から横浜までの航路を開き、1876 年には東本願寺上海別院が設立され、1877 年には三井洋行も上海に進出した。上海の日本人定住者は 200 人近くに達した。

　中国は漢方薬の故郷である。各国が競合する上海の市場としての優位性に、岸田吟香は上海での事業発展への意欲がかきたてられた。1880 年 1 月 21 日、日本の『郵便報知新聞』に広告が掲載され、イラストで登場した岸田吟香は、「本日出航する「東京丸」に乗り込み、精錡水の中国での販路を拡大する」と得意げに語っている。今回の上海行きの目的は、上海に楽善堂書薬局を開設して薬の販売を中心に書籍の印刷、販売も兼ね、文化事業と商売をともに行うことにあった。医薬品の販売に関しては、自作の目薬「精錡水」にはじまり、後に日本の和漢薬を中心とした。

　1880 年 3 月 13 日、楽善堂が正式にオープンした。岸田吟香は上海の大衆に親しまれるよう、中国人の名前は三文字が一般的であることにならい、わざわざ名前を「岸（田）吟香」に改めた。5 月 25 日、楽善堂薬局は店主「岸吟香」名義で初めて『申報』に「神効光明精錡水」という広告を載せている。「日本は扶桑の東に位置し、古くから蓬莱と呼ばれ、中には仙山や霊水、奇樹や薬草も多く、故に医学の方でも神の手と呼ばれる者が多くございます。本堂は日本の東京で開業して数年、各種の良薬を父祖伝来の秘方によって調合しております。目薬の精錡水は特に調合に力を入れ効果は抜群です。それゆえ広く名を馳せております。日本を訪れる中国の皆さまも購入され、お宝のように珍重されております。この度特別に上海イギリス租界河南路にございます「老巡捕房」[39]向かいに、西を背にして東向きに、みなさまお買い求めやすいようにオープンいたします」。6 月 14 日、さらに「東洋岸吟香」名義で『申報』に千金保真丸、聖恵禁煙丸など 14 種類の薬品の広告を掲載し、「すべて父祖伝来の秘方、上等

39）警察署のこと。

26　清末の湖心亭

27　上海で印刷出版された『和英語林集成』

28　楽善堂書薬房

な薬草を使用しておりまして、世の救済を胸に刻んで丹精に調合しておりますので、薬を飲めば病気が治り、ご長寿になられます」と強調した。1882年7月4日には「東瀛岸吟香」の署名にて『申報』に、楽善堂28種類の薬品の広告を掲載している。その後も、絶えず『申報』で様々な薬品の広告が掲載された。1880年から1893年の間に、薬品の広告だけで100種類以上に達しており、宣伝広告を使って上海での市場を獲得しようという決意を表している。楽善堂は『申報』における宣伝戦略や経営手段を利用し、日本で流行の宣伝方法を借用することもあれば、上海の実情に合わせて新しいアイデアを作り出すことも

あった。新聞広告の事業が始まったばかりの上海において、これらの広告はいずれも「東洋」からの新奇なものに映った。

　楽善堂から上海の申報館までは歩いて10分もかからないほど近い。『申報』は1872年4月にイギリス商人アーネスト・メジャー（*Ernest Major*, 1841-1908）によって創刊された。それ以前にも『上海新報』があったが、完全に西洋式の新聞を中国で発行していたため、影響力は弱く、発行部数はわずか400部に満たなかった。『申報』創刊以降、上海の事情に詳しい中国人の主筆を採用し、編集を担当させた。彼らは言論とニュースを重視、広告の掲載を拡大し、さらに中国の文人の詩と詞、短文、時論などを無料で発表させることで、多くの読者を開拓した。十数年に及ぶ努力の結果、1880年代半ばには、『申報』は完全に中国人主体の、比較的完全な上海における新聞出版の中心的存在となった。

　『申報』は主筆を中心に「吟壇」のコラムを開設、上海の文化人たちのために発表の場を提供した。「吟壇」で活躍する上海文化人は100人余りで、高俣軒（太痴生）、何桂笙（高昌寒食生）、王韜（1828-1897、弢園老民、天南遊叟）、王恩溥（甬東小楼主人）、袁祖志（倉山旧主）、黄協塤（1851-1924、字は式権、元の名前は本銓、号は夢畹、別号に鶴窠樹人、海上夢畹生、畹香留夢室主）、銭昕伯（霧中看花客）などが有名である。その中で、高俣軒、何桂笙、黄協塤、銭昕伯などは前後して『申報』の主筆を務めている。著名なジャーナリストである岸田吟香は上海一の大新聞『申報』の社会的影響力をよく理解していたが、中でも『申報』の「吟壇」に強い興味をもった。彼は文化人らしく、楽善堂2階の書斎を「借楼」と名付けた。この命名の理由について岸田吟香は、「人生とは借り物である。春の花や秋の月も私の所有物ではないが、それを拝借して心の内を表現しているのである」と述べている。

　普通の日本人と異なり、岸田吟香は身長180センチ、体重90キロ、目は二重で、明治の洋風で新時代の紳士たる風格を備えていた。「立派な容貌をもち、顔を覆うほどの濃い髭を生やししているが、性格は純朴かつ誠実である。その学問は洋の東西を問わず精通しており、特に篆刻に長じている。中年以降、市井に身を潜めているが、珍書の収集を好み、国内外の古籍が書棚にずらりと並んでいる。朝夕は書籍を枕頭に置き、常に手から離すことはない。最も通じているのは地理と薬物の2分野である」。そのため、日本の新聞界で著名な岸田吟香は上海で特別の敬重を受けていた。1884年春、『申報』主筆黄協塤は「弢園先生のところで一度見ただけ」で岸田吟香の「温文儒雅」な様子に敬服し、

「さすがに年長者としての風雅を具え、詩について語り合っては高い見地を示され、日本人の中でも抜きんでて優れた人」だと褒めたたえた。

「弢園先生（とうえん）」とは中国の著名な思想家王韜（おうとう）（1828-1897）のことである。王韜はヨーロッパを遊歴、1874 年に香港で『循環日報』を創刊して変法自強の思想を鼓吹した。1884 年に上海に戻り、格致書院を主宰して多くの時論を発表した。「才気にあふれ、書けば何千字にも達し、とりわけ外国の時事に通じた」人物である。多くの上海文人は王韜を介して岸田吟香と面識を得た。それ以降、楽善堂の「借楼」は上海文化人にとり活動の中心地となった。

岸田吟香は中国考証学の大家兪樾（ゆえつ）（1821-1907）とも深い付き合いがあった。1882 年秋、岸田吟香は兪樾に『東瀛詩選』の編纂を依頼した。兪樾は 5 か月かけて、翌年春に全 44 巻、5 千首以上を収録した『東瀛詩選』を編纂、日本で出版された。これは日中文化交流史上の重要な出来事である。岸田吟香は 36 歳で小林勝子と結婚した。長男が病弱であったため、1885 年に次男が生まれた際は歓喜して、わざわざ兪樾に次男の名付け親になるよう依頼した。兪樾は喜んで「艾生」と名付けた。その後、『申報』で文章を発表した。「吟香氏が 50 歳を超えてはじめて一子をもうけ私に名付け親になるよう依頼されたので、私は 50 を「艾」ということから艾生と名付けるとともに以下の詩を贈りたい」。「100 の半ばにしてついに鳳の雛の鳴き声を聞き、この男子に艾の字を名付けた。二十数年後に是非とも日本へ行き、この艾生を訪ねたい」。

1888 年春、岸田吟香を発起人として楽善堂の「借楼」で「玉蘭吟社」が創設された。その日、「借楼」の向かいの工部局の庭ではモクレン（玉蘭）が満開となっていた。岸田吟香は喜んで「これで心ゆくまで詩を吟ずることができる」と述べた。上海の著名人十人余りを招集し、詩社を設立した。みな詩社の社長として王韜を推し、社の命名を依頼した。そこで王韜は玉蘭吟社と名付けたのである。「日本の岸田吟香氏は、自ら玉蘭吟社を創建した。上海の詩人を招集し、月 2 回、酒を呑みながら談笑し、題目ごとに佳句を吟じた」。「この詩社は月に 1、2 回はかならず開催され、その詩篇は続々と増えていった」。

1889 年 2 月、帰国する岸田吟香のため王韜は玉蘭吟社の社員を全員招集し、上海北部の自宅「淞隠庵」で送別会を開いた。宴席にて岸田吟香は塩川一堂[40]が描いた『春江送別図』を取り出し、同席の社人らに題字を依頼した。『申報』主筆の黄協壎が即座に詩をつくり、送別会を盛事と称した。黄はさら

40）日本画家、文鵬とも称す。中国で南画を学ぶ。父は日本画家の塩川文麟（1808-1877）。

29　楽善堂広告　　　　　　　　30　岸田吟香

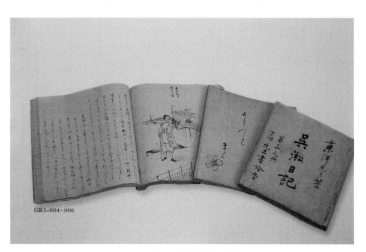

31　東洋先生『呉淞日記』

に「春江送別図記」というタイトルで『申報』の第一面に岸田吟香を送別する文章を発表した。

　これは1880年代における両国文化人の友好交流に関する真実の記録である。同時に、良好な国家間の関係とゆとりのある社会環境および民族文化における開放的な意識、これらが日中文化交流にとり何時如何なる時にも非常に重要であることを実証する歴史的経験である。

6　ガーデン・ブリッジ

　蘇州河（旧称呉淞江）は上海市の中心部に横臥している。渡河の交通手段として橋は重要である。開港以前、蘇州河の両岸の往来は主に渡し船が担っており、一番多い時で22か所の渡し場があり、この内黄浦江の出口に最も近い渡しは「外擺渡」と呼ばれた。1850年代以降、蘇州河には前後にして11本の橋が架けられ、上海の南北を結ぶ交通が構築された。中で最も有名なのは「蘇州河第一大橋」と呼ばれているガーデン・ブリッジ（中国語で「外白渡橋」）である。余槐青は『上海竹枝詞』[41]にて、「長い虹が架かって怒涛を封じ、終日馬車が頻繁に行き来している。蘇州河に架かる橋として最大の工事がガーデン・ブリッジであった」と称揚している。

　1849年、アメリカ租界が虹口（ホンキュウ）一帯で形成されるにつれ、蘇州河両岸の往来がしだいに活発となり、橋建設の必要性が生じた。1854年、イギリス商人ウィルズ（Wills）など十数人が蘇州河橋梁建設のための会社を設立し、資金洋銀12000元、株主10人で125株を分担して「外擺渡」に木橋を架ける計画を立てた。1855年12月1日、木橋の建設工事がはじまり、翌年10月に完成した。長さ137メートル、幅7メートルで、橋の床版には板を敷き、中央部は開閉式で帆船が通行する際は開くようになっていた。この木橋は創設者のウィルズの名前を冠し「ウィルズ・ブリッジ」と称され、のちにガーデン・ブリッジと呼ばれた。

　ウィルズ・ブリッジ完成後、橋の所有者は上海道台より25年間の特許を取得したと称し、橋の入口で通行料を徴収した。通行人も車馬も橋を渡る際には通行料を支払わなければならなかった。外国人は1人年白銀4両を一括で支払えば、無制限に橋を渡ることができた。一方、中国人は毎回銅銭1文を払わなければならず、馬車はその倍であった。1863年、英米租界が合併し共同租界となると、洋商や橋の所有者が修理費用に充てるため、中国人の通行料をさら

41）竹枝詞は民間の歌詠形式で、余槐青の『上海竹枝詞』は1936年に漢文正楷印書局（上海）より出版された。

32　初期の蘇州河の木橋　　　　　33　蘇州河木橋（1890 年代）

34　日本人画家安井老山が描いた蘇州河木橋

に倍増させた。これに抗議する中国人が橋の管理者を殴打する事件が発生し、最終的に殴った側は洋銀 50 元の罰金を科せられた。1869 年、共同租界工部局[42]はウィルズ・ブリッジの所有者と交渉、翌年から 10 年間は外国人と交通車両は無料で橋を渡ることができることとなったが、工部局は中国人の通行料の支払いを工部局が肩代わりするという橋の所有者側の提案を拒否した。『申報』の主筆黄式権は著書『淞南夢影録』にて、「ここはイギリス租界からアメリカ租界に向かうには必ず通らなければならない橋であり、終日通行人が絶えることない。1日に入る収入は多く、この 20 年で得た利益は莫大である」と記している。

　木橋の建設は蘇州河北岸の発展に極めて有利に働いた。王韜は橋の北側虹口において、「アメリカ人が建てた講堂や住宅が軒を連ねている。庭の前に広い土地が多く広がり、橋が整備され、木々が生い茂っていて、独特な風景とな

42）工部局は 1854 年の太平天国の乱を機に英米仏 3 国が組織した租界の最高行政管理機構。

っている」と記述している。1862年、日本の千歳丸が初めて上海に出航した際、乗客の1人であった峰源蔵（1825-1893）[43]はその『清国上海見聞録』に、「橋より向こうは亜墨利加（アメリカ）の居留所、当時普請の央にて横二丁余長さ、江に沿い三四町もあらんか、其先は田畠にて田舎なり」[44]と記している。

　木橋の腐朽が進み、橋が揺れるようになったため、蘇州河橋梁建設会社は木橋近くに鉄橋を架けようとした。しかし1871年5月13日、工事中に両端の橋脚が崩れ、橋の一部が河に沈下したことで工事は中断された。1872年9月18日、上海道台の支持を受け、蘇州河に相次いで無料の渡し船4隻が設置された。1隻につき船頭2名を雇い、「通行人の往来の便宜を図り、渡し賃を徴収しなかった」。これらすべての経費は、中国系シルク商人、茶商人、小型金融業者の寄付によって賄われた。

　1872年10月、工部局はウィルズ・ブリッジ西10歩ほどの場所に木製の浮き橋を建造した。長さ118.8メートル、幅12メートルで、両側に幅2メートルの歩道も設けた。木橋はイギリス系の「耶松公司」（<i>Shanghai Dock and Engineering Co. Ltd</i>）[45]が設計と建設を担当した。費用は白銀12500両で、通行人の通行は無料であった。この新しい橋はパブリック・ガーデンのそばにあるので、ガーデン・ブリッジと呼ばれた。浮き橋は元の「外擺渡」の場所にあったため、「外擺渡橋」とも称され、通称は「外白渡橋」であった。同時に、工部局は蘇州河にあるウィルズ・ブリッジと未完成の鉄橋を白銀4万両で購入することを決め、1か月以内に決済を済ませた。日本人画家安田老山（1830-1883）[46]が描いた『蘇州河の木橋』は、1872年に竣工した新しい木橋である。

　日本人画家安田老山は上海に関する風景画を多く描いたが、中でも『蘇州河の木橋』は有名である。新しい木橋を建設する際、交通に影響がでないように浮き橋を架け、1日に7000人もの通行人が往来した。安田の絵から分かるように、大橋北岸の虹口（ホンキュウ）には、元の物寂しげで荒涼とした地に、すでに外国人商人が建てた新しいビルがそびえ立っている。また、右側の黄浦江の景色は、「千歳丸」で上海を訪れた長州藩士高杉晋作が描いたように、「欧羅波（ヨーロッパ）諸邦商船、軍艦数千艘碇泊、檣花林森（しょうかりんしん）して津口（港）を埋めんとす」[47]、

43）潔とも称す、大村藩士。

44）括弧内は訳者注。1町は約109メートル。

45）上海の代表的イギリス系企業、1865年に造船所を開設。

46）岐阜県出身、1864年に上海に渡り胡公寿に師事した。

であった。安田老山のこの絵は当時上海の代表的な風景の1つである。

安田老山の絵は上海でよく知られていた。黄式権は『淞南夢影録』の中で、「日本の安田老山氏は、徐福の仙郷に居を構え、鄭虔[48]の特技に長けている。上海に長く暮らし、作品も多い。墨梅や山水は淡遠で秀麗、呉小仙[49]の筆致に似ている。字は唐代の書家懐素（かいそ）に学び、絵の賛にも、頗る楚々とした趣ある。彼は特別に抜きん出ていると思う」と記している。

1889年、新たに赴任した工部局工務処主任のチャールズ・メインはガーデン・ブリッジを鉄橋に建て替える計画をした。橋の床版の耐荷力を計算するために、その年の6月、メインは午前8時から夜8時まで、3日連続で橋を渡る車や人数に関する統計をとった。それが以下の表である。

交通手段	数	交通手段	数
馬　車	1633	人力車（黄包車）	20958
荷　車	22	一輪手押し車	2759
駕　籠	27	馬	38
歩行者（西洋人）	1645	歩行者（中国人）	33666

1903年、工部局は木橋を鉄橋に建て替えることを正式に決定した。「英商電車公司（*Shanghai Electric Construction Co.*）」[50]は鉄橋建設のため3500ポンドの寄付を申し出た。鉄橋の部品はすべてイギリス製で、1906年に着工し、1907年12月29日に竣工した。長さ104.24メートル、幅18.4メートルで、橋の上の車道の幅は11.2メートルであった。これは蘇州河における初の鉄骨トラス架橋で、当時の上海において車の通行量が最も多い橋であった。1908年1月14日、ガーデン・ブリッジに路面電車の軌道が敷設され、5月に楊樹浦から広東路までの路面電車が開通された。

ガーデン・ブリッジが竣工すると、橋の上から周囲の景色を眺めても、パブリック・ガーデンから鉄橋を眺めても、上海らしい街の風景が広がった。蘇州河は橋の下を路、ゆっくり黄浦江へ流れ、そこで溶け合うように合流した。それはまさに上海を育んだ母なる河であった。

47）「航海日録」『游清五録』、括弧内は訳者注。「檣花林森」とは、船のマストが森林のように立ち並んでいるさま。

48）唐代の学者、書、画、詩に優れ、画では三絶の1人に数えられる。

49）明代の画家、呉偉とも称す。

50）上海で最も古い公共交通の会社で、1908年には上海初の路面電車を開通した。

35　ガーデン・ブリッジとブロードウェイマンション

36　パブリック・ガーデンとガーデン・ブリッジ

37　自動車が通過するガーデン・ブリッジ

7　シャンハイ・クラブ

　1860年代、黄浦江のバンドに「東インド」式木造3階建ての建物が現れた。その外壁は赤レンガで、黄浦江に面した各階にはベランダ式の長い廊下があり、中央の高いところには山の形の壁があった。この建物に出入りするのはいずれも身なりの整った西洋人であった。長い廊下で、彼らはのんびりとジンを味わい、小さなサンパン[51]が黄浦江の中で揺れ動くのを眺めていた。

　この赤い建物は「シャンハイ・クラブ（上海総会）」と呼ばれた。英語の「Club」の初期の中国語訳が「総会」である。「倶楽部」は日本経由の「Club」に対する新しい訳語で、現在は一般的に後者が採用されている。当時、上海のイギリス、フランス、アメリカ、ドイツなどのクラブは「総会」と訳されたが、日本だけは「倶楽部」と称した。

　クラブ文化はイギリスを起源とし、イギリスの上流社会における紳士の社交場として誕生した。クラブの内装は非常に趣向が凝らされ、精巧で美しい装飾のほか、レストラン、バー、図書室、娯楽室などが設置されている。イギリス式伝統的クラブには、イギリス紳士の良好な教養と優雅な品位が存分に体現されていた。イギリス社会において名の知れたクラブの会員となることは、ステイタスの象徴でもあった。

　上海が開港してまもなく、イギリスをはじめとする西洋人は自分たちの生活スタイルを確保するため、様々なクラブを創設した。これらのクラブは多機能な娯楽施設だけでなく、居留民が交流し議論するための場でもあった。黄式権は『淞南夢影録』において、「西洋人が友人と集う場所をクラブと称す。上海のフランス・クラブはフランス租界の大馬路[52]にあり、イギリス・クラブは四馬路（現在の福州路）の東入り口にあった。安息日になると、大きな馬車が雲霞のごとく押し寄せ、上流階級の紳士淑女で座席は埋まり、ビリヤードで暇をつぶすものもいれば、アコーディオンを弾いて曲を奏でるものもいる。友と

51）平底の木造船の一種。
52）通称公館馬路（*Rue Du Consulat*）で、現在の金陵東路。

ワイングラスを傾け、酒の世界に浸るものもいる。竹の椅子に身を沈めて、詩文に興じ合うものもいる。囲碁や蹴鞠をし、高歌放吟、自由気ままに楽しく遊び、何事にもとらわれることがない。ただし上海に暮らす中国人たちが大いに関心を寄せても、到底関わりを持つことはできない」と記している。

初期のイギリス人の主たるクラブとして、カントリークラブ、シャンハイ・クラブと上海競馬クラブの3つがある。上海に来たばかりのイギリス人は生活が落ち着くと、いずれかのクラブへの入会を考えるようになる。

シャンハイ・クラブの土地はもともとイギリス系兆豊洋行（*H. Fogg & Co.*）[53]の所有であったが、イギリス居留民の社交と娯楽のための場所として3.5畝[54]の土地が譲渡された。さらに上海レクリエーション・ファンド（*The Recreation Fund*）から32900両の白銀を借り入れ、1864年にビルが建てられた。シャンハイ・クラブにはレストラン、ビリヤード室、トランプとチェス室、図書室、バーがあり、当時の西洋人にとって上海で最高級の社交場であった。イギリス人は洗練された身なりにこだわり、炎天下でも「きちんとした身なりをしてこそ男性は精悍にみえる」と提唱し、しばしば「身なりが乱れれば、人より一段と低くなる」と語っていた。シャンハイ・クラブは会員制で、会員となるには上海で6か月以上居住する必要があった。また、会員はイギリス人を中心とし、外国籍の非会員は会員の付き添いがなければクラブに入ることは許されなかった。

シャンハイ・クラブは、西洋の居留民に様々な娯楽を提供するほか、会議や集会をする場所でもあった。当時、以下のような記述がある。「高くそびえるクラブの建物に、身なりを整えた西洋人商人たちが勢揃いしている。お昼の12時より豪勢な料理が供され、上海における様々なことが議論される」。1879年5月、アメリカの元大統領ユリシーズ・シンプソン・グラント（*U. S. Grant*, 1822-1885）が上海を訪れた際、上海に暮らす外国人は200名以上が出席する盛大なダンス・パーティーをシャンハイ・クラブで開催している。ダンス・パーティーは夜10時半に始まり、翌朝の4時に終了した。

1909年、シャンハイ・クラブの建物は解体、再建された。1910年に地下1階、地上5階の鉄筋コンクリートの新しいビルが建てられた。建築面積は

53）1861年にウイリアム・ホッグ（*William Hogg*）とジェームズ・ホッグ（*James Hogg*）
　　兄弟が上海に設立した商社。

54）中国の1畝は667平方メートル。

9280 平方メートル、総工費 45000 両である。上海の地盤は軟弱なため、基礎の根入れは約 20 フィートの深さに達した。蘇州河で木橋を架けた際、杭打ちをする職人が一度叩いただけで、杭が泥の中に深く入り込んで、見えなくなることがあった。そのため、上海では高いビルが建てられないと一部の人は悲観的に考えていた。当時この問題を解決するため、地下のコンクリートの基礎の上に高層の建物を建設する方法がとられた。シャンハイ・クラブの新ビルはこの建築方法を取り入れた初めての試みであった。

　シャンハイ・クラブの外観はイギリス古典主義のスタイルで、1 階玄関に鉄骨のアーケードが設置された。外壁は柱礎と柱に石材を用いた以外、すべてコンクリート製で、入り口にはトスカナ式の柱が建てられた。グランドフロアにはボウリング場、1 階にバー、閲覧室が設置され、2 階にはレストランと宴会場、さらに 3、4 階はホテル、5 階は社員寮となっていた。宴会場と客室はイオニア式の古典的な柱で 2 つの階がつながれていた。壁面にはバロック様式の山や花模様のレリーフが飾られている。バーのカウンターはイタリアの大理石でつくられ、さらに高さ 5 メートルのオークの壁を背にしていた。黄浦江と平行しているカウンターの長さは 34 メートルにも達し、当時極東において最も長く、ゴージャスなカウンターであった。カウンターの丸い角の部分は、銀行と商社のオーナー用の席となっていた。招待を受けない限り、一般会員はそこでお酒を飲むことができなかった。アーネスト・オー・ハウザー（*Ernest O. Hauser*）は著書『上海——大帮の都』（*Shanghai: City for Sale*）の中で、「もし中に飲みに行くなら、いつも上海の大班[55]に会える。昼食の前に上海のすべての大班が来るかもしれない。洋行の大班の多くはこのクラブで昼食をとるから」と記している。

　クラブに宿泊するものに対しては、朝食には欧風リゾットやベーコンと卵が、冬にはおかゆとトーストとオックスフォード・ジャムを出された。また印刷したての新聞が随時届けられた。

　新しく建てられたシャンハイ・クラブはイギリスの馬海洋行（*Moorhead & Halse*）が設計を請け負ったが、実際の設計はイギリス王立建築学会会員のターレント（*T. Tarraht*）が担当した。内装のデザインは「建築界の異才」と呼ばれていた日本人建築家下田菊太郎（1866-1931）が行った。下田菊太郎は日本で最初に米国建築家協会の資格を得た建築士で、帰国後、米国で学んだ鉄筋コ

55）大班とは中国圏における企業家、会長職、外国企業の支配人などに対する呼称。

38 雪景色の初期シャンハイ・クラブ

39 再建されたシャンハイ・クラブ
のビル（1910 年）

40 新館の開幕式

41 シャンハイ・クラブ（1930 年代）

ンクリート構造の技術を日本に取り入れた。当時西洋風一辺倒だった日本の建築界に対し、下田菊太郎は和洋を組み合わせて日本建築の独特なスタイルを確立することを提唱した。当時、彼のこのスタイルは日本建築界の主流からは無視された。下田菊太郎が設計した元香港上海銀行長崎支店記念館は彼が日本で残した唯一の建物である。一方、シャンハイ・クラブの内装デザインは彼が上海に残した永遠の記念物である。

　上海在住外国人の上流社会のための社交と娯楽の場として、シャンハイ・クラブは当初、中国人と日本人の入会を断っていた。日清戦争以降、日本人は上海で治外法権を得て租界の参加者となったが、西洋人の上流社会に溶け込むことができず、シャンハイ・クラブに出入りできたのは「在華紡織同業会」専務理事の船津辰一郎と「聯合通信」上海支局長の松本重治（1899-1989）など少数に限られていた。船津辰一郎（1873-1947）は1889年、中国語学習のため中国に渡った。1894年に日本外務省留学生試験に合格、1897年から上海、南京などの日本領事館での勤務を経て、1921年12月に日本上海総領事、1923年に奉天総領事に転任した。1926年に外交の仕事を離れ、在華紡同業会の専務理事を務めた。1927年に上海工部局[56]の理事に就任、1934年9月まで務めた。工部局理事会のメンバーは「上品で礼儀正しい人柄、正確な判断力、機知と謙虚さを認め」、船津を高く評価した。船津辰一郎が紳士的で人格者の魅力を持っていたからこそ、シャンハイ・クラブの重い扉が彼のために開かれたのである。松本重治がシャンハイ・クラブの会員になったのは、イギリスのマディソン商会の協力によるものだった。回想録『上海時代』で松本重治は、「昼食の前にカウンターや玄関にいると、かならずといっていいほど探している人に会い、仕事について相談することができた。バーやクラブといっても、銀座とは違い、歓楽街の女性の姿は決して見られない。バーテンダーも男一色であった」と記している。

　蒋夢麟（1886-1964）[57]は回顧録『西潮と新潮』の中で次のように述べている。上海の繁栄は外国人のビジネス活動のおかげであるが、多くの外国人は上海で数十年生活しても、彼らにとって中国は依然として「謎の場所」であり、「彼らのクラブは中国人の加入を拒絶し、ほぼ1人として友人たるに値する中国人

56）工部局は1854年の太平天国の乱を機に英米仏3国が組織した租界の最高行政管理機構。
57）教育者、政治家。1917年にアメリカのコロンビア大学で哲学博士号を取得。国民政府で教育部長や国立北平大学学長等を歴任した。

はいないかのようであった」。「彼らは尊大で無知で頑固で、しかも人種差別的
な偏見に満ちている。彼らは自国の科学の発明や芸術の創造についても無関心
だし、中国や自国で発展している新しい思想や潮流について全く無知であった。
彼らの唯一の目的はお金を稼ぐことであった」。蒋は中国の学術を学ぶ私塾か
ら西洋の自由な学府に進んだ人物であり、上海に居住している外国人の知り合
いも少なくなかった。彼らに関することもいろいろ耳にしていたので、その記
述は信頼に足るものである。

8 バンドの彫刻作品

バンドは近代上海の艶やかな目だというものもいれば、また租界の美しい回廊というものもいる。この100年以上の間に、歳月は移り変わり、世代は幾度も交代したが、バンドは上海にとってかけがえのないシンボルであり続けている。

バンドは「黄浦灘」とも呼ばれ、蘇州河と黄浦江が交差するガーデン・ブリッジから新開河の黄浦江までの川沿いの一帯を指す、近代上海の貿易港としての玄関口である。1869年、退任したばかりの工部局理事長のエドワード・R・カニンガム（*Edward Cuningham*）はバンドを緑地景観区にする構想を提案した。バンドが上海で唯一の風景スポットだと考えるゆえである。「イギリス租界のバンドは上海の目であり、心臓である。黄浦江に沿った長い岸辺は娯楽と衛生のために開放するべきである」、「バンドは住民が夕暮れ時に黄浦江の新鮮な空気を吸える唯一の場所であり、租界内において広々とした景観をもった唯一の場所でもある」と述べている。

1880年代になるとこのカニンガムの構想に基づき、遊覧客の散策とレジャーのため、工部局[58]はバンドの川沿いに芝生を敷き、岸辺に遊歩道をつくり、アーチ状の白熱灯と軽便な椅子を設置した。そしてバンドの東端にパブリック・ガーデン（現在の黄浦公園）を開園してバンドの緑地帯とつなげた。公園内には約2万両の白銀をかけて西洋のさまざまな植物が植えられた。「公園内に入ると、芝は敷物のようで、落ちた花が一面に広がり、草木が青々と茂って、広々して眺めがよい」という記述がある。ヨーロッパの近代都市に匹敵する文化的空間をつくるため、工部局はまた3500両余りの白銀をかけて、公園内に演奏用のステージを設置、時に楽団による西洋音楽の演奏が行われた。このステージの近くに噴水があり、活気あふれる噴水はガーデンや音楽に生命の力を与えているようであった。バンドの緑地と公園が完成すると、大勢の遊覧客が訪れるようになった。広々とした黄浦江のほとりで、彼らは緑と陽射しの中を

---

58) 工部局は1854年の太平天国の乱を機に英米仏3国が組織した租界の最高行政管理機構。

散策し、まるで都市と自然とが口づけをしているようなその麗しい景色を堪能した。

著名なイギリス人彫刻家ヘンリー・ムーア（*Henry Moore*, 1898-1986）曰く、「彫刻は野外の芸術である。そこでは太陽の光が必要だ」。バンド沿いの遊歩道は都市にまるで明媚なレースをつけたような存在であった。緑地や広場が連なり、また広々とした黄浦江と隣接し、川と空が一体になったようで、この緑と陽射しに満ちた空間は彫刻という芸術に、自然の背景を提供していた。西洋人居留民が中国ゆかりの西洋の著名人と歴史的事件を記念するため、バンドの芝生にいくつものの記念碑的な彫刻作品を設置したことで、上海特有の文化的景観が出現した。

バンドで最も有名な彫像はエドワード路（*Avenue Edward*, 現在の延安東路）の入り口にあった「欧戦記念碑」である。これはバンド一帯で最も大きな記念碑であり、台座には平和の女神像が鎮座するため「平和の女神記念碑」とも称された。第一次世界大戦の際、上海にいるイギリス居留民 500 人が参戦のため帰国し、多くが戦死した。この記念碑は戦争終結後、シャンハイ・クラブが戦死したイギリス居留民を記念して設立したのである。1924 年 2 月 16 日に除幕式が挙行され、記念碑に犠牲者の名前が刻まれた。記念碑の両側には銅で作られた鎧や盾などの古代の戦争における武器や武具が飾られ、台座には平和の女神の銅像が屹立している。女神の背中にある双翼は大きく開き、2 人の子どもが女神のスカートを引いて左右に立ち、各国の国章が女神像の前に置かれている。碑の裏側には「功炳欧西、名留華夏」（西欧での功績を顕彰し、その名は中国の大地に残る）という大きな文字が書かれている。当時、「欧州の戦争は塵界を一掃し、平和を記念する新たな気運となった。幾度の戦場で落とされた頭や流された血により上海のバンドに自由の神が鋳造された」という記述もあった。平和の女神像はバンドを見下ろす最もよい位置にあったため、かつて近代上海を代表するシンボルであった。

ロバート・ハート（*Robert Hart*, 1835-1911）は税関総税務司長を 48 年の長きにわたり務め、中国近代史においてよく知られた外国人である。1910 年、イギリスの在上海総領事館および共同租界工部局は、イギリス人として上海に残した大きな功績を顕彰するため、バンドにハートの銅像を建てることを決議した。ハート像は 1914 年に正式に完成、下から台石、台座、銅像で構成されている。台石は 4 段あり、台座の部分は正方形で、正面の銘文は中国語と英語に

42　第一次大戦平和記念碑除幕式

43　ハート像

44　パークス像

　て、ハートの生涯や業績、栄誉についてその概要を記している。中国語の銘文の内容は次の通りである。「清王朝太子太保尚書位総税務司英国男爵ハート、字は鷺賓、道光乙未年に生まれ、宣統辛亥年に没す、享年77。税関総税務司長を48年務め、全国の郵便事業を創設、沿海の灯台を建設し、国民の模範となり、政府に諮問に資す。誠実かつ忍耐強く、果敢かつ智性が高く、中華に不朽なる功を立て、世界に高き栄誉を受ける。ここに銅像を鋳造し、記憶に留めんとする。中華民国2年建造」。台座に立っているハート像はコートを身に纏い、両手を後ろに、思索に耽けているように俯いている。中国に向かっている

ことを意味するかのように銅像は北向きである。銅像はイギリス人彫刻家ヘンリー・ベグラムがデザインを担当したが、それはハートが 1908 年に中国を離れる際、北京の永定門駅の近くで見送りする人々と別れを告げた際の記念写真が基になっている。

　イギリス人はバンドにハリー・スミス・パークス（*Harry Smith Parkes*, 1828-1885）の銅像も建てた。パークス像はバンドの南京路と北京路の中間にあり、1890 年 4 月 8 日に高さ 8 フィートのブロンズ像が設置された。銅像には「中国の外国人市民」という中国語の文字が刻まれている。パークスは 1858 年 12 月 21 日にイギリス在上海総領事に任命されたが、第二次アヘン戦争に参加したため着任できなかった。1864 年 3 月 3 日に香港から「ガンジス川」号に乗船し、上海に到着後、正式に就任した。同年 6 月、パークスはイギリス租界で理事衙門（洋涇浜北首理事衙門とも称された）を設立することを提案し、中国と外国がともに官僚を派遣し、華洋の間で起きた事件を審理するようになった。理事衙門は当初、イギリス在上海総領事館内に設置されたが、後に「公審公廨」と改称された。1865 年にパークスが日本公使に任命されるまで、任期は 18 年に及んだ。1883 年、パークスは再び中国に戻り公使となり、1885 年 3 月 22 日、北京で逝去した。銅像は大きな花崗岩で築かれた台座の上に立っている。パークスは西に向かって直立し、冊子状のものを持っている。一般の中国人はパークスのことを知らず、その彫像を「銅人」と称した。それゆえ南京路から北京路の間の埠頭は「銅人埠頭」とも呼ばれた。

　バンドの北京路寄りにあるイルティス記念碑（*Iltis Memorial*）は、上海在住のドイツ人と怡和洋行[59]によってドイツの砲艦「イルティス」沈没を記念して建てられた。1896 年 7 月 23 日、イルティス号が上海港を出港した際、黄海沖で暴風に見舞われ、死者 77 人、生還者わずか 5 人という大惨事が発生した。

45　第一次大戦平和記念碑

当時、徐家匯の気象台は台風が東シナ海に接近していると予測して直ちに電報を打ったが、残念なことにイルティス号は台風警報の発令を待たずに出港、結果として暴風によって岩礁に座礁し、沈没した。記念碑は当初バンドに設置され、1898年11月20日に除幕式が行われた。記念碑の台座はスウェーデンの花崗岩ででき、ブロンズで折れたマストをつくり、そのマストの下に軍旗と帆が敷かれた。旗竿には黒い鷹に月桂の花輪を飾るドイツの国章がはためいていた。軍旗は複製品だが、完成度は高く精巧で、旗のシワはリアリティがあり、耐久性に優れていた。台座の周りにはブロンズの銘板がつけられ、中にはイルティス号とその乗組員が沖で台風の犠牲になった際の様子を描くものがあった。銘板にはさらに犠牲者の名が刻まれている。ある記者は、「高さ6メートルの折れたマストが荒々しく大理石の台座にそびえている。銅のさびによって折れたマストは風雨に耐え、運命に逆らう残木のようにみえた。マストの下は花輪に囲まれ、十字架が描かれた軍旗と海風に吹かれ、帆布がかすかにふくらんだようにみえた」と描写している。記念碑ははじめに海軍大佐ミラーにより提案され、ドイツ人デザイナーのラインヘッド・ベガスによって設計された。ドイツの有名な海神の噴水も彼の作品である。1918年、ドイツが第一次世界大戦で敗戦したニュースが上海に伝えられると、イギリス人居留民はイルティス記念碑を引きずり落とした。数年後、ドイツ人はまたそれを修理し、はじめに常徳路に移し、後に華山路の元ドイツ・クラブの芝生に置いた。この記念碑を見た中国人は以下のような詩を詠んでいる。「長い航海の中で残された折れたマスト、長年にわたりそれを追悼し続ける。漁船は桃源境を探し求め、やってくる商船や砲艦は次々と後絶たぬ」。

---

59) ジャーデン・マセソン商会（*Jardine, Matheson& Co., Ltd*）のこと。1832年にマカオで設立された極東最大の英国商社で、上海には1843年に支店を開設。アヘン取引、貿易、保険、不動産、海運、製造業と幅広く事業を展開した。

46　イルティス記念碑

47　バンドと銅像

48　バンドの芝生と銅像

9 フランス租界の記念碑

　地図で見ると、フランス租界は細長いベルトのようである。共同租界との違いについて、当時以下のような記述がある。「フランス人はフランス租界を植民地と考えている。フランス軍は小刀会[60]への攻撃を助勢した際に報酬を得、さらに交換条件もつけた。上海の行政官庁である上海道はフランス租界をフランス領事に贈呈するとしたが、フランス人は同治7年（1868年）に締結された「洋涇浜章程」[61]のフランス租界への適用を承認しなかった」。フランスの歴史学者ベルジェール（*Marie Claire Bergere*, 1933-）は、「フランス政府は在上海の領事が章程に署名したにもかかわらず、承認を拒否した。領事の権限とフランス外務省の直接の管轄のもと、フランス租界は異なる行政体制を維持した」のであると述べている。

　公董局[62]局章は円形で、城壁、帆船、雄鶏などの模様が描かれている。帆船は水路が縦横に走る上海の、雄鶏はフランスの象徴で、城壁は防衛を意味している。フランスが上海の租界をフランスの植民地とする意図は明らかであった。フランス租界の門標は青地に白い文字であるのに対し、共同租界は白地に黒い文字だった。フランス租界の電柱は三角形の白いセメント製であるのに対し、共同租界のものは四角形の灰色の木製だった。二つの租界の違いは微細なところにも示されている。

　パブリック・ガーデンはイギリス租界に属していたため、フランス人の記念碑は主にフランス租界の領事館、公董局の庭園およびフランス公園などに置か

---

60) 小刀会は秘密結社で、1853年に太平天国軍に呼応して上海で蜂起、1885年2月まで上海城を占領した。最終的に英仏の支援を受けた清朝軍によって鎮圧された。

61) 1868年に批准された「洋涇浜設官会審章程」のこと。租界在住の中国人についての裁判は、租界に設置されている「会審公堂」（裁判所）において、上海道台から派遣された「同知」（裁判官）によって行われるが、外国人もしくは外国人の雇用した中国人である場合、かならず領事の認定した陪審官とともに審議しなければならず、被告が判決に対して不服がある場合、上海道台と領事官の双方に上訴できるとされた。

62) 公董局は共同租界における工部局に相当する、フランス租界における最高行政管理機構。

49　フランス租界公董局

50　フランス公園

れていた。

　1855年には、フランス軍が清朝軍とともに上海城に立て籠もる小刀軍へ攻撃を行った「北門の戦い」で戦死したフランス将兵を記念する碑が、フランス租界に建てられている。この記念碑はフランス租界領事館の西側に20年以上設置されていた。のちに周辺の建物が多くなり、記念碑が見えなくなったため、八仙橋の共同墓地に移された。

　その後、フランス軍の砲撃によって城壁の一部が破壊され、そこで新たに城門が築かれた。この城門は、第二次アヘン戦争におけるフランス軍司令官モントーバン（*Montauban*）の名を冠し、「モントーバン門」と命名された。別称は「新北門」である。それと同時に川を開鑿して黄浦江と護城河を結んだ。これがつまり現在の新開河の由来である。

1911 年、フランス人飛行家バロン（*Rene Vallon*）は航空ショーを行うために上海に招待された。バロンは単葉機と複葉機各一台とともに船で上海にやってきた。飛行機はまず江湾万国体育会の競馬場に運ばれた。組み立ててから何回かの試乗を経て、市の中心部の競馬場に着陸し、計画通り 5 月 6 日に正式に航空ショーが開催された。

この日、バロンは複葉機を運転し、空中に舞い上がり、静安寺路の競馬場の上空で航空ショーを行った。彼は本物の飛行機を中国に持ち込み、航空ショーを行った最初の人物で、上海人に初めて航空ショーを見せた。しかし、航空ショーがいよいよ佳境に入る時に、飛行機に突然故障が発生、人の群れを避けるために、バロンは飛行機から逃げず、競馬場の中心部の芝生へ向けて操縦したが、不幸にして亡くなってしまった。人々はバロンの中国語の訳名「環龍」に因んで、彼を「現在の神竜」と呼んだ。

バロンの記念碑はフランス公園内に建てられた。これは 1912 年 6 月 20 日にフランス租界の公董局が『中仏新匯新聞』の提案に基づいて建てたものであった。公園の北側の道路は「環龍路」（現在の南昌路）と命名された。記念碑の両側には以下の文が刻まれた。「1880 年 3 月 12 日生まれ。本籍はフランスの首都パリ。1911 年 5 月 6 日に上海にて永眠。君は中国第一の飛行家で、その勇気と忠義によりフランスの栄光は増す」。

そして記念碑の正面には以下の賛美詩がフランス語にて刻まれた。

　　死亡があるからこそ生がある。
　　墜落があるからこそ飛行がある。
　　フランスはその苦痛を経験したからこそ運命がそこにあるのを知った。
　　名誉あれ！地平線に墜落したものよ！
　　あるいは、怒涛の中に飛び込んだものよ！
　　名誉あれ！
　　蛾のように焼死したものよ！
　　名誉あれ！
　　すべての亡くなったものよ！

フランス租界にロシア関係の記念碑が建てられたのは異例のことである。1936 年夏、プーシキン没後 100 年を記念し、上海に滞在するロシア各界の人

51　フランス租界のバンド

52　プーシキン記念碑落成式（1937年2月11日）

士らはプーシキン委員会を設立、メッツラーが会長、ラマンスキーが副会長に
それぞれ就いた。財務、監察、記念像、音楽美術、学校、文学出版などの部署
が委員会内に設置された。同委員会は上海でプーシキンの銅像を建設すること
を決め、建築家と美術家からなるデザイン委員会を立ち上げた。もちろん、こ
れらの計画はすべてフランス租界の公董局の同意と支持を得ていた。銅像の設
立地はプーシキン広場と呼ばれた。

　プーシキン記念碑は1937年2月10日にフランス租界の祁斉路（*Route Ghisi*,
現在の岳陽路）、畢勲路（*Route Pichon*, 現在の汾陽路）と恩理和路（*Route Henri
Riviere*, 現在の桃江路）が三叉する場所に設置された。優雅な台座の頂きに青銅
製のプーシキンの胸像が置かれた。記念碑は三面になっており、正面はロシア
語で、台座の両側にはフランス語と中国語で、中国語では「ロシアの詩人アレ

クサンドル・プーシキン氏逝去 100 年を記念した碑」と刻まれている。

1937 年 2 月 11 日午前に落成式が行われた。上海万国商団ロシア隊およびフランス租界警務処のロシア補助隊が両側に儀仗隊として整列し、フランス在上海総領事、フランス租界公董局理事長ならびにロシア居留民代表、淞滬警備司令部司令の楊虎^{しょうこ}（1889-1966）らが出席した。夜はフランス公学講堂でプーシキンを記念する集会が盛大に挙行された。同年 2 月 14 日にはロシア人芸術家がグランド・シアター（大光明電影院）でプーシキン記念コンサートを開催した。

プーシキンは上海に来たことがなかったが、多くの国籍を失ったロシア人は彼を自由と正義を求める精神の象徴と見なした。記念碑のある一角を「プーシキン広場」や「詩人広場」と呼び、自由を求める中国の知識人たちもしばしばプーシキンを仰ぎ見るため訪れた。彼らの耳元では、しばしばプーシキンの不朽の詩「記念碑」が響いていた。

> わたしはおのれに人業ならぬ記念碑をたてた。
> そこに民のおとないは絶えぬであろう。
> それはアレクサンドロスの帝の記念柱よりもなお高く屈することなくそびえ立つ。
> いな　わたしの亡びることはないであろう。
> しかばねは灰となるとも　わが魂は朽ちはつることなく
> 世々わが竪琴にやどりて　月の下に
> 歌びとひとりだに生きる限り　わが栄光は亡びない[63]。

太平洋戦争が勃発すると、日本軍は上海の租界を占領、プーシキン銅像は 1944 年 11 月に日本軍によって強制的に取り壊され、記念碑は台座だけを残した。

1946 年 11 月、ロシア人居留民が『新生活新聞』に手紙を書き、プーシキン像の再建を呼びかけた。1947 年 2 月に再建委員会が設立され、イタルタス通信社（TASS）中国支社社長のロゴフが主席を務めた。資金は 4、5 か月で集まり、モスクワに送金された。1947 年 12 月 28 日、元の場所にプーシキン像が再び建てられた。銅像はソビエト連邦の彫刻家によって作られ、ソビエト連邦から上海に送られた。記念碑は三角形の石柱で、頂きのプーシキンの胸像は赤みをおびた黒色を呈していた。石柱の三面はそれぞれ中、露、英の 3 か国の文

63）プーシキン「記念碑」（金子幸彦訳）

53　プーシキン記念碑

字で「ロシア詩人アレキサンダー・プーシキン逝去百年記念碑。1937年2月10日に建てられ、1947年に再建した」と刻まれている。記念碑のベースは3段の石段で、黄砂を敷き、中に円形の花壇2基を埋め込み、内は小さな青々とした松の木が6本植えられた。当時の上海市市長の呉国楨やソビエト連邦在上海総領事のハーリン夫妻ら多くの中ソの要人が出席した。呉市長は式辞の中でプーシキンの詩を引用し、次のように述べた。

　　わたしはすえながく民のいつくしみをうけるであろう
　　竪琴をかなでて　よきこころを呼び起こし
　　わがきびしきとき世に　自由をたたえて
　　たおれた者へのなさけを呼びかけたゆえに[64]。

　1947年に再建されたプーシキン記念碑は「文化大革命」で再度破壊された。現在のプーシキン記念碑は1987年に中国人彫刻家によって作られたものである。

64）プーシキン「記念碑」（金子幸彦訳）

10　演劇における欧風の窓

　ライシャム・シアター（蘭心大戯院）は窓である。ヨーロッパ演劇の風はここから上海に吹き込まれた。

　1843 年に上海が開港されると、イギリス人は黄浦江畔の荒涼とした干潟に租界をつくりあげた。当初はシンプルな 2 階建ての四角い建物ばかりで、洋行[65]、倉庫、住宅がほぼ混在していた。1850 年時点で、イギリス租界には全部で外国人はわずか 210 人であった。そのほとんどは洋行の大班[66]と従業員で、ほかに記者、医師、建築家、宣教師らもいた。上海に暮らす中国人が約 50 万であるから、これらの外国人は無きに等しいものであった。しかし 1850 年の厳冬、彼らは自発的にアマチュア劇団を立ち上げた。洋行の倉庫を舞台にし、自分たちが楽しみながら複数の劇を上演したのである。これが上海における演劇活動のはじまりで、「ライシャム・シアター」の劇場としての原形であった。その後、演劇は彼らの上海での主なリクリエーションの 1 つとなった。外国人の演劇活動は、見知らぬ土地での寂しさを紛らわすためのノスタルジックな感情からであり、西洋人が文化や娯楽を尊ぶ気質のあらわれでもあった。

　1866 年、「上海西人愛美劇社」（A.D.C）というアマチュア劇団がイギリス租界の円明園路と諾門路（*Gnaomen Road*, 現在の香港路）が交差する場所に木造の劇場を建てた。1867 年 3 月 1 日にこけら落とし公演が行われ、『グリニッジの白魚』と『ファウストとマーガレット』の 2 作のコメディーが上演された。イギリスのウェストミンスター市ウェリントンストリートにあるロイヤル・ライシャム・シアター（*Lyceum Theatre*）にちなんで、この上海の劇場も「ライシャム・シアター」と命名された。残念なことに 4 年後、火災でこの木造劇場は全焼してしまったが、1872 年 5 月 20 日、上海の租界納税者会議において防火に効果的なレンガ造りの劇場の建設が決定された。1874 年 1 月 27 日、博物院路（現在の虎丘路）のイギリス領事館付近に新しい劇場が竣工された。「劇場

65）洋行とは外国人経営の商店のこと。

66）大班とは中国圏における企業家、会長職、外国企業の支配人などに対する呼称。

54　ライシャム・シアター（3代目）

　内の設備は大変精巧で、1階席と2階席の座席も心地よく、舞台も広くてオーケストラボックスも設置されて」いた。

　「Lyceum」を「蘭心」と訳したのは中国人思想家として著名な王韜（おうとう）であるが、それは芸術が蘭のように上品で純粋であることをたとえてであった。王韜は1880年代に上海の詩社の社長を務めていたが、その社名も「玉蘭吟社」であった。この詩社の発起人は日本の文化商人岸田吟香である。モクレンがその後上海市の花となったのも、歴史的なつながりを感じる。

　王韜は長年上海に暮らしており、彼が編集した『瀛壖雑誌』（えいぜん）（1875年）では、開港後西洋の文明や各種の新しいものが上海に入ってくる様子を詳しく紹介している。そこでは西洋人の演劇活動についても、「西洋人は芝居に長けており、跳んだり踊ったりするのは何れも女性である。短いスカートに細目の袖の服を着て、胸や肩を露出し、裾の周囲には宝石がきらびやかに飾られ、肌は白く容貌は華やかで、灯りによって引き立ち、蝋燭の光にも映えていた。オーケストラボックスの楽隊は十余名、抑揚のある音楽が高らかに響き渡っていた。楽器は全て西洋の楽器である」、「舞台上の山河や宮殿は何れも背景の絵であったが、本物のようにも見えた。こういった舞台美術は全て海外からもたらされたものである」と生き生きと描写されている。

　杭州出身の葛元煦（かつげんく）は上海の租界に来て15年後の1876年に『滬遊雑記』を著わしたが、そこでもライシャム・シアターに関し事細かな描写がある。「丸い

天井はボールの如く、ガス灯は菊花の形を成し、灯火は四方を照らし、まるで白昼のようである。舞台の三面が客席に接している。公演ではまず十数人が舞台に立ち、顔、目元や唇を化粧した彼らが台詞を語り、アカペラで歌った後に、様々の物語が演じられる。拍子にあわせて踊ることに長け、中国の芝居とは全く異なる」。上記のことから分かるように、木造であろうと、レンガづくりであろうと、初期のライシャム・シアターは照明や舞台装置、伴奏など近代演劇の基本的な機能を有し、舞台と客席のつくりも他にはない独特な風格があった。ライシャム・シアターは上海のアマチュアやプロの西洋人劇団に舞台を提供しただけでなく、海外の西洋劇団の上海巡業もここで公演された。これらは西洋の窓口である上海にとって、すべてが珍しい「西洋鏡」（のぞきからくり）であった。

　半世紀の歳月があっという間に経過し、上海の租界は様相を一変させた。1920年代、ライシャム・シアターがある虎丘路一帯はバンドの国際金融ビジネスの中心地となり、フランス租界は上海西部の高級住宅地だけでなく、新興の流行文化や娯楽の中心地にもなった。1929年1月、ライシャム・シアターのオーナーは劇場を売却し、上海西部の蒲石路（*Rue Bourgeat,* 現在の長楽路）と邁爾西愛路（*Route Cardinal Mercier,* 現在の茂名南路）の角にあらたに劇場を建てた。1931年2月5日、イギリス在上海総領事のバイロン・ブレナン（*Byron Brenan*）は特別な鍵で新ライシャム・シアターの門を開けた。

　新ライシャム・シアターの外観と構造はすべて米国の近代的スタイルを模している。正門は2つの道路が交差する角地にあり、劇場と舞台は長くて広い。座席は一般の劇場より大きく、快適であった。すべての観客席が舞台の中央に向いている。劇場全体が静寂、爽やかで近代的であった。

　新しいライシャム・シアターは高雅かつモダンが特徴で、上海西部のランドマークの1つとなった。上海市民にとり、ライシャム・シアターが持ち込んできたのは近代劇場の先進的な施設と環境だけではなかった。「上海で最も権威のある劇場である」ライシャム・シアターを通じて、「来場する観客はみな燕尾服や礼服を身に纏い、飲食や喫煙などの行為は一切禁じられ、会場はひっそりとして、きわめて厳か」といった、西洋文明における団体生活や娯楽上のルールも上海に移植されたのである。

　当時の中国の劇場では、だらしない格好をした楽隊が舞台の上で演奏し、芝居はだらだらと長く、観客が好き勝手に座席を選び、品物が入ったかごを高く

55　ライシャム・シアターの内部　　　　　　56　工部局交響楽団指揮者
（2代目、1874年）　　　　　　　　　　　マリオ・パーチ

掲げた行商人が場内で声高に売り歩き、観客がものを食べながら大声で私語を
するのが一般的であった。このため、鄭振鐸（1898-1958）[67] は、「上海の舞台
は改革を徹底するために、少なくとも9つの規制を実行しなければならない。
その中に含まれるものとして、楽隊は舞台に上がらない。公演時間を3時間ま
でとする。観客席を指定席にする。劇場内で食べ物を販売しない。遅刻する者
は休憩時間内に入場しなければならない、がある」と声を大にして呼びかけた。
この点においてライシャム・シアターは、すでに上海にお手本を示してくれた。
劇場は特別な公共の場所であり、芸術の殿堂である。自分と他人が芸術を思う
存分に鑑賞できるため、劇場の規則を自覚的に遵守する必要がある。鄭振鐸の
呼びかけはまさにライシャム・シアターのような新式劇場における文明的な規
則との比較からきたものであろう。

　3代目のライシャム・シアターが開演した時期は、上海において映画が全盛
であった。1930年代には上海の映画館がすでに30を超え、市民の娯楽生活の
中で大きな比重を占めていた。この風潮を受け、新しいライシャム・シアター
が完成した年には、アメリカのパラマウント（*Paramount*）映画会社と契約し、
映画も上映するようになった。1933年8月ではまだ映画の上映をイギリス映
画に限定していたが、1934年5月よりライシャム・シアターは経営方針を変
更し、映画の上映中止を発表、舞台芸術のための劇場と定め、工部局交響楽団
が日曜日に定期コンサートを開催する場所となり、上海ロシアバレエ団などの
芸術団体もここを拠点として活動した。

67）作家、文学研究者。

　工部局交響楽団の前身は 1879 年に結成されたパブリック・バンドで、1920年前後にあらためて交響楽団として再編され、極東で最初の交響楽団となった。イタリア人音楽家マリオ・パーチ（*Mario Paci*, 1878-1946）が指揮を担当し、アルリーゴ・フォア（*Arrigo Foa*, 1900-1983）が首席ヴァイオリン奏者を務めた。工部局交響楽団のコンサートは主に冬と夏に行われた。夏は主にパブリック・ガーデン、虹口公園、ジェスフィールド・パーク[68]で行われた。これらの公園には白い半円形の屋根のついた野外音楽堂があり、共鳴板もついているため、拡声器を用いなくても観客ははっきりと弦楽器の演奏を楽しむことができる。冬は主に室内でコンサートが開かれ、毎週日曜日の交響楽コンサートが主なイベントであった。定期公演は当初工部局[69]の行政ビル、いわゆる市政庁の演奏室で行われた。

　1929 年に市政庁ビルが解体されると、コンサートはカールトン・シアターとグランド・シアターで行われ、1934 年からはライシャム・シアターで行われるようになった。市政庁でのコンサートは当初外国人居留民のためのものであった。しかし、カールトン・シアターやライシャム・シアターで公演することは、工部局交響楽団が正式に上海の多元的文化の空間に入り込み、より多くの中国人観客が租界における公的娯楽の場を共有できるようになったことを示している。1936 年から 1937 年の間だけで、工部局交響楽団はライシャム・シアターで 32 回の定期公演と複数回の合同公演を行っている。これらの公演は常に経済的な利益をもたらしたわけではなかったが、上海市民に鑑賞や演奏の機会を提供した。これは中国の他の地域ではあり得ないことであった。

　多文化共存や融合の空間として、中国の芸術家にとってもライシャム・シアターは重要な舞台の 1 つであった。

　1929 年 12 月 22 日、パリ留学から帰国した馬思聡（1912-1987）は中国人ヴァイオリニストとして工部局交響楽団のライシャム・シアターにおける公演に参加し、モーツァルトのヴァイオリン協奏曲第 3 番を演奏した。パリ音楽学院に合格した初めてのアジア人として、馬思聡の今回の公演は中国人音楽家として新たな歴史を開いた。

68）1914 年に西洋人の個人庭園を工部局が購入し公園として開放。兆豊公園とも称す。1928 年より中国人にも入園が認められた。1941 年、孫文にちなみ「中山公園」と改称され現在に至る。

69）工部局は 1854 年の太平天国の乱を機に英米仏 3 国が組織した租界の最高行政管理機構。

　それと同時期に、中国人音楽家が工部局交響楽団の公演に参加するようになったが、彼らの主な舞台もライシャム・シアターであった。ヴァイオリニストの譚抒真（1907-2002）は実習生として工部局交響楽団に入った初の中国人音楽家だった。1935年、工部局交響楽団はさらに5人の中国人実習生を受け入れた。彼らはヴァイオリン奏者の王人芸（1912-1985）、陳又新（1913-1968）、劉偉佐、チェロ奏者の張貞黼、トランペット奏者の黄詒鈞（1915-1995）で、同年10月27日に、彼らはライシャム・シアターにて「ベルリオーズ交響楽コンサート」に参加した。その2年後、譚抒真、陳又新、黄詒鈞らが正式に交響楽団へ入隊した。このことは中国人音楽家が西洋の演奏家に仲間入りしたことを示すもので、中国交響音楽史においても重要な意義をもっている。

　1934年8月、マリオ・パーチの教え子であるピアニストの沈雅琴が、工部局交響楽団との共演に成功した。沈は1939年4月にはライシャム・シアターでの室内日曜コンサートで、ドビュッシーのピアノ組曲を演奏した。沈は印象派の作品を最初に演奏した中国人音楽家であった。その後、沈雅琴は何度もライシャム・シアターで工部局交響楽団と共演を行い、ショパンやベートーベンなどの作品を演奏した。

　1936年3月、オペラ歌手胡然と黄友葵（1908-1990）が日曜コンサートで歌声を披露し、ライシャム・シアターで最初に歌った中国人オペラ歌手となった。胡然は国立音専を卒業したばかりで、黄友葵はアメリカ留学経験があった。1937年1月、女性ピアニスト夏国瓊はライシャム・シアターにおける「リストの幻想曲」公演で工部局交響楽団との共演を果たした。夏国瓊は東京生まれで、母親は錦江飯店の創始者董竹君（1900-1997）である。1929年に国立音専ピアノ学科に合格、ピアニストの大家であるチャハロフに師事した。

　コンサート以外にも、中国人芸術家はライシャム・シアターで演劇や京劇、人形劇、昆劇、オペラ、ダンス劇などにも出演している。中でも銭人康が作曲、蔡氷白が脚本、竇立勲が演出を担当したオペラ『大地の歌』は中国初のオペラであった。この他、京劇『四郎探母』、『空城計』、人形劇『水簾洞』、「東西人形劇合同公演」、『長生殿』なども公演された。昆曲では主に俞振飛（1902-1993）夫妻などが出演するチャリティー公演が行われた。様々なジャンルの舞台公演があったが、最も多かったのは新劇であった。中青劇社、月劇研究社、暁光劇社、天馬公司、芸聯劇団などの団体が数十種類の演目をライシャム・シアターで上演した。

64

57　ロシアバレエ団公演ポスター　　58　中国舞劇『古刹驚夢』
　　　　　　　　　　　　　　　　　　　　公演広告

59　工部局交響楽団

　1941年6月に中国舞劇社がライシャム・シアターで舞踊劇『古刹驚夢』を
初演した。音楽指導と演出を担当したのはロシア出身のユダヤ人音楽家アーロ
ン・アヴシャロモフ（*Aaron Avshalomov*）である。この作品は「古刹」、「魔窟」、
「花園」の3幕からなり、西洋楽器を使用したが、メロディーは昆曲のような
優雅な趣があり、音楽にあわせて踊る俳優は巧みに京劇の技巧も加えていた。
民族的かつモダンな中国の舞踊劇を作るため、西洋オーケストラの楽器を用い、
中国的なメロディーやハーモニを奏でた。公演の広告には、「昆劇や京劇の舞
踊を集大成し、中国の伝統的な音楽の精華を取り入れ、中国民間の芸術を世界

に広めたい」と謳っている。「舞踊劇」と称したものの、出演したのは崔艶芳、張美琳、陳鐘、徐甫庭などすべて京劇の役者であった。「彼らは新しい芸術の洗礼を受け、伝統の習慣を完全に克服することができた」。この舞踊劇を通じて、京劇が担う芸術的使命が舞踊劇の手助けによって発展可能であることを人々に示した。

　すでに100年を経たライシャム・シアターの可能性は人々の想像をはるかに超えるものである。ヨーロッパ演劇の窓としても、多文化が共存し融合する空間としても、ライシャム・シアターは上海都市文化の至宝である。

11　プラタナス並木の武康路

　友人への手紙に以前、「上海市の木はプラタナスにした方がよい」と書いたことがある。モクレンは上品だが上海の雰囲気に遠く、「冷宮」（寵愛を失った妃が住む宮殿のこと）に入れられた孤高の美人のようである。一方、プラタナスは幼なじみや母の笑顔のようで、プラタナスを見ると上海を思うのである。

　若木のときのプラタナスは、初々しく青々としており、若葉は木に飾られた灯りのようで、大木になると、青葉が茂って木陰をつくり、大きな緑の布を織り成している。

　武康路はプラタナスに抱かれている上海らしい閑静なストリートである。徐匯区の北部に位置し、1907 年に大路として開かれた。北は華山路から南は淮海中路まで、安福路、五原路、復興西路、湖南路、泰安路などと交差している。最初はアメリカ人ファーガソンの名を冠していたが、1943 年 10 月に浙江省武康県にちなんだ現在の名称へ改められた[70]。

　ジョン・カルヴァン・ファーガソン（*John Calvin Ferguson*, 1866-1945）はアメリカ人宣教師である。1886 年にボストン大学を卒業後、布教のため中国に来た。1888 年に南京にて匯文書院を設立して自ら校長を務めた。上海には1897年に来て、盛宣懐（1844-1916）[71]が創設した南洋公学の初代の監院（校長）を務めた。1899 年、ファーガソンはイギリス人から中国語紙『新聞報』を買収し、同社を監督する地位に就いた。その後、中国政府に協力して租界の境界線に関する交渉を処理する過程で、英米仏各国の租界拡大要求に可能な限り応じたため、共同租界とフランス租界から賞賛を受けた。この租界の土地を広げた「功績」を称えるために、フランス租界はファーガソンの名を道路に冠したのである。

　ファーガソンは中国と外国をつなぐ上海の著名人であった。ファーガソン路が作られると、当時上海の高官や巨大な財産をもつ商人、あるいは社会の名士

70）武康県は 1958 年に徳清県に編入され、行政区画名としては消滅した。

71）政治家、実業家。李鴻章の幕僚として洋務運動を推進。

などはいずれもファーガソン路に居住することを誇りに思うようになった。そのため、多くのガーデンスタイルの住宅がファーガソン路に集中するようになった。青々とした木々の間に見え隠れする建築は美しく、イギリスのカントリー風や、スペイン風、地中海風、西洋折衷主義、アメリカのモダニズムなど、どの建物も独自の芸術的風格と長い歴史を有している。

　武康路40弄1号にはスペイン風の洋館がそびえ立っている。洋館の元の持ち主は中華民国初代国務総理を務めた唐紹儀（1862-1938）であった。庭には噴水と緑の芝生が備え付けられ、スペイン風装飾はひときわ優雅で高貴であった。とりわけ2階中央の正面と左右の両側の3か所に曲線状の大きなバルコニーがあり、ゆっくり余暇を過ごすには最適であった。唐紹儀はアメリカのコロンビア大学の卒業生で、中国の書画や骨董を好んで収集しており、この洋館が彼の終の棲家となった。しかし、1938年9月30日、この静寂な建物の中で、唐紹儀は骨董屋を装った国民党軍統（軍事委員会調査統計局の略称）の工作員に斧で斬りかかられ死亡した。この怪事件はファーガソン路にミステリアスな色を添えたのであった。

　武康路99号はイギリスのカントリー風別荘である。元の所有者はイギリス商人で、「正広和」サイダーの社長のジョージ・スミスであった。1864年、スミスは上海にやってきて、「正本清源（本を正し源を清く）、広範流通（広範に流通する）、和顔悦色（和やかで穏やかな顔）」をモットーにし、有名な正広和サイダーの工場を立ち上げ、さらにジグザグ模様の幌馬車で飲料水を自宅へ配送するなど、中国における飲料配達事業の先駆けとなった。当時、正広和飲料水は水質が清純で、品質が優れていることでよく知られていた。その製品はアジア各地およびイギリス、オーストラリアなどの国々でよく売れた。この別荘は赤レンガ造りの勾配のある屋根、白い壁や大木、さらに緑の芝生に引き立てられ、静寂で立派な建物である。よく観察すれば、軒下に整然とした木製の棚が並んでおり、そこにはジグザグした模様がついている。この正広和を象徴する模様は、今もなおこの築100年の古い建物の中に隠れている。

　黄興（1874-1916）は辛亥革命の際に革命軍の総司令官を務めた元老である。1916年6月に病気のため日本から上海に帰国し、武康路393号に住んでいた。ここの建物はクラシックな造りとなっており、4階建てである。建物の南はガーデンになり、松の木や珍しい花、植物が植えてあって、高雅な環境となっている。1916年10月31日に黄興は世を去ったが、黄興の逝去後、上海各界は

60　ファーガソン　　　　　　　　61　正広和洋行社長別荘（武康路 99 号）

　この邸宅内で盛大な葬儀と追悼大会を催した。黄興はこの邸宅にそれほど長く
住んでいなかったが、彼の名声が高いため、この建物は数十年間も「黄公館」
と呼ばれた。黄興が逝去した後、「黄公館」には世界社、世界学院、中国学典
館が相次いで設置された。1933 年には上海国際図書館、1936 年には世界学校
がここで設立されている。

　中国近代史上よく知られた「蒋、宋、孔、陳」、いわゆる「四大家族」の一
員である陳果夫（1892-1951）、陳立夫（1900-2001）兄弟の上海における邸宅も
武康路にあった。陳果夫はかつて国民政府において中国農民銀行総裁、中央協
力金庫の理事長を歴任した。陳果夫の邸宅は武康路 105 弄 2 号にあり、イギリ
スカントリー風のガーデン付き洋館であった。陳立夫は国民政府教育部の部長
を務め、陳果夫の住宅から 100 メートルほど離れた 67 号に住んでいた。

　武康路 390 号は 1932 年に建てられた地中海風のガーデン付き邸宅であった。
外廊、アーチ門、くり抜き窓、吹き込む暖かい風、浅黄色の壁面、白いふちな
ど、まるで海辺の日差しと同居しているかのようであった。近代上海にはイタ
リア人は少なく、統計によると 1865 年に共同租界には 5 人のイタリア人しか
おらず、1935 年にやっと 212 人に達している。1936 年、フランス租界のイタ
リア人は 199 人だった。イタリア駐上海領事館は共同租界の静安寺路にあった
が、館邸はこのフランス租界の閑静な場所にある別荘を選んだ。

　武康路 117 号の邸宅は華洋折衷スタイルの建物である。これは中国と西洋の
混合式の建物で、外形は西洋で、内部は中国の伝統的なスタイルとなっている。

62 武康路117弄1号

63 武康路390号

64 武康路入口にあるノルマンディー・マンション

　木造3階建ての建築物の外壁は褐色のタイルが貼られている。室内にはカラフルな天井絵が施されており、床はフローリングになっている。階段は半円式で、1階の客間の外は広いベランダになり、その両側には一対の獅子の石像が横臥している。南側のガーデンは中国の庭園のようにデザインされ、小橋に渓流、さらに築山が点在している。この邸宅は中国人建築家范能力が設計し、1943年から1944年にかけ完成された。

　スペインの建物は浅い色合いが多く、外面は明るい色で、陽射しと活力が融合されている。円弧形の壁や、小さなアーチ、円弧型の軒下などがスペインの建物の特徴である。武康路のあちこちでこのシンプルで明るいスペイン風の建物が見られる。武康路117弄2号の建物は典型的なスペイン風の建築物である。その屋根は緩やかで、スペインの筒瓦が敷かれている。南側の一階には半円形の回廊があり、壁面は浅黄色の塗料が塗られ、ドアと窓は曲線で飾られている。

　1924年、武康路と淮海中路の交差点にフランスのルネサンス様式のノルマ

ンディーアパートが屹立した。これはラズロ・ヒューデック（*Laszlo Hudec,* 1893-1958）[72)]の設計である。赤レンガの壁が映える中、まるで航海中の船を彷彿とさせる建物で、武康路に新たな活力をもたらした。

　著名な中国人作家巴金（1904-2005）[73)]は 1955 年より武康路に居を構えた。ある学者は、魯迅と巴金はともに長らく上海に暮らし戦った文化人の傑出した代表と称している。1930 年代前半、魯迅は虹口の山陰路にて人生で最も輝かしい歳月を過ごした。1950 年代以降、巴金は武康路で半世紀近くの風雨を経験した。武康路も山陰路と同じで、巴金の創作活動によって上海という都市の精神が深く刻み込まれている。

---

72) ハンガリー出身の建築家で、1918 年から 1945 年の間にパークホテルやグランド・シアターなど、上海を代表する建造物を設計した。
73) 四川省出身、代表作に『家』（1931）。

12　梵王の渡しのほとり、セント・ジョンズ大学

　蘇州河の梵王渡しはバンドから5マイル[74]の距離にある。太平天国の時代にアメリカ人ゴードンによって築かれ、兵隊や物資の運搬を担った。交通が不便であった時代、5マイル離れていれば上海でも郊外といえる。三方が水と緑樹に囲まれ、さながら明媚な三角州のようであった。

　1877年10月30日、サミュエル・アイザック・ジョセフ・シェレシェフスキー（*Samuel Isaac Joseph Schereschewsky*, 1831-1906）はニューヨークの教会にて米国聖公会の中国管区主教に就任した。シェレシェフスキーはユダヤ人で、1859年に伝道で来華し、北京に長期滞在していた。語学の天才で、アメリカを出発する際に中国語を学び始め、中国に到着して一週間後には中国語で説教をしたとのことである。

　米国聖公会中国管区の3人目の主教として、シェレシェフスキーは自らの任務が重大であること、さらにキリスト教の教義と西洋文明を広めるためには、真の意味でのミッション・スクールを設立する必要があることを、強く感じていた。ミッション・スクールを通じて、「中国の典籍、西洋の科学、キリスト教に精通した人間を育成する。彼らは自らの国土、家庭、そして政府と司法機関の管轄の下で福音を広めて、学校を設立しそれを大きくしてくれるであろう」と考えた。1878年、中国の地を再び踏んだシェレシェフスキーは学校を開設する計画を立てた。そして梵王の渡しの近くで売りに出された商人の別荘に目をつけたのである。そこには美しい建物と多くの樹木があり、道路を開通させれば学校にするのに大変相応しい場所であると感じ、6500両で購入した。

　1879年4月14日、シェレシェフスキーはバンドから小船に乗って現れ、自ら礎石を置いて新校舎の建設が始まった。最初の校舎は2階建ての四角い洋館で、1階は教室、図書館、食堂、2階は学生寮であった。同年9月1日に始業式が挙行され、校名は「聖約翰（セント・ジョンズ）書院」と命名された。その際に米国聖公会の培雅書院、度恩書院および神道学校はこの聖約翰書院に合

74）1マイルは約1.6キロメートル。

65　セント・ジョンズ大学正門

66　懐施堂

67　思孟堂

併された。1期生は39人に止まり、「いずれも呉方言を話していた」。学生の多くは船で通うため、学生を乗せた船が蘇州河に集まり、整列して学校に入っていった。

　1888年6月、若き宣教師フランシス・リスター・ホークス・ポット（*Francis*

Lister Hawks Pott, 1864-1947）がセント・ジョンズ書院の学長に任命された。彼
は以後 52 年の長きにわたり同学院のトップをつとめ、セント・ジョンズが書
院から大学へと至る黄金時代が幕を開けた。ポットは 1864 年 2 月 22 日にニュ
ーヨークの敬虔な聖公会信徒の家庭で生まれた。1883 年にコロンビア学院（現
在のコロンビア大学）を卒業後、ニューヨークの総合神学校に入学、神学士の
学位を取得した。彼は「宣教の動機に駆られ、青年にありがちな冒険精神を携
えて、米国聖公会伝道部にて宣教の志を立て、任命されてアメリカから中国へ
という道を選ぶこととなった」。1886 年 11 月 18 日、上海に到着したポットは
いち早く中国語の言語習慣を身につけようと、上海郊外の嘉定にある農家にお
いて 1 人、伝統的な中国服を着、辮髪を蓄え、中国の普通の庶民の生活様式に
倣って生活を始めた。嘉定の農村での生活のおかげで、セント・ジョンズに赴
任したばかりのポットの装いは完全に中国人で、「脳天の部分に宝石を付けた、
おわん形の帽子をかぶり、足には寿の字が入った靴を履き、伝統的な中国服を
着て、きちんと編み上げた辮髪を垂らしていた」。彼は中国語の読み書きがで
きるだけでなく、上海方言も流暢に話し、さらに中国人の妻を娶り、中国式の
家庭生活を送った。

　シェレシェフスキーは学長に就任後、中国に一流の大学を創設することを胸
に抱き、資金を集め続け、同校の発展のための基礎を築いた。1894 年 9 月に
は懐施堂を完成させ、創設者シェレシェフスキーを記念する施設とした。この
懐施堂は中国のミッション・スクールの中で最も早くに建設された華洋折衷の
建物で、入り口上部に設置されたぼんぼん時計の鐘の音は遠く離れた場所にま
で鳴り響いた。1897 年に建設された格致館（科学館）内には物理と科学の実験
室と教室、博物院、神学と医学の教室が設置され、当時中国随一の自然科学を
教授する建物となった。1904 年建設の思顔堂の最上階には大講堂が設置され
た。その後、思孟堂、事務棟、図書館、体育館、交流室、記念坊、西門堂など
が相次いで建設された。これら華洋折衷の建物はセント・ジョンズ独特の風格
があり、日常の教育とキャンパス・ライフのための要求を満たすとともに、中
国における大学と建築の歴史においても鮮やかな色どりを添えた。

　1909 年、セント・ジョンズ大学はジェスフィールド・パーク[75]の一部を買
収し、72 畝[76]の用地を占有した。キャンパスには花や草木が溢れ、絵のよう

75）現在の中山公園。
76）中国の 1 畝は 667 平方メートル。

な美しさで、以下のような10の名勝地があるとも言われた。

1 「盤帆三面」：キャンパスは3方向を河に囲まれており、上海と蘇州間を結ぶ船の帆の先が、建物の階上から眺めると、かすかに見えた。

2 「臥虹一角」：上海と杭州を結ぶ線路の鉄橋が大学西南にあり、思顔堂の西から眺めると、その一角が見えた。

3 「平原積翠」：もとのジェスフィールド・パークの一帯は平原で、短い草が広がっていた。

4 「古樹囲屏」：四方を樹木に囲まれ、樹木の囲いのようであり、数百人の学生が学校教練をする際は、その布陣の様子は樹木の向こうからは何も見えなかった。

5 「板橋藤峡」：公園内の西には小川があり、小川には橋がかかっている。橋には藤が絡まって渓谷のようであった。

6 「水亭花寮」：西の川に面しているところに新旧の温室が2つあり、そこで育てられた盆栽はこの上もなく精巧で優雅であった。

7 「玉闌春暖」：思顔堂の前方は花の咲く時期になると珠玉が連なっているかのような美しさであった。

8 「丹桂球香」：正門の小道西側は秋になると金木犀が満開となり、馥郁たる香が鼻孔に入り込んできた。

9 「古歩観潮」：蘇州と上海を往来する船はいずれも潮の流れに沿って相前後して行き交い、はっきりと数えられた。

10 「小楼聴雨」：キャンパス東側のひっそりした場所にある小楼は、小体な作りながら集落のようで、上海の風雨をもっとも理解した造りとなっていた。

　国際的視野を持った教育者であるシェレシェフスキーは上海を西洋の学問の東洋への窓口であると位置づけ、英語は新教育を伝播するための道具であり、英語教育は必然であると考えた。そこで英語教育を積極的に推奨し、上海の教育機関における英語教育の先駆となった。彼は英語教育の重要性として以下の4点を提示した。1. 中国人が英語を学ぶのは、西洋人が古代ギリシア語やラテン語を学ぶのと同じで、智慧を増やすことができる。2. 英語を学ぶことで中国人の排外的考えを根絶できる。3. 中国人が英語を学ぶことで東西間の親

しみは増し、国際貿易も拡大する。4. 中国語を学ぶことでキリスト教が理解でき、人材を養成し社会に役立てる。シェレシェフスキーは英語教育を推進するために主として以下のことを行った。国語の授業を除き、すべて英語で授業を行う。「西学斎」（科学学部）を設立し、積極的に西洋科学文明を紹介、自然科学系科目の比率を不断に増やす。シェレシェフスキーの尽力により、英語教育はセント・ジョンズの教育上の特色となっていった。中国人言語学者周有光（1906-2017）は著書『百歳口述』の中で以下のように回想している。

　　セント・ジョンズ大学で印象深かったのは、新聞の閲覧、特に英字新聞の閲覧である。あるイギリス人教師とこのような問答をした。「諸君は毎日新聞を閲覧しているが、どのように閲覧しておるのか」、「ただ読んでいるだけです」、「新聞には読み方がある。毎日閲覧の際に、今日はどのニュースが最も重要か、なぜこのニュースは最も重要なのか、そしてこのニュースの背景に何があるか分かっているのか自問してみなさい。背景が分からない時はすぐに本で調べたまえ。まず百科事典から目を通すのです」。我々学生は先生の言われたとおりに新聞を読んでみると、興味がどんどんでてきた。

セント・ジョンズ大学の学生がきれいな英語を話せるため、多くの対外関係の機関で評価され、「セント・ジョンズ英語」と称されるようになった。

当時のアメリカの高等教育の標準に合わせ、初期のセント・ジョンズ大学には予科しか設置されていなかったが、1891年に大学が設立され、予科を4年学んだ学生は無試験で3年間の大学課程へ進学できるようになった。1905年、コロンビア地区の大学条例に従ってアメリカで登録手続きを行い、正式に大学に認可され、セント・ジョンズ大学と名乗り、文学、理学、医学、神学の4学部を設置、シェレシェフスキーが学長に任じられた。ミッション・スクールが母国で登録手続きをするのは当時の慣例であった。アメリカで登録されることで、学校の名声は高まり、学位を授与することができ、大学の水準をあげて、留学するための条件を提供することができた。当時、ミッション・スクールでの学歴と学位は西洋の大学や研究院でも認められており、セント・ジョンズ大学の教育も社会から次第に認知されるようになった。これ以降、「セント・ジョンズ大学に子弟を入学させたことは家族にとって最大の栄誉である。卒業生

は各方面で優れた地位につき、社会からの需要も高かった。そこで学長は大学部門の発展に尽力し、毎年の卒業生は5、60人を超え」るようになった。

シェレシェフスキーの教育方針は文理を問わず、学生の思考能力や思考方法の訓練を第一とし、特に「学ぶものは読書の楽しみと方法を知り、併せて読書の際に自らその内容に入り込まなければならいという」方法を提唱した。セント・ジョンズ大学の英語の校訓は、*LIGHT & TRUTH*（光と真理）であるが、それは『新約聖書・ヨハネによる福音書』の中の、「しかし、真理を行なう者は、光のほうに来る。その行ないが神にあってなされたことが明らかにされるためである」から来ている。これに関しては、同大学学生たちの英文誌『ヨハネの声』で以下のように解釈している。

　　アメリカ最古の大学の1つであるイェール大学では、ヘブライ文字で書いた「光と真理」を校訓としている。最高学府の目的としてこれほど高尚なものはない。本学も学生に広く自由に学ばせる中で、まず英語を徹底的に学ばせ、次いで科学を授けて真理を明らかにして、人類の幸福を増進させる。中でも重要なのは学生に優良なる品格を養わせることである。キリスト教はこの点での貢献が最大であり、将来の中国の教育の発展に対する貢献も必ず大きい。西洋近代文明は学校から始まっており、我々も中国でこのような学校から文明が起こることを望む。

セント・ジョンズ大学の中国語の校訓は、『論語・為政篇』にある「学びて思わざればすなわち罔し、思いて学ばざればすなわち殆し」である。校歌は『*LIGHT&TRUTH*』で、歌詞は英語である。

Leaving the lowlands, faces to the dawning,
Scaling the mountain heights, heeding not fears warning,
Sons of the Orient, children of morning, Seekers of light we come!

Heirs to the wisdom, taught by saints and sages,
Gathered from every clime, treasures of ages.
Never closing wisdom's book, turning still new pages,
Seekers of truth we come!

Then college days done, stirred by high ambition,
Armed' gainst the foes of man, vice and superstition,
Our native land to serve, this shall be our mission,
So light and truth shall come!

　セント・ジョンズ大学の徽章は円形で中心に英語と中国語の校名があり、竹の枝と笹の葉のデザイン、その周囲に「*LIGHT&TRUTH*」と「学而不思則罔、思而不学則殆」の校訓となっている。

　近代上海における最新の大学として、シェレシェフスキーが提唱した多様で多彩な西洋風のキャンパス・ライフは、学生への精神的指導により、才知が存分に発揮された。『ヨハネの声』は学生たちが自発的に発刊した校内刊行物で、創刊は 1890 年 3 月 24 日である。小説、詩歌、散文、政論などが掲載された、英文による学生刊行物として中国で最も早いものである。発刊の辞には、「この刊行物は中国の青年が初めて外国語で発行する印刷物である。このような刊行物により、東西間の親しみがより増すことができることを望む」と記されている。

　セント・ジョンズ大学の学生たちは、シェイクスピア研究会、軍楽会、数学会、経済学会、撮影研究会、フランス語研究会、小説研究会、卓球会といった各サークルに参加できた。クリスマス、復活祭、昇天日、受難週などの西洋の祝日になると休みとなった。中でもクリスマスは最大の祝日であり、上海の新劇もこのセント・ジョンズ大学のクリスマスにおける文芸活動から始まった。ある年のクリスマスに 2 名の学生が夫婦を演じて当時の若い男女の恋愛に溺れる虚栄心を風刺した短い喜劇を上演した。シェレシェフスキーはそれを観て拍手し、笑い続けた。1919 年の『セント・ジョンズ年刊』にて、「中国の新劇がセント・ジョンズから始まったことは、劇界の先人たちも語っている。数十年前の西洋文明が普及する以前、俳優として演じることは学問への冒涜と考える風潮が強く、青年たちもこの考えに縛られ、演じようとはしなかった。セント・ジョンズ大学は早くから西洋文明に触れ、欧米の大学の習慣に倣い、クリスマスや孔子生誕の日には演劇を上演した。初めは演じられる学生は少なく、教員が演じることの方が多かった。教員の多くは西洋人であったため、西洋の演目を演じることが多かった。これは萌芽期にあたるであろう」と記述されて

68　科学館

69　思顔堂

70　羅氏図書館

71　学生を閲兵するシェレシェフスキー

いる。

　セント・ジョンズ大学では定期的に英語弁論大会と演劇上演会が開催された。英語弁論大会は教師と社会の名士が審査員を務めた。学生のスピーチ練習に関し、「まず原稿を書き、それを暗唱する。昼夜を問わず練習し、大変熱心である。その効果が絶大であることは分かるであろう」という証言がある。1896年、セント・ジョンズ大学の学生は英語でシェイクスピアの『ベニスの商人』を上演、女性役も男性が演じた。「当時英語の達者な学生としては、香港のキングス・カレッジ以外ではセント・ジョンズ大学の学生が一番である」と評された。

　シェレシェフスキーはこのほか学内でスポーツによる学生の体力増強も提唱し、陸上、野球、バスケットボール、サッカー、テニス、バレーボール、水泳を教え、併せて学校教練を必修科目とし、毎朝の体操も必須とし、週2回は合同で体操を行った。1890年5月2日、陸上競技を主とした運動会を開催し、中国近代スポーツの先駆けとなった。1901年には中国史上初となるサッカーチームを結成した。1905年6月にはYMCAを相手に上海初の、中国人同士による野球の試合が行われた。毎年南洋大学と開催されるサッカーの試合は、両校だけでなく上海市全体を賑わせ、数万人の観衆が素晴らしいゲームを観戦し

た。1919年に落成した体育館は中国初の大学の体育館であり、ジムやバスケットボール・コート、プールがあった。

1947年3月7日、シェレシェフスキーは83歳の高齢で上海にて永眠した。それから5年後、セント・ジョンズ大学は統合と合併により廃校となった。しかしセント・ジョンズ大学のキャンパスとその風格を残した建造物はそのままであり、セント・ジョンズ大学の学生が社会に果たした貢献はすでに歴史に記録されている。

13　近代工業文明のゆりかご

　楊樹浦（ヤンジッポ）は上海の東部にあり、広くは大連路、提籃橋から東は黎平路までの一帯を指す。楊樹浦港が縦貫することで知られ、中国の近代工業文明にとってゆりかごのような場所であった。

　1863 年 6 月 25 日、アメリカ領事ジョージ・フレドリック・スワード（*George Frederick Seward*, 1840-1910）は上海を統治する黄芳とアメリカ租界の範囲について協議し、西は泥城浜の対岸地点（現在の西蔵北路の南端）から始まり、そこから蘇州河と黄浦江へ沿って東に向かい、楊樹浦の北へ 3 里[77]のところまでで区切り、そこからまっすぐ泥城浜の対岸地点へ戻るまでの一帯とした。これが最初のアメリカ租界の区域であった。ただし 1863 年 9 月 21 日には、アメリカ租界の地権者会議にてイギリス租界との合併が決議され、より有効に地権者の利益が保護されることになった。両租界が合併された直後は「外人租界」、「洋涇浜北外人租界」と呼んで、洋涇浜（ヤンジンバン）南側のフランス租界と区別していたが、共同租界と呼ばれるようになった。1893 年、工部局[78]は上記の「スワード・ライン」を基に第一次租界拡張を行い、北限は虹口（ホンキュウ）の呉淞路（ウーソン）、靶子路（現在の武進路）の一帯まで拡張された。1899 年には第二次拡張を行い、虹口境界線は第五境界石、つまり上海県と宝山との境にまで広がった。また、英米租界は正式に上海国際共同租界と改称した。共同租界は東、西、北、中の四つの区に分けられ、東区は提籃橋と楊樹浦を主とする旧アメリカ租界で、面積は 16193 畝[79]であった。

　英米租界が合併された年に楊樹浦路も開通、当初は百老匯路から楊樹浦港までであったが、東に延びて剛狄路（現在の黎平路）までとなった。この道路は楊樹浦地区において初めての近代的都市の道路となり、黄浦江沿岸の近代工業発展のために有利な条件をつくった。近代都市にとって重要なインフラである

77）　1 里は古代中国では約 400 メートル。
78）　工部局は 1854 年の太平天国の乱を機に英米仏 3 国が組織した租界の最高行政管理機構。
79）　中国の 1 畝は 667 平方メートル。

水道、電気、ガスの大型工場はいずれもこの楊樹浦にある。

開港以前の上海では住民は街を流れる川の水や井戸水を利用していた。胡祥翰の『上海小志』に、「上海城内の川は狭くて浅く、住民は潮が満ちるとそれを飲んだ。潮がひいた後は汚れがひどく、飲むと病気になりやすかった。上海にやってきたものはそれを不満に思い、井戸を掘り飲むようになったが、水の味はまずかった」と記されている。外国人が上海にやってくると、煮沸してから水を飲むというのに慣れず、生水をそのまま飲んでいたが、当時の上海の水は直接飲むのに必要な基準には達していなかった。1860年、アメリカ系の旗昌洋行は上海で初めて78メートルという深い井戸を掘って、職員のための水を提供した。1875年、イギリス系の立徳洋行が3万両の資金を集めて上水道の会社を設立し、楊樹浦に浄水場を建設した。しかし、この施設には用水路がなく、ただ木造船で黄浦江から貯水池へ運び、濾過した後にバンドへ戻して船舶に濾過した水を供給し、また水車を使って租界内の家庭に水を届け、その届ける距離で値段を決めていた。ただし水の値段が高いため、それほど業績は伸びず、5年で供給は停止された。

上水道は都市にとり命の水であり、工部局も重要視するようになった。1870年の春、工部局衛生官は黄浦江と近くの水源地に対して全面的な水質調査を行い、それをロンドンに送って検査して、上海で水質の最もよい場所に浄水場を建設することにした。水質検査の場所として選ばれたのが12か所で、黄浦江の上流、中流、下流、蘇州河、淀山湖などであった。水質はイギリスの王立化学大学のフランクランド博士によって検査され、同時期のテムズ川の水よりも良質で、利用可能な軟淡水であり、ミネラルの含有量が適度で硬度が低く、有機汚染が極めて軽い、あるいはないのが特徴であることが明らかになった。

1872年、工部局の技師は水源調査報告書に基づいて、浄水場建設に関して3つの案を提出した。第一案は龍華の黄浦江で水を取る、第二案は鳳凰山の近くに大型の池を掘る、第三案は楊樹浦港の近くに大型の池を建設する、であった。しかし、この3つの案は投資額が大きすぎて、すべて却下された。1879年、上海のイギリス人商人マクリーウォルトにより新しい案が出された。彼はもともと上海消防会の主席を務め、イギリス人の間でよく知られた人物であった。彼は5人のイギリス商人と協同し、さらにロンドンから上海に投資したい商人たちの支持も得た。同年、ロンドンで上海の水道会社を設立、1880年1月に正式に工部局に企画を提出した。共同租界内の黄浦江下流を水源として近代的

な浄水場を建設する。その資金は上海とロンドンの両地から募集する。水は各家庭各部屋にまで、すべて濾過されて租界全体に給水される。併せて租界の主要道路に消火栓を設置し、消火やその他の衛生などの公共サービスに役立てる。工部局はこの提案に同意した。

1881年8月、英国資本の「上海自来水公司」が楊樹浦と許昌路の近くで土地を購入、正式に浄水場を建設した。工事には浄水場、配水ポンプも含まれ、総工事費は12万ポンド、浄水場の建設を請け負ったのは上海耶松船廠（Shanghai Dock and Engineering Co. Ltd）であった。2年の建設を経て、楊樹浦の浄水場は1883年6月に完成した。6月29日、北洋大臣の李鴻章（1823-1901）は放水式に招待され、会社の総技師の要求によって、自らバルブを開けた。黄浦江の水を引き、機械で上水道が配給されるようになったのである。この浄水場の建設は、中国の近代的都市の給水システムが上海で初めて導入されたことを意味している。

1883年8月1日より都市への配水が始まった。その範囲は主に市政用水、外資系住宅、黄浦江上に停泊する各国の船舶と軍艦、中国住民および非生活用水である。しかし、「当時の社会は未発達の状態で、これを利用する中国人は少数、毒性があるため飲むと危険であるといって利用しない」といったこともあった。市民の懸念を払拭するために、水道会社は街の消火栓の水をサンプルにして、有名な「古徳記」薬局で化学検査を行わせた。検査の結果、上海の浄水場の水は極めて清潔で、ロンドンや他の工業都市とほぼ同じであることが判明した。水道会社は上海の英字紙『North China Daily News』に広告を掲載し、上海の水道の品質が優れていて、清くて美味しいと宣伝した。『申報』にも、「水道の供給からすでに数か月が経過し、中国人と外国人に清潔な水が行き渡っている」という記事を掲載した。それ以降上海で水道水が次第に普及し、人々は都市にとって命というべき水がもたらす美しい生活を享受するようになった。当時の様子として『申江百詠』に、「黄浦江の濁った水が何度も濾過されて清らかな水に変わった。上海の川の水をくみ上げ、最上階まで高く浮き上がらせる」と記されている。

1931年、楊樹浦の浄水場で配水される1日の水の量が20万立方メートルを超え、極東一の浄水場となった。浄水場の建物はイギリスの伝統的な古城の風格があるが、その設計は3つの側面から構想されている。第一に看守しやすいこと。外部の人間に毒を入れられる、水源が汚されることを防がねばならない。

第二に、濾過や沈殿する場所はすべて広い面積ながら低層であること。平坦、単調で視覚的には囲まれている感覚は減らし、高い壁とのバランスをはかる。第三に、母国の歴史と文化を考慮すること。イギリスの上海租界での強い地位を示さねばならない。

　開港前の上海では、城内の住宅の室内照明は主に豆油や菜種油を燃料とした「油盞灯」を使用していたが、その光は弱く、人影もぼんやりするほどの明るさであった。屋外の照明は紙製の提灯が多く、光が弱いため、夜になると城内は真っ暗となった。一般的に、外出時には提灯を下げて行くしかなかった。開港初期であっても、イギリス租界の夜は暗かった。ランプによる灯りは、値段は安いが、路の明るさとしては暗いため、夜間の往来は大変不便であった。

　1859年、ドイツ人化学者ロベルト・ヴィルヘルム・ブンゼン（*Robert Wilhelm Bunnsen*, 1811-1899）がガスバーナーによるガス灯の改良に成功した。ランプの炎が気化状に噴出して光が発することで、人類における照明方法は前進した。この技術はまずイギリスで普及し、1861年1月にアレックス・ケネディ・スミスという外国人商人がオーストラリアから上海の工部局に手紙を送り、上海でガスを生産、供給してガス灯の照明を導入するよう提案した。この提案は上海のイギリス商人たちに注目され、21500ポンドを投資し、租界内の道路や住宅の照明にガスを供給するガス工場を建設するため、社会に向けて資金を集める計画を立てた。それと併せて、蘇州河南岸の泥城橋（現在の西蔵中路）の西側にガス工場の敷地を購入し、設計と建設をイギリス人技師が担当した。1865年9月、ガス工場「大英自火房」の建設が完了した。工場はイギリス式に設計され、炭化炉の部屋、石炭貯蔵倉庫、排気室、エンジン室、ポンプ室とタンクなどの建築物があり、それを管理する部門も作られた。同年12月1日よりガス工場はイギリス租界へガスの供給を開始、中国初のガス工場がここに誕生した。最初のガス輸送管は泥城橋工場から南京路のバンドまで通り、個人宅用に1500の口金が装着された。12月18日には最初のガス灯が南京路に点灯され、明るくてきれいで便利なガス灯が都市に新たな光を与え、上海でも夜の生活の時代が幕を開けた。

　一年後、ガス灯はイギリス租界で急速に普及し、175灯のガス灯が街頭に輝いた。上海における「夜のない世界」はガス灯の放つ強い光のもとで誕生した。同じアジアに位置する日本の横浜で、最初にガス灯が点灯したのは、上海に遅れること8年であった。当時の『申江百詠』には、「ガス灯の灯りが燦然と輝

72　楊樹浦路の光景

73　楊樹浦水廠（1883年）

74　楊樹浦水廠（1920年代）

く上海は、名月に照らされた不夜城のよう。地下に埋設されたガス管が街中に
張り巡らされ、本当に魂が抜かれるほど不夜城である」と記されている。これ
を補足すると、ガスの灯りは地下のガス管を通じて劇場、レストラン、茶館な
どを明るくしている。ガスのランプはガラスでできていて、それを倒したり立

てたり壁に横にかけたり、好き勝手にしてよい。行き交う人間はまるで不夜城
に入り込んだように感じる、ということである。しかしガスの照明はすぐに電
気に取って代わられ、ガス会社の主な業務はガス燃料の供給へとシフトした。
多くの住宅が建設され、家庭用調理と暖房において、ガス事業は大きな市場を
獲得した。1900年12月、大英自火房は英商ガス株式会社へと改組された。
1934年に楊樹浦に新しいガス工場が建設された。1日に11.3万立方メートル、
水ガスを含む5.67万立方メートルを製造し、上海全市のガス消費量の80%を
占めた。その中で工業用ガスは20%以上を占めていた。都市の照明に関しては、
上海の外国人商人の先導で電気会社を設立し、新しい照明技術を導入した。
1882年4月、工部局の理事長を務めたイギリス人商人リトル・ロバート・ウ
ィリアム（Robert William Little）が5万両の資金を集め、「上海電光公司」の
建設を計画した。同年5月、南京路、江西路が交差する同孚洋行の中庭を購入
し、旧式の街灯の柱を利用して、電灯がつけられた。7月26日、同会社は租
界に電力の供給を始めた。電灯が上海に設置されたのは、世界初のフランスの
パリ北駅の電灯に遅れることわずか7年であった。

　1883年2月、上海電光公司は事業拡大のため、南京路から乍浦路に移転、
1888年11月には「新申電気会社」に改組された。1890年2月、イギリスから
新式の白熱電球を導入し、4月には正式に生産を開始した。翌1891年には上
海の住宅内で白熱電球が使用されるようになった。工部局が設置した街灯の電
球を覆う部分はサッカーボールよりも大きく、地上から3丈[80]ぐらいの高さ
にある。夜になると、白い光が四方に輝き、満月のようであった。上海市民は
それを「月光以上の明るさ」と呼んでいた。

　1893年、工部局電気処は新申電気会社を買収して、より長期的な発展計画
を立て、上海を世界の最高水準と同列にすることを目指した。長期にわたる建
設を経て、上海は電気時代に突入する。電気は照明だけでなく、交通（電車）、
生活（エレベーター、扇風機など）にも使われるようになった。1923年に建設
された楊樹浦発電所は中国初の蒸気発電所であり、極東最大の火力発電所でも
あった。ボイラーも当時極東最大、最新式で、煙突だけで110メートルの高さ
に達した。同年、工部局電気処の電力販売量はすでにイギリスのマンチェスタ
ー、グラスゴー、バーミンガム、シェフィールドなど4市の発電所を上回り、
マンチェスターの発電所より32%多かった。1928年には45836キロワットの

80）1丈は約3.3メートル。

電力を販売し、64127 戸に届けた。上海において電気は都市生活のための照明を提供するだけでなく、各種工場に強力な動力も提供した。

楊樹浦は、「民へ恩恵を施す」、「この世から貧乏人を無くす」を旨とする近代紡績工業の発祥地でもある。1878 年には中国の官民共同で「上海機器織布局」が準備を始め、1889 年に正式に着工した。弾花、紡績から織布のためのすべての設備をアメリカから導入し、アメリカ人技術者を技師長に招いた。1893 年 10 月の火災で工場は焼失したが、その後、もとの場所に「華盛機器紡績総工場」が新設された。しかし経営が上手くいかず、1930 年代に機械を申新紡績会社に売却し、楊樹浦から撤退してしまった。

1902 年 12 月、日本の三井洋行は楊樹浦にある華商興泰紡績工場に目をつけた。敷地面積は約 44 畝、紡錘が 25480 枚あり、生産能力はきわめて高かった。ただし流動資金が不足していたため投資を集めて購入し、「興泰紡績廠」と名付けた。1908 年に三井洋行が上海紡績株式会社を設立すると、「上海紡織株式会社第一工場」と改称された。1905 年、三井洋行は華商大純紡績廠を借り受けた。その年の収益が非常に良かったため、1906 年にはこの工場を買収、「上海紡織株式会社第二工場」と改名させた。これが日本資本による中国紡績業への進出の嚆矢となり、楊樹浦に最初に出現した日系の紡績工場ともなった。第一次世界大戦後、日本紡織業の上海への投資は急激に伸び、楊樹浦に進出した日系紡績工場も激増して、数量と規模において英米系および中国系を上回るようになった。楊樹浦地区の日系紡績工場として、公大第一工場（平涼路 2767 号）、公大第二工場（楊樹浦路 540 号）、同興紡織会社第二工場（楊樹浦路 90 号）、捺染工場（杭州路）、大康紡績工場（楊樹浦騰越路 195 号）、東華紡織会社第一、第二、第三工場（華徳路）、裕豊紡織株式会社の工場（楊樹浦 2866 号）などがあった。中では裕豊紡績の工場が最大で、建設時の資本金は 500 万両、1935 年には 1000 万両を増資し、中国人労働者は約 7000 人であった。裕豊紡績工場は「龍頭細布」と呼ばれる純綿の平たい布を主な製品としていた。原棉のコストは普通のものより 5% 低いが、「龍頭」の価格は普通の布より 8% も高く、利益率が高かった。裕豊工場は管理制度も厳格で完備されており、上海における日系紡績工場の中で優秀な新人となった。その工場は鉄筋コンクリート構造で、のこぎり状の屋根はリベットラックに支えられ、天窓には研磨ガラスが取り付けられていた。採光、通風、室温も機械により管理されていたが、これは当時大変珍しかった。工場のオフィスビルは清水組による赤レンガ作りで、カーテ

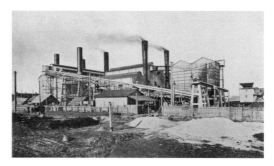

75　楊樹浦発電所全景

76　日系上海紡績会社工場

77　正広和ソーダの宣伝馬車

78　楊樹浦消防署

ンウォール、片流れ屋根、ルーフ・ウィンドウがあった。裕豊工場の日本人職
員寮は巧みに配置されて趣があり、楊樹浦地区の高級住宅であった。この他に、
大阪池田印刷所（1914）、正広和サイダー工場（1923）、英美烟草公司（1925）
などはいずれもその業界のリーディングカンパニーであった。大阪池田印刷は
後に「精版印刷上海工場」と改称、製版と印刷技術に秀で、広告画の専門印刷
工場であり、1945年の日中戦争終結後は中国側に接収され、1949年に「上海

印刷第二工場」と改称した。最初の人民元はこの工場で印刷されている。「正本清源」を理念とする正広和の工場は国内最初で、当時最大の飲料工場の1つであった。英美烟草公司は上海最大のたばこ会社で、「大前門」のタバコで一世を風靡した。前門たばこの宣伝コピーは、「大前門を吸うものには大物の風格がある」であった。この人気キャッチコピーが大物ではないものが多く暮らす楊樹浦から誕生し、中国各地の津々浦々にまで普及していった。

　工業の発展により都市の人口、特に工場労働者の人口が大きく増えた。ただし工業文明の栄光とその産業を支えたものたちの苦労とがセットであることは否定できない。楊樹浦の工場地帯のどの一角においても以下のような民謡が聞こえてきた。「苦労したいなら楊樹浦へ。日勤は夜明け前から日が暮れるまで、夜勤は日が暮れる前から夜明けまで働かねばならぬのだ」。

14 「王菩薩」と関東大震災

　王一亭（1867-1938）は上海の慈善事業における世界的著名人で、「王菩薩」とも呼ばれている。商売で富を築いた後は、「社会に還元を続ける」という古訓に従い、個人活動の他、「華洋義賑会」や「中国救済婦孺総会」、「中華慈善団聯合会」など10を超える慈善団体を主催して熱心に慈善事業に努め、上海の民衆からあまねく尊敬を受けていた。関東大震災に際しての慈善活動は中国民衆の義挙を日本にもたらし、日本の民衆からも崇敬を受けた。

　1923年9月1日に発生した関東大震災は人類史上空前の大災害であった。当日昼11時58分、東京を中心とした関東地方にマグニチュード7.9の強烈な地震が発生、火災や津波などを引き起こした。千葉から東京、横浜、横須賀、鎌倉、箱根、伊豆、静岡を含む2万平方キロメートルの地帯が災害に見舞われた。「地は大きく割れ、線路は曲り、電線はばらばらとなり、死骸が街にあふれ、瓦礫が埋め尽くす」状況であった。それから数日間、大きな地震が数回起こり、余震は1000回を超えた。当時の東京は人口が密集しており、建物はほぼ木造建築であったため、市内の140以上の箇所で大火災が起こり、風に煽られた炎で多くの人が焼死した。統計によると関東大震災による死者は91344人、失踪者は13725人に達し、被害総額は55.68億円で、当時の日本の国家予算の3倍以上に達した。

　関東大震災の惨状は中国人にも衝撃を与えた。日中関係は日本側の原因で悪化していたものの、「わが国に徳は広く行き渡り、仁義を果たせる能力も備えている。民に国境はなく、座視はできない」と考え、地震発生の翌日には、中国政府は日本大使館に職員を派遣して慰問し、駐日代理大使の張元節へ被災地での実地調査を命じ、併せて日本政府へ慰問させた。神戸駐在の総領事にも伝令を発し被災地に急行して調査と慰問を命じた。当時の中国の財政は窮迫していたが、日本に20万元を支援し、日本へ運ぶ食糧などの税金を免除した。中国政府はさらに、各地の紳商団体に日本支援のための集会を開催し、積極的に各種の支援活動を展開するよう呼びかけた。政府の呼びかけにより、中国各地

で日本を支援するため、これまで見たことがないほど官民と南北が一体となった。北京、天津、成都など多くの都市は災害救済団体を設立、産業、教育、芸能の各業界でも次々と義援金や物資を集めた。元国務総理の段祺瑞（1865-1936）は天津で「救援同志会」を設立し、10万元を寄付した。京劇の名優梅蘭芳^{メイラン}（1894-1961）は「全国芸術界国際チャリティー公演」を企画して5万元を集めた。

支援活動が最も早くかつ熱心であったのは日本との経済交流が最も盛んな上海であった。当時、王一亭の次男王叔賢は製紙業視察のため来日中であり、地震時、神戸大阪間の電車に乗っており、大阪に到着後、関東大震災のニュースを知った。王叔賢は直ちに上海に日本の災害情報を伝えた。悲惨な状況を知った上海華洋義援金会、普善山荘などの代表は速やかに在上海日本領事館と日本居留民団を慰問した。9月4日、上海経済界、慈善団体など各界の指導者が「一品香」ホテルに集まり、震災支援について協議を行った。翌日、寧波旅滬同郷会会長の朱葆三（1848-1926）、上海市銀行商業同業公会会長の盛竹書（1860-1927）、中国仏教会会長の王一亭、上海総商会副会長の方椒伯（1885-1968）らが連名で「日本の大災害を支援する会議を招集する通達」を出した。そこでは「この度の日本の大災害は非常事態であり、そこに国境はなく、救済の義を尽くして隣人として手を差し伸べなければならない」と述べられている。

9月6日午後3時、上海雲南路の仁済堂に各慈善団体が出席し、日本の震災支援事業について協議を行った。会議に参加したのは、仁済堂、赤十字会、中国済生会、聯義善会、上海総商会、寧波同郷会など42団体であった。会議では、日本への震災支援は「災害救援と隣人救済の本義」であり、「徳をもって恨みに代える。これは融合の機会として、世界各国の人々に恨みに恨みで返す非を知らせ、世界平和を大いに促進させる」ことが合意された。会議では「中国協済日義賑会」の設立が決定され、朱葆三を会長、盛竹書と王一亭を副会長に選出、青地に白十字を会旗とした。

同日、中国協済日義賑会の通達により、上海市民からの募金が始まった。上海の産業界、教育界でも各種の「日本災害救援会」が組織され、上海にある小学校内にさえも募金活動の団体が結成された。小学生とその保護者たちは募金活動の他、「救援活動を」、「隣人を助けよ」などが書かれた小旗を手に、演説しながら戸別に寄付のお願いにまわった。その志や発言は道行く人の心を打った。地震で亡くなった人を荼毘に付す際には石灰が必要であるが、日本で石灰

79　王一亭　　　　　　　　80　船上の中国救援隊

81　幽冥鐘　　　　　　　82　幽冥鐘の由来（東京慰霊堂）

83　幽冥鐘と王一亭（右2）

が不足していると知ると、石灰 500 ピクル[81]が早速集められた。

　上海の教育界も日本の震災を救済する団体を設立、募金活動に力を入れるほか、中華教育団と中華学芸社[82]は林駿を代表とする一行を、日本へ慰問と調査のため派遣した。林駿らは 9 月 7 日に船で出発し 9 月 10 日に神戸港到着、その後東京に移動した。9 月 18 日、『申報』は林駿による現場からの調査報告を掲載した。11 月 10 日発行の『東方雑誌』[83]では、中国人読者に向けて日本の被災状況に関する最も詳細な長編記事「日災の観察」が掲載された。

　9 月 21 日、上海に現れた有名な日本人僧侶水野梅暁（1877-1949）[84]は、「貴国の人士の熱心な支援ぶりは、個人の親友に対してよりも更に積極的で、手配の適切さや手続きの敏捷さには敬服させられました」と語っている。日本へ帰国後、水野は上海での支援活動の様子を「官民一体」と称し日本に紹介した。

　中国協済日義賑会が成立すると、王一亭は副会長として実務を担当した。上海慈善界が王一亭に支援活動の実務を任せていることからも、日本の被災者に対する支援活動を非常に重視していたことが見て取れる。王一亭もその期待に応え、次男王叔賢を直ちに被災地へ調査に向かわせて状況を報告させ、慈善団体や各団体を通じて 18 万 5000 元の募金を集めて被災地で一番必要な白米6000 担（約 300 トン）、小麦粉 20000 袋と炭、薬品などを購入し、輪船招商局[85]の「新銘号」に乗せて日本へ送った。

　9 月 8 日午前 10 時、新銘号は上海を出港、12 日に神戸港に到着した。船には白十字と青の会旗が、船の左側には「中国協済日災義賑会」の横断幕が、それぞれ掲げられた。新銘号に続き、10 月 23 日、25 日には中国協済日災義賑会の救援物資を満載した 2 隻の船が日本に向けて出港した。

　新銘号は震災発生後、海外からの救援物資を載せた最初の船舶となり、日本人から熱烈な歓迎を受けた。神戸を経由して 14 日に横浜に到着、救援物資を被災地に届けた。日本の各紙は中国政府と社会による支援物資を乗せた船が到着する様子を伝えている。9 月 13 日、大阪朝日新聞は「善隣の同情に感謝す」

81）中国、東南アジアの、主に海運で用いられる重量の単位で、1 ピクルは約 60 キログラム。
82）中華学芸社は 1916 年に東京で設立された教育団体で、1920 年に上海に移転、雑誌『学芸』や『学芸叢書』等を刊行、1958 年に解散。
83）『東方雑誌』1904 年に商務印書館が上海で創刊、1948 年の停刊まで中国を代表する総合誌。
84）浄土真宗本願寺派、日中文化交流に従事、1914 年雑誌『支那時事』を主宰。
85）輪船招商局は 1874 年に設立された、中国初の汽船航運会社。

と題した長篇の論説を掲載し、「今回勃然として起つた対日好意の表現は我国人の眼に意外であった」と指摘した。日本の対中政策は「余りに極端な帝国主義的色彩」を放棄し、「支那国民の意識する」ところを理解して両国関係を緩和するべきとした。10月4日、同紙はさらに「震災の支那に及した影響」と題した論説を掲載、中国民衆の被災した日本に対する情と支援について強調し、「支那人の心内に芽生い出たこの大切な友情をはぐくみ得るか否かは、その一半の責任の必ず我に在ることを覚悟せねばならぬ」と述べ、日本政府はこれを機会に両国の関係を改善するべきと訴えた。

　中華教育団代表の林駿は日本の被災地に3週間滞在したが、その中で「震災後の日本国民の中国人に対する感情は確かに好転した。その理由として、震災の中で中国人が熱心に支援したことを耳にして感激した、災害の中で多くの中国人労働者を殺害しそれに対して慚愧の念を抱いた、の2つが考えられる。日本人は中国人の排日感情は強く、被災した日本の弱みつけ込んでくると考えていたが、実際には中国人は弱みにつけ込むどころかこれほど熱心に救援してくれるとは、思いもしなかった」と考察している。また『申報』の現地報道でも、「日本では「支那」を使わず「中華」と称して敬意を示している」と記している。

　日本に最も早く駆けつけた国際救援船は中国の新銘号だけではない。中国赤十字の救護隊もその1つである。9月8日、中国赤十字会救護隊は「現金2万元、薬草など十数箱」などを持って出発し、12日に神戸に到着、翌日には被災地に駆けつけた。中国の救護隊は赤十字会会長荘得之自ら率いるもので、救護隊医務長の牛恵霖博士（1889-1937）は中国赤十字会総病院院長と赤十字会時疫病院院長を兼務、「中国医学界の柱石」とも称される人物で、救護隊のレベルの高さがうかがえる。救急隊は医師4人、救急隊員8人、看護師4人など計20人余りで結成され、日本の被災地での救助活動においても高く評価された。

　中国の慈善家は物資を日本の被災者に届けただけでなく、犠牲者に対する精神的な追悼も行った。中国仏教界で結成された「仏教普済日災会」は、峨眉、九華、五台、普陀の4名山4大道場で49日間の大法要「水陸普利道場大法事」を営んだ。この他、全国の各寺院と信徒は、それぞれの思いに従い、念仏法要を行って犠牲者の霊を弔った。上海の玉仏寺では10月3日から1週間、普利道場法要を営み、死者の冥福を祈った。杭州では、西湖招賢寺で10月20日から49日間の普利道場法要が行われ、100日間昼夜兼行で念仏法要が営まれた。

　中国では「仏教普済日災会」終了後、「幽冥鐘」を鋳造して日本の被災地の人々に送ることを決めた。「幽冥鐘をつくことでいつでも死者の冥福を祈ることができ、永遠に冥界で苦しむ悲惨な霊魂を救うことができる」からである。11月7日、王一亭は「仏教普済日災会」の名義で日本の元外務大臣、伊集院彦吉（1864-1924）男爵と日本仏教連合会を通じて、幽冥鐘一鐘を寄贈する意向を表明した。

　1925年春、日本では震災記念事業計画が立てられ、被害が最も大きい墨田区横網町に犠牲者を追悼する「震災記念館」と「復興記念館」を設立することを決定、毎年9月1日に盛大な慰霊法要を行うこととした。同年9月2日、日本仏教連合会は中国の「仏教普済日災会」に対し、幽冥鐘の寄贈を受け入れる旨を伝えた。被服廠跡に幽冥鐘を安置することにしたのは、東京で震災により死亡した9万人の内、3万人以上がこの一帯で亡くなったためである。同地が死者を弔うのに最も相応しい場所と考えた。

　中国の「仏教普済日災会」が寄贈した幽冥鐘は、杭州の顧錦泰工場で鋳造された。幽冥鐘は黄銅製で、高さは1.69メートル、口径は1.21メートル、重さは1.56トンである。鐘には「普聞鐘声、冥陽両利。中華民国癸亥冬月建、呉興王震敬書」（鐘の音が普く響き、この世とあの世のいずれも利がある。1923年冬建てる、呉興の王一亭がこれを謹んで記す）の文字が刻まれた。

　日本側は中国から幽冥鐘を寄贈されたものの、建設資金の問題が未解決であったため、とりあえず仮の場所に安置せざるを得なかった。そこで王一亭は鐘楼の建設が困難であると考え、上海の日本領事館に以下の提案を行った。趙子雲、呉待秋、姚虞琴、王季眉、王個簃の5人の画家と一緒に書画8点を日本美術協会の展覧会に送り、非売品という条件で展示、展覧会終了後それらをオークションにかけ、その売り上げを記念館建設の資金に充てる、というものである。

　駐上海の日本総領事清水芳次郎は、これらの書画を外務省文化事業部岩村書記官に直ちに送った。岩村書記官は王一亭の希望通り、王一亭の依頼状の副本と一緒に書画贈呈の手続きを行った。展覧会終了後オークンションにかけ、そこで得られた資金はすべて記念堂建設の基金に充てられた。

　書画オークションによる寄付が成功すると、王一亭はさらに呉昌碩（1844-1927）、張聿光（1885-1968）など33名の著名書画家の協力で265点の作品を集めた。これらの作品を1929年8月25日から9月3日まで東京上野松坂屋で開

84 王一亭寄贈の作品

催された「中日文化展覧会」に出展、その場で販売された。王一亭は購入者た
ちが押し寄せる様子を見て、新たに書5点を追加し直ちに展覧会に送った。今
回の販売された中国人書画家の作品の総額は2118円に達し、すべて記念堂建
設に寄付された。

　1930年9月、震災記念堂（現在の東京慰霊堂）が完成した。中国から寄贈さ
れた幽冥鐘はこの記念堂の東南側にある鐘楼内に安置された。鐘楼建設費は
6593円で、王一亭をはじめとする中国人慈善家からの寄付金が重要な部分を

占めた。記念堂は鐘楼の前に幽冥鐘の由来に関する案内板を設置した。そこには以下のように書かれている。

　　この弔霊鐘は、関東大震災により遭難死した死者追悼のため、中国仏教徒の寄贈によるものである。
　　震災の悲惨な凶報が伝わった中国では、杭州西湖の招賢寺及び上海麦根路の玉仏寺で、それぞれ念仏法要が営なまれ、中国在留の同胞に対しても参拝を促した。
　　また各方面の回向が終わったのちは、「幽冥鐘一隻を鋳造して、これを日本の災区に送って長年に亘って撃撞し、この鐘声の功徳によって永らく幽都の苦を免れしめむ」と宣言した。
　　その後災情が日を経るに従い甚大であることが明らかになったので仏教普済日災会の代表二名が来日し、京浜両地区の慰問を行ない、これと同時に我が国の外務大臣並びに仏教連合会に梵鐘の寄贈を申し出たものである。
　　その後、震災記念堂の計画確定によりこの鐘を横網町公園に安置することになった。
　　なお、このことについては上海の王一亭氏の特段の尽力があった。

　1930 年 10 月 1 日午前 10 時、新たに完成した鐘楼の前で幽冥鐘の「始撞式」が行われ、地震で亡くなった中国人留学生のための追悼仏事が執り行われた。日本の外務大臣幣原喜重郎（1872-1951）が、「この幽冥鐘は中国の多くの仏教徒の何日間もの法要において、敬虔な態度で死者の冥福を祈り鋳造されたものである。この幽冥鐘があってこその鐘楼で、両者は揃って現世と来世に福をもたらし、震災の犠牲者たちの苦しみを和らげてくれる。我が同胞は隣国の友誼を肝に銘じ、友好の記念物として永遠に続いていく」と語った。
　鐘楼が完成した翌年の 1931 年 4 月、王一亭は中国美術団の団長として上野美術館で開かれた日中古今絵画展のため来日した。この時、震災記念堂の付帯施設として復興記念堂が完成した。王一亭はこの会のために『拾得大士図』、『寒山大士図』、『鉄拐仙人図』、『蝦蟇仙人図』の絹本 4 点を出展した。描かれた寒山と拾得はそれぞれ文殊と普賢の化身とされる高僧で、民間では和と合の仙人として奉じられていた。これらの作品の落款時期は「辛未（1931 年）初夏」で、それぞれ「王震大利」、「白龍山人」、「一亭」などの署名が入っている。

　しかし、王一亭から寄贈を受けたこれらの書画は記念館の倉庫に長く保存され、人々に公開されることはなかった。1980年代初め、東京都議会の文物整理委員会の委員長を務めた西浜二男が文物の整理の際に、これら長年にわたって封印されていた書画を発見した。「ほこりをかぶっていたが、静けさの中にも魂を感じた」と西浜は語っている。糸くずを拾い集めるような作業を経て、ついに中国人慈善家王一亭の善行が発見されたのである。西浜はさらに、「王一亭氏は梵鐘の寄贈に尽力されただけでなく、鐘楼の建設にあたっても莫大な資材と書画を寄付して協力され、私はそのことに深く感動しました。60年ぶりに、このように偉大で、日中友好のために奮闘する先人がいたことが明らかになりました。また、このような素晴らしい功績が、半世紀以上の歳月を経て、震災記念館の片隅に埋もれ、世間に知られていなかったことは、日本人としてこれを思うと慚愧に堪えません」と語っている。

　西浜二男の尽力により、歴史の重みによって埋もれてきた書画が、復興記念堂で公開された。これらの書画は二階展示室に展示された。室内には王一亭の写真と説明文が掲げられた。

　　　王一亭、1867年に上海で生まれ。日中友好に尽力した実業家、孫文が大総統の時代に農工商務部長を務めた。文芸、書画に通じ、仏画が特に優れている。呉昌碩とともに清末民初時期を代表する文化人である。また、貧困者や障害者の支援活動を行う慈善家として、中国仏教界の重鎮であった。

　王一亭は1923年9月1日関東大震災の際、上海を中心とした支援活動を牽引した。米や麦をはじめ、多くの救援物資を日本に送った。王一亭は中国仏教界に呼びかけ震災の犠牲者を慰霊する法要を営み、「幽冥鐘」を寄贈するために尽力した。また、鐘楼の建設資金を集めるために、多くの書画を寄贈するなど震災支援に全力を注いだ。この4つの絹本は王一亭が1931年に来日した際、復興記念館の完成のために寄贈した記念品である。

　日本人は震災を振り返る際に、中国人からの恩情を忘れなかった。1983年、西浜二男は小冊子『友好の鐘』の中で王一亭ら中国人慈善家たちの多大なる功績を、「我々に日中友好と国際友好の重要性を示され、また鐘の音の響きは平和と友好が永遠であることを明らかにする」と記している。西浜はさらに蘇州

85　日中友好協会会長
宇都宮徳馬の題辞

86　東京都復興記念館

　の王一亭の新しい墓前に石碑を建て、当時の日中友好協会会長であった宇都宮
徳馬（1906-2000）に揮毫を依頼、「恩義永遠不忘記」の文字を刻んで、日本人
の心からの感謝の気持ちを表現させた。

　2007年3月と2018年2月、筆者である私は2度東京墨田区の都立横網町公
園内にある東京都慰霊堂と資料が陳列してある復興記念館を訪れた。参観者は
非常に少なく、多くの東京に暮らす人たちはこの記念館の存在すら知らないの
であろう。しかし歴史を忘れることはできない。ここには王一亭を代表とする
中国人慈善家たちが関東大震災の最中、支援の手を差し伸べた義挙に関する資
料や実物が陳列されており、隣国日本との友好のため中国人が見せた博愛精神
と仁義ある行動の崇高さの証明となっている。

15　石井柏亭の上海紀行

　これは私が中国国内では見たことのないスケッチである（図87）。このスケッチでシルクハットをかぶり、スーツを着てネクタイをしているのは、中国の有名な画家劉海粟（1896-1994）である。その横でフェルト帽をかぶっている若者は彼の学生である。このスケッチを描いたもののタッチはとても自由で、時には一筆書きでスケッチに乱れが生じているが、それを消すことなく、書き足して修正している。こうすることで、スケッチの中の人物が躍動的になり、上半身だけのスケッチにもかかわらず、絵の中の二人が肩を並べて座っているのが分かる。このスケッチの優れているところはその対象の目のとらえ方にあり、劉海粟の視線はまっすぐ前を向いている一方、彼の学生はおずおずと目線をきょろきょろさせている。前者の如才なさと後者のかしこまる様子は対照的で、このスケッチが描かれた当時へとタイムスリップさせてくれるかのようである。

　このスケッチを描いた石井柏亭（1882-1958）は、民衆芸術を喧伝した日本人画家である。当時彼は創設者の1人である劉海粟の招待で上海の美術学校を訪問中であった。この美術学校の校舎は一般の住宅であったが、日本の低くて狭い住宅と違い、少し手を加えれば立派にアトリエになった。当時この学校はヌードモデルを使って、裸体画を作成、展示することをこだわっていたため、世間から非難を受けていた。ヌードモデルは上海でも珍しく、モデルを探すのは容易ではなかった。石井柏亭は学生が交代でモデルになっていることを知って、他の学生に油絵の写生をさせてみた。学生たちのデッサン力は不十分であったが、中国の青年たちの西洋画を学ぼうという、沸き上がり続ける情熱を感じ取った。その情熱が彼にも伝わって、その場の即興で『劉先生と其門生』のスケッチができあがった。

　石井柏亭の本名は満吉である。彼の特筆すべき実績として、1913年に日本水彩画会を創立し、民衆芸術を提唱したことと、1914年に美術組織「二科会」を創設したことがあげられる。石井は何度も欧米諸国を巡ったが、1919年4月、ヨーロッパを視察した後に上海を訪れている。彼の上海滞在は上海の画壇、特

100

87　劉先生と其門生（石井柏亭画）

88　石井柏亭

89　上海美術専門学校

90　上海美術専門学校の人体デッサン

91　石井柏亭の個展が開かれたパレス・ホテル

に劉海粟と彼の美術学校に影響を与えた。

　上海滞在中に石井柏亭が影響を受けたものとして、上海の芸術以外に、上海の焼きそばがあった。石井は当時フランス租界の蒲石路（現在の長楽路）に投宿していたが、近くのレストランの焼きそばが大変美味であった。値段は張るものの、カリカリと香ばしく炒められた麺は言葉で言い表せないほどの美味しさだった。西本願寺上海別院の門主大谷光瑞（1867-1948）もよく車でここに食べに通っていた。昔から馬車に乗って来店したものは多かったが、わざわざ焼きそばを食べに馬車で来たのは大谷光瑞が初めてといわれている。

　暖かな4月中旬、石井柏亭は淡水路の麗水坊に暮らす中国通で民俗史研究者である井上紅梅（1881-1949）のもとを訪ねた。井上紅梅はもともと賑やかな四馬路に住んでいたが、淡水路の静謐さを喜んで移住した。そこは裁縫屋の2階であった。当時彼は『支那風俗』を編集しており、机上には創刊間もない上海の小型新聞の『晶報』が置いてあった。新聞には漫画家沈伯塵のイラストとともに欧陽予倩（1889-1962）の小説『枯樹』が掲載されていた。欧陽予倩は1903年に日本へ留学、帰国後に上海で新劇同志会を結成、春柳社の名義で新劇『猛回頭』や『社会鐘』などを上演した。『枯樹』は新旧の思想の衝突を題材とした小説である。欧陽予倩は1916年に京劇の俳優になり、「北の梅蘭芳に南の欧陽予倩」と梅蘭芳と並び称された。この欧陽予倩も淡水路に住んでおり、石井柏亭は顔なじみとなった。欧陽予倩には馮という姓の英語の家庭教師がいて、彼が上海の画家張聿光を紹介した。張聿光は中国における新聞漫画の先駆者で、当時上海美術専門学校の校長であった。石井柏亭と出会った張聿光は、英語で水彩画に関する質問を多くし、美術学校へ招待した。そこで上述の、石井柏亭と劉海粟との邂逅が実現したのである。

　石井柏亭と会見した劉海粟は江蘇省教育会美術研究会副会長として講演を依頼、それに対し石井柏亭は快諾した。石井柏亭は1919年4月23日、江蘇教育会で「我々はなぜ絵を習わねばならないのか」と題した講演を行った。劉海粟は講演に際し、「なぜ美術を改良しなければならないのかについて、専門家に講演してもらいたいと何度も思っていたが、なかなかその機会がなかった。この度上海に立ち寄った石井氏と出会い、このような良い機会を得られた」と語った。数日後、劉海粟たちは石井を虹口の有名な日本料理店「宝亭」に招いた。この時の会食の様子を詳しく知ることはできないが、その後の両者の頻繁な交流から、劉海粟と石井柏亭の打ち解けた様子がうかがえる。

　石井柏亭は上海で劉海粟に対し、「大戦後、世界の各民族が最も自覚したことは、芸術の発揚に力を注がねばならないということだ」と語った。石井はさらに、1919年10月に日本で最初の「帝国美術院展覧会」が開催されると伝えた。これを耳にした劉海粟は悠然と思いをはせ、日本を世界美術考察の出発点とすることを決めた。1919年9月、劉海粟と汪亜塵、兪寄凡、陳国良、賀伯馨らは考察の旅に出発、日本では「帝展」の他、他の美術団体や学校の美術展覧会を見学した。東京美術学校、東京女子美術学校、太平洋画会研究所などの美術学校や研究会を視察し、石井柏亭とも再会を果たした。これら洋画、彫刻、日本画とその学校における先進的な管理制度を目の当たりにし、本来激情型の劉海粟は芸術の大衆化に関し以下のように感嘆した。「我が国とインドのこれまでの歴史において、美術が燦然と輝いていた時代はあった。ではなぜ後にそれが衰退し、停滞に向かったのか。それは恐らく大衆運動がなかったことが関係している。それを思うと、残念で恥ずかしい」。帰国後、劉海粟は上海図画美術学校を上海美術学校と改名した。さらに学則を改正して、中国画、洋画、工芸デザインなど6つの課を設けた。

　上海の美術専門学校を訪問した以外に、石井柏亭はその名声を慕い王一亭のもとを訪れた。王一亭は日清汽船株式会社の中国側の社長で、石井柏亭が王一亭に会った際、王一亭はバンドにあるビルのオフィスで何人かの女性の弟子の絵の手直しをしていた。王一亭は赤いペンではなく墨で修正し、これ以外何ら説明を加えなかった。石井柏亭は回想録でその時の様子を以下のように記している。「室の周囲には骨董品が一ぱいに置いてある。氏自身の画きさしの紙本も幾枚か壁に懸けられて居た。合作をしようと曰われて先づ私が七つ葉を画いたら、氏はそれに添ゆるに石と小鳥とを以てされた。幾年となく持ち古した太い禿筆から其豪健な緑や点苔は生れる。絵具は凡て深い皿と云うよりは碗に近いものへ沢山に入れらて居るが、其石緑や石青は膠（かは）ぬきをせらるることが無いもののように思われる。私は其使用方法を質問することを忘れた。枠張りの絹本などは滅多に画かないのだから画はすべて立ったままデスクの上で描かれる。此室のなかで異彩をなして居るのはバスケ氏の贈った模糊たる水彩画の額面である。日清汽船の買弁である氏にとって画は余戯のようなものであるが、それにも拘らず氏は上海有数の画人であると云へよう」[86]。

　石井柏亭は上海滞在中、美術の視察のほかに、ポーランド人画家と共同で展

86）『絵の旅　朝鮮支那の旅』日本評論社、1921年。

覧会を開催している。今回の展覧会は大阪で雑貨を営む大手商社「吉田号」がスポンサーであった。石井柏亭はポーランド人画家が語った展示品目録をまず英語、それから日本語に訳し、印刷所に出向いてカタログと案内状を印刷した。それから間もなくして、龍華塔をデザインした広告が上海の各新聞に掲載された。1919年5月16日、展覧会は南京路で黄浦江に面したパレスホテル[87]5階の宴会場で開幕した。期間は午前10時から夜9時までの3日間である。ポーランド人画家が入場料の徴収を主張したのに対し、ホテル側は難色を示し、入場は無料、カタログは有料となった。

　展示会では英語のできないポーランド人画家が西洋人の接待を石井柏亭に任せ、自分は椅子を会場の中央に運んで読書に耽っていた。ある観覧者は彼の作品『乞求』で、男が手にするヴァイオリンを指して、「あれは足をいぶしているのではないか」と嘲笑した。幸いなことに、ポーランド人画家の作品は5点売れた。その中である西洋人は彼の小さいクレヨン画を2点買い求めた。それに対しポーランド人画家は、白人はけちだと苦笑した。16日から18日までの3日間で約8900人が入場し、そのうちの半分は日本人、残りは西洋人と中国人であった。日本人の多くはカタログを買って、それと見比べながら丁寧に鑑賞していた。一方の西洋人はさっと見て帰ってしまった。中国人は主に上海美術学校の教師と学生で、欧陽予倩のように友情で駆け付けたものもいた。

　石井柏亭による今回の上海旅行は歴史の片隅に隠れてしまっているが、この日本人芸術家が日中文化交流のために果たした努力を忘れてはならない。それはさながら私たちがよく言う、「空に痕跡を留めることなく、鳥はすでに飛び立ってしまった」ようであった。

87）1906年竣工、上海きっての豪華ホテルで6階建レンガ造り、上海でエレベーターを設置した最初のホテル。中国名は「匯中飯店」で、1965年に和平飯店の南楼となる。

16 ロシア情緒溢れるジョッフル路

　もし濃い木陰に覆われたプラタナスとちらちらと光るネオンが上海の象徴だというならば、旧フランス租界にあったジョッフル路（中国名は霞飛路、現在の淮海中路）こそが最も上海らしいストリートである。もし 1930 年代の世界に暮らし、フランス・パリから発信されるものに憧れるのであれば、ジョッフル路こそが上海と中国における流行の最先端であった。

　「ジョッフル路はヨーロッパが移植されたストリートである」、これは新感覚派の作家穆時英（1912-1940）の言葉である。1849 年、フランス租界開設当初の面積は決して広くなく、周囲には田園風景が広がっていた。1898 年、フランス租界当局が四明公所[88]を強制占拠したことから上海在住の寧波人に強い反発を受け、流血事件が発生した。その後中仏両国の交渉の結果、フランス租界は四明公所の場所に道路を建設することに同意、寧波路（現在の淮海東路）と命名した。1900 年 1 月、フランス租界は現在の重慶路一帯である顧家宅や関帝廟浜まで西に拡張された。同年、現在の西蔵南路から西に向かって道路を建設、西江路と名付けられた。翌 1901 年、現在の重慶路の道路が延伸されて宝昌路ができ、1906 年 10 月には西江路が宝昌路に統合された。1914 年 4 月、中仏の協定により、重慶路以西、華山路以東の一帯がフランス租界に編入された。1915 年 6 月、第一次世界大戦のマヌル会戦で戦功を立てたフランスの名将の名を冠し、フランス租界当局は宝昌路をジョッフル路と改称した。

　ジョッフル路はフランス租界当局が心を込めてデザインしたヨーロッパ情緒溢れるストリートで、賑やかな都市と静謐な緑地とが融合され、優雅かつ高貴な雰囲気であった。計画では嵩山路以西からのジョッフル路の両側の建築物はいずれもレンガ造りで、道路から 10 メートル以上離すことになっていた。沿道は垣根で囲うことはできず、花や木を植えることも義務づけられた。沿道に植えられたフランスのプラタナスの木が色濃く生い茂り、はらはらと落葉する

---

88) 四明公所は 1797 年に開設された、寧波、紹興地区出身者のための同郷会館。移転に関する流血事件は 1874 年にも発生している。

さまは情緒的であった。その木々の向こうには、巧みに配置されて味わいがあり、それぞれに個性的な洋館が立ち並んでいた。1910年、ジョッフル路に初めての高層マンション「登雲公寓」が建設された。典型的なフランスの古城的風格があった。1924年に建設されたノルマンディービルは上海で最も早い古典的なアーケード付マンションである。この他、バロック風のフランス・クラブ、ゴシック様式のイギリス・カントリー風の別荘住宅（現在の華亭路にある）、スペイン風テラスハウス住宅（現在の尚賢坊にある）、ゴシック様式の華懋公寓、現代的な超高層の峻嶺公寓[89]などがある。1930年代、ジョッフル路を散策しているとまるでヨーロッパの街中にいるかのような気分になった。ジョッフル路沿いに暮らす人たちは誇らしさを漂わせており、かなり長期間にわたり、「ジョッフル路在住」はある種のステイタス・シンボルであった。その都市の伝統が受け継がれ、現在の淮海中路に至っている。

　ジョッフル路はフランス情緒溢れるストリートだと一般的に思われているが、実際は当時の欧米人のほとんどは西部の庭付き一戸建て住宅に住んでいた。曹聚仁（1900-1972）は、「このストリートの雰囲気は白系ロシア人たちを基調にできあがっており、さすらうジプシーの感じが染み込まれている」と語っている。1930年代に出版された『上海鱗爪』[90]ではジョッフル路につき、「フランス租界の中央に位置し、交通の便がよく、道沿いの樹木も青々と茂り、風景が素晴らしい。ブルジョワジーが多く間借りしているが、中でもロシア人が多い（それは四川北路に日本人が多く住んでいるのと同じである）。彼らはそこで薬局、雑貨店、バー、深夜まで営業するレストラン、ダンス・ホール、マッサージ店、理髪店、マンションなど様々な商売をしている。ロシア人の物乞いも多く、路上をうろつき、物乞いをするものも少なくない。健康に太ったロシア人女性が、濃いファンデーションに口紅で、暗闇の中を徘徊しているのが目につく。このような現象は、ジョッフル路のロシア化である」と記している。

　1930年代の上海の街では、外国人として3番目に多いロシア人が目立つ存在となった。他の外国人が上海に至った経緯や目的と異なり、ロシア人の多くは当初無一文の難民として上海に避難してきた。しかし、彼らは困難な時期を

89）華懋公寓は1929年、峻嶺公寓は1935年にいずれもサッスーン財閥系の華懋地産公司が建設した高級アパートで、設計はパーマー＆ターナー事務所が担当した。13階建ての華懋公寓は現在の錦江飯店北楼、18階建ての峻嶺公寓は現在の錦江飯店中楼。

90）1933年から1935年にかけ上海滬報館で出版される。著者郁慕侠（1882-1966）は作家で、本書は当時の上海の世相を描いている。

乗り切ると、独特なロシア文化のエネルギーを放出させ、芸術、グルメ、ファッション、音楽などの面で上海の都市生活における無意識の創造性を刺激することとなった。工部局[91]はこの 10 年間でロシア人の数は大幅に増加しており、当初貧困層が多かったが、成功して富裕となった層もでてきた、と報告している。

　ロシア難民は上海での生活を大切にし、新しい世界の創造にも尽力した。彼らは貧しくも大多数の人は良好な文化的素養の持ち主であり、苦しい仕事をしても犯罪に手を染めることは少なかった。多くのロシア人は豊かな知識と技術により、苦しい中で身を立て成功を収めることができた。この経緯を目撃した人間には感慨深いものがあった。日本人作家横光利一（1898-1947）は初めて上海を訪れた際、ロシア人がぼろをまとい貧困に喘ぐ様子を目にし、「ほとんどが乞食か淫売になった」と記したが、それから数年後にロシア人たちがフランス租界の一角に立派な街を築いたことを、驚きをもって発見した。

　ロシア人の大部分はフランス租界に住むことを選んだ。これはフランス語の素養があるロシア貴族の生活様式と関係がある。彼らはフランス租界が比較的暮らしやすい場所と考えた。再起を夢に抱き、ロシア人は相次いで高級マンション、商店、劇場、レストランなどを建設、そこにロシアから一流の技術を持ち込んだ。フランス租界における様々な商売のほか、ロシア人はその他の分野でも頭角を現した。1920 年代末までに、上海の名だたる医師、建築家、エンジニアの中で、ロシア人の占める割合は 10% を超えていた。

　ロシア人は主にジョッフル路と金神父路（現在の瑞金二路）一帯に集住し、東は呂班路（現在の重慶南路）、西はアルバート路（現在の陝西南路）、南はラファイエット路（現在の復興中路）、北はラタード路（現在の巨鹿路）にかけてロシア人コミュニティを形成した。ジョッフル路の普恩マンション、康宥マンション、新華マンション、永業ビル、飛龍ビル、泰山マンション、回力マンション、高塔マンション、蓋斯康マンション、呂班路のパリ新村、アルバート路のヴェルダン花園と陝南村、環龍路（現在の南昌路）の上海別荘、環龍別荘などのマンションに彼らは集中して居住していた。呂班路とアルバート路の間のジョッフル路は「ネフスキー大通り」[92]と呼ばれ、ジョッフル路を中心とするロシア人コミュニティに対しては「東方のサンクトペテルブルク」という称号

91) 工部局は 1854 年の太平天国の乱を機に英米仏 3 国が組織した租界の最高行政管理機構。
92) サンクトペテルブルクのメインストリート。

92 ジョッフル路の光景①

93 ジョッフル路の光景②

94 ロシア人経営のシルク店（ジョッフル路）

まで与えられた。

1930年代、ジョッフル路一帯にはロシア人商店が何百軒もあった。喫茶店、レストラン、パン屋、ブティック、子供服の店、皮貨物店、靴帽子屋、宝石店、電気屋、楽器店、美容室、百貨店、写真館、時計アクセサリー店、家具屋、薬局、菓子屋、花屋などがあった。上海最高級の外国人ブティック、写真館、大多数の宝石店、薬局、美容院、理髪店などがロシア人の経営であった。百霊洋行は、バラノフスキー百貨店とも呼ばれ、綿製品、服飾雑貨、男女の洋服、寝具などを扱っていた、フランス租界一のロシア系百貨店である。トカチェンコ兄弟カフェは上海で最初のガーデンレストランで、フランス租界一の欧風レストランとしてガーデンには100以上のテーブルが並んでいた。レストラン内では毎日のように様々な公演やコンサートが行われた。ロシア料理店「東華ハルビン」は、「東華のボルシチは安くてうまい」というキャッチコピーで顧客を呼び込んだ。ボルシチはまさにロシア人から上海へのプレゼントで、牛肉、ジャガイモ、キャベツ、トマトソース、玉葱、牛油などを材料に、ちぎったパンを入れると濃厚な香りで美味しい。それにピロシキがあれば、それで十分満足な1食となった。

ロシア人はジョッフル路に多くの店を開き、故国の文化芸術を移入して、上海に真の意味でのロシア文化を体現させた。毎年6月にはロシアの偉大な詩人プーシキンの生誕を記念して、ロシア人はロシア文化祭を開催することを慣例としていた。午前は教会で祈りを捧げ、次いで万国商業団のロシア隊とフランス租界に暮らすロシア人の義勇隊がジョッフル路を行進する。ジョッフル路のロシアン・カフェでは児童劇が上演され、ロシア学校の学生を招待する。夜はライシャム・シアターで報告会を開催しロシア文化祭を祝った。

「すべての道はジョッフル路に通ず」、これはロシア人の上海での奮闘に対する歴史的な感想である。ロシア人たちは上海で苦労して生計を立て、上海に彩りを添えた。それから数十年後、ロシア人たちは次々と上海から離れていったが、上海で暮らした経験のあるロシア人同士が異郷で出会った際にはまず最初に「私はジョッフル路からきました」と自己紹介した。彼らにとって上海は第二の故郷であり、ジョッフル路は彼らが人生で情熱を燃やした場所であった。

95 トカチェンコ兄弟カフェ

96 ロシア人経営のパン屋

97 バラノフスキー百貨店

17 呉淞路の商店街

　上海の租界の道路名を語り出すといろいろ面白いことがある。フランス租界では人名を道路名に冠し、共同租界は地名を道路名に冠している。もちろん、中国の都市の名称を冠した道路はフランス租界内にもあるし、2つの租界で名称が同じものもあった。虹口の初期の道路名は1863年のアメリカ租界臨時道路委員会の提案により、呉淞路、昆山路、閔行路、青浦路、南潯路など、上海周辺の地名にちなんで命名された。

　呉淞路は水路を埋め立てて造られた道路で、南は北蘇州路から北は虹江路に至る、虹口で最初の南北に走る道路であった。呉淞路は天潼路、武昌路、塘沽路、海寧路、武進路、閔行路、漢陽路、昆山路、余杭路などの虹口中部地区の主要道路とつながっているため、「呉淞路」は日本人居留民にとり虹口中部地区の代名詞となっていた。

　日清戦争後、日本人は虹口を中心に発展し始め、日本領事館と東本願寺上海別院を中心に、ブロードウェイ路（現在の大名路）、天潼路、南潯路、文監路（今の塘沽路）、乍浦路の一帯に居住していた。第一次世界大戦後、さらに呉淞路、漢壁礼路（現在の漢陽路）、閔行路、密勒路（現在の峨眉路）、昆山路一帯へと範囲を拡げた。当時、この一帯の大通りの両側は日本人の経営する商店がずらりと並び、狭い道筋の中国人住宅内にも日本人が暮らすようになった。家の構造は中国式であったが、内装は畳を敷くなど日本式に変えていた。

　呉淞路周辺には主に日本人の「土着派」が暮らしていた。上海の日本人は、その職業や地位によって、「会社派」と「土着派」に分類された。土着派は自ら中小の商売や会社、飲食サービス業、雑貨業を営むもの、および定職を持たない下層階級で構成され、彼らは上海を自らの事業を発展させるための永住の地と考えていた。1927年の上海日本領事館の調査によると、呉淞路周辺には日本人が1997戸、7582人いて、これは当時の上海に暮らす日本人の3分の1に相当した。

　店舗が軒を連ねる呉淞路には、歴史ある日本の老舗がたくさんあった。例え

98　呉淞路商店街

99　呉淞路を歩く日本人女性

100　呉淞路の光景

101　呉淞路を走る路面電車

ば、土橋号（酒類雑貨屋、呉淞路256号（以下の商店では呉淞路の場合、番地のみ
表記）、1895年創業）、松本店（副食品店、440-442号、1902年1月創業）、岩崎呉
服店（431号、1906年創業）、日本堂書店（文監路280号、1906年創業）などがあ
る。大正時代に入ると、日本人商店はほぼ呉淞路に集まり、1939年の統計に
よると、当時の日本人商店で1918年前に開業したものに、玉屋呉服店（341
号）、文房洋行（433号）、至誠堂書店（461-463号）、石橋洋服店（188号）、稲垣

呉服店（310号）、池田雑貨屋（五金屋、266号）、晩香堂薬局（449号）、野村商店（270号）、松川屋（呉服、洋品、雑貨店、325号）、長澤写真館（435号）、日昇堂大薬局（280号）、濱田商店（454号）、天寿堂薬局（318-320号）などがあった。商店街は都市生活の華であり、その地域の文化の特色を示すものである。呉淞路の日本人商店の経営者は商品の美感と顧客の購買欲との関係をよく理解しており、商品の製造とその陳列などにおいて芸術性を導入、店舗内で販売されるあらゆる商品を、清新で明るく、快適で、和やかな日本式サービスで提供し、顧客に強い印象を与えた。

　酒屋のガラスケースには、「菊正宗」、「舞鶴」、「千福」といった日本酒が並んでいた。菊正宗は灘の名酒であり、菊の花が花々の中でも自然、純朴で、どこにでもあることにちなんで名付けられた。菊正宗は日本人商人が付き合いで飲む際、体面を保て、堅苦しさもないため特に好んで注文する酒である。毎年3月の雛祭りの時期には、日本商店のショー・ウィンドウには雛人形が飾られる。雛人形には内裏雛、三人官女、五人囃子、随身、仕丁などがおり、家具など日用品と併せて飾られる。雛人形の飾り付けは節句の気分を高め、人気を集めた。

　和菓子の趣向を凝らした製法や造形の精巧さ、さらに美しい包装と詩情豊かな名前は芸術的魅力に溢れている。和菓子を賞味すると同時に、美的な楽しみも得られる。呉淞路の和菓子店に並ぶ和菓子は魅力的であり、「形は精巧、色合いはなめらか」で、桃の節句になると、人物や動物、果物を模した和菓子も作られた。ある和菓子店の店先には、「今週の新しいお菓子は「春の舞」です」と書かれた紙が貼られていた。

　至誠堂は1913年開店の、上海で最も古い日本書店の1つである。この店は日本の政治、経済、社会科学、文学などの書籍や雑誌を販売し、日本の各新聞の代理販売店でもあった。店内の書籍や雑誌は、誰でも自由に手に取って見ることができ、日本の各学年の小学生を対象とした児童雑誌が目をひいた。

　「商売で値引きし過ぎると同業者から文句が来ると考えるのも、日本人的な考え方である。しかし値引きが必要なら値引きすればよい」。日本商店では、顧客を呼び込むために、安くて美味しいものを提供していた。やわらかい赤、緑、黄色の白玉が入ったお汁粉を一杯たった1角で販売していた。また弁当も2.5角と大変安く、上海の他の日本人商店では買えなかった。定食は5角1分で、「赤い漆のお盆に4品のおかずとスープが載り、おかずの彩りはバランス

102　日本人書店至誠堂

103　日系薬舗仁寿堂（呉淞路）

104　呉淞路（1930年代）

がよく、椀や皿が整然と並ぶ様は見ていて楽しい」ものであった。

　呉淞路一帯に暮らす日本人で最も多いのが長崎県人である。呉淞路にある日本商店の多くが長崎県人の経営であった。雑貨業の古賀浅吉は、父が1875年に上海に来て、1884年に天潼路で古賀洋行を創業、呉服、雑貨、缶詰、副食、酒類、陶器、文具などを扱った。自身も1887年3月上海に来て、文監師路で教育玩具の店を営んだ。薬局業の篠田宗平は1895年6月に熙華徳路に済生堂大薬局を開いた。玩具業の村井熊太郎は1899年2月上海に来て、呉淞路に村井号玩具店を開業、写真店の長澤虎雄は1900年に上海に来て、1916年4月に呉淞路に長澤写真館を開いた。洋服業の荒木安市は1919年上海に来て、呉淞

路に洋服店を開いた。菓子業の渋谷恒好は呉淞路で菓子店を経営し、その商品は南京、蘇州、漢口、蕪湖などへも販売した。1931 年 12 月、虹口昆山路に住む吉村信太郎が編集した『上海長崎県在住名士録』には、上海で成功した 26 人の長崎県人が紹介されており、虹口を中心とした彼らの居住地を詳しく記載している。長崎からやってきた零細の商人こそが、上海にやってきた最初の日本人商人である。

18 遊楽場の世界

　中華民国初期、遊楽場は社会的に認知された享楽の場所であった。上海の遊楽場は「楼外楼」、「天外天」、「小世界」、「新世界」、「神仙世界」、「大世界」など、響きのよい名称が多い。日本人作家村松梢風（1889-1961）は「大世界・新世界——上海の民衆娯楽場」[93]において、「何も彼も一しょくたに包含され、極く通俗に、極く民衆的に、そして大規模に、其処には全支那の伝統があり、現代支那の世相があり、美があり醜があり、矛盾がある。（中略）可成り正鵠な意味で其処は上海人（支那人）の生活表現であり支那と云う国の縮図である」と記している。

　楼外楼は上海初の遊楽場で、1912 年に南京路と浙江路の交差する地点にあった「新新舞台」という劇場の 5 階に開設された。当時「海上漱石生」という筆名のジャーナリスト孫玉声（1864-1940）が日本を訪れた際、日本の屋上にあるガーデンに遊具等が設置されているのを見て興味を感じ、デベロッパーの経仁山に話したところ、経仁山が乗り気になり、黄楚九（1872-1931）と手を組み資金を投じて、屋上の遊楽場を建設した。この当時上海にはまだエレベーターがなく、楼外楼が初めてエレベーターを導入したため、大変な話題となった。場内に入るとすぐにあるマジックミラーも、上海人が見たことのないもので、「凹凸に光るおかしな鏡」と称された。他に場内には弾詞、滑稽、双簧などの芸能が上演され、客が押し寄せた。

　1914 年、経仁山は黄楚九と協力して、泥城橋のそばに「新世界遊楽場」を建設した。大鼓、蘇灘、講談、映画、新劇、本灘、漫才、雑技などの公演のほか、ショップ、喫茶店、ビリヤード場、アイススケート場などありとあらゆるものがあった。その後、新世界の北側に新たに遊楽場が増設され、南北二つのビルが静安寺路を挟んで屹立していた。当時、上海にはまだ地下道がなく、黄楚九は工部局[94]の特別な許可を得て、南北新世界の間に地下道を設けて、静

安寺路を縦貫させた。地下道開通の日には、大勢の人が除幕式に訪れた。入場者を誘致するために、新世界ではロシア人から空箱10万個を購入、そこに飴を詰めて景品とした。1角の入場券を購入すると飴が1箱ついてくるため、1日に1500枚以上の入場券が捌けていった。経仁山の死後、黄楚九はフランスの駐上海領事館から、フランス租界にも遊楽場を建設するよう依頼を受け、便宜と支援を保障されたため、フランス租界の愛多亜路（現在の延安東路）の西新橋塊に土地を借りうけ、1917年3月より起工して「大世界」遊楽場を建設、7月14日のパリ祭の日に合わせてオープンした。その「大世界」という名称は、「新世界」を超える遊楽場という意味があった。

「大世界」は敷地が14700平方メートル以上あった。最初はハーフティンバー様式の3階建てであったが、1924年には鉄筋コンクリート構造の4階建てに建て替えられた。「大世界」にはさまざまなアトラクションがあり、各地の芸能の中から優れたものを集め、1日の観客は2万人に達し、「中国第一の倶楽部」と名乗っていた。そのオープンをアナウンスする広告において、「当遊楽場はガーデン、ショップ、劇場、寄席、特別なビル、共和庁、美術展覧室、動物園、ビリヤード場、中華や洋食のレストラン、中東名寮にオシドリ池、金鯉池と大展望楼、四望台、「招鶴」、「題橋」、「登雲」の各東屋に螺旋閣などの名所があります。芸能では子供京劇、人気女優共演の京劇、「優美社」の女優新劇、日本の松旭斎天左による男女大魔術団、「大発公司」による最新映画、「天津班」の男女雑技、寧波時調文明書、女流講談、蘇州の著名評弾、灘簧に広東潮州の特別花火の公演があります。その他のアトラクションとして、メリーゴーランド、マジックミラー、ブランコ、フリーフォールなどもあります。文筆家の先生方が「文虎社」を結成し、毎晩提灯になぞなぞを出題します。なぞなぞを当てれば景品として入場券やパレードカーの乗車券をプレゼントしますので楽しみも増します。入場料は1人2.2角で、子供と付添人は半額です。深夜2時まで開演します」と宣伝している。本当の意味でさまざまな見所があり、目がくらむほどであった。

正月7日目は「人日の節句」、つまり人の誕生日と言われていた。民間では、この日を「人日」または「人勝節」と呼び、人形を飾り、七宝粥や麺を食し、高所に行って詩を詠んだ。大世界ではオープン翌年の「人日」（2月17日）、PR紙『大世界』に「人日遊大世界説」を掲載、遊楽場ならではのアトラクションを以下のように紹介している。

「登高」：大世界屋上のガーデンは広々しており、眺めのよい大観楼に上がれば古の人間になったようであります。

「跑氷」：大世界はブランコやスケート場があります。舶来もので、今が楽しむ時です。伝統的な球技の打毬より、さらに面白いです。

「跳舞」：大世界のカンフー・ダンスは、まさに神業、色鮮やかに光を発し、世にも不思議、唐代の『楽舞図』より100倍すごいです。

「魔術」：大世界の天左マジックは、旗や梅の花が五色に変化、観客は皆絶句します。

「拳技」：大世界の英姑娘は少林寺の拳法の技を修得、尚武の精神、これを見て興味が増すことでしょう。

「紫金蛇」：大世界の新しい紫金蛇は、これを見れば金持ちになること請け合いです。織り姫、彦星に守られ、その瑞祥を知ることができます。

　中国各地の有名な芸人は「大世界」の名声に惹かれ、次々とその舞台に上がった。大鼓の名人劉金宝（1869-1942）、白雲鵬（1874-1952）、山東大鼓の白姑娘、京韻大鼓の小艶芳、蘇灘女優の王美玉（1902-1964）、文明戯の花形顧無為（1892-1961）と汪優遊（1888-1937）、弾詞の夏荷生（1899-1946）と趙稼秋（1898-1977）、独脚戯の鼻祖王无能（1892-1933）、無錫灘簧の名人袁仁儀（1880-1938）などである。彼らは大世界の舞台でその才能を開花させ、人気者となった。大世界で有名となり、中国全土で名を馳せるようになった芸人もいる。

　大人気の大世界であったが、その一方で売春も盛んであった。娼婦たちにとり大世界は稼ぎ場であり、半額となる定期券を使って中に入り、場内の通路において「すき間なく網を張っていた」。娼婦は中国にモダンガールが登場すると多くが女学生の格好をし、「髪にパーマをかけ、鼈甲のメガネをつけて、冬はおしゃれなマントを着て」いたり、また女優、若い婦人、良家の子女のような身なりをするものもいた。客との交渉が成立すると彼女たちはそそくさと大世界を出て、入口付近で待機している人力車に乗り、ねぐらへと向かった。娼婦を目当てに大世界に足を運ぶ男性客は多かった。大世界が人気スポットであったため、その周辺には多くの賭博場や売春宿、アヘン窟があった。同時に、マフィアたちもここを地盤として、大手を振るっていた。そのため1920年代

105 新世界遊楽場

106 小世界遊楽場（南市）

107 オープン当初の大世界

108 大世界（1930年代）

から30年代にかけ、上海では大世界のことを「ゴミ捨て場」とも呼んでいた。

　大世界へ遊びに行く人の多くは中国人で、日本人は少なく、西洋人はほとんどいなかった。1923年、日本人作家村松梢風が大世界を訪れた際はまだ3階建て半木骨造の建物だった。「大世界の中には十一か所の演芸場がある。（中略）此処でなければ観ることの出来ぬ物が大部分を占めている」、「支那人のあくどい幻怪的趣味性が最も露骨に此処の構造にも現われている。廊下を曲り曲ったり、梯子段を昇ったり降りたり、地下道を潜ったり、屋上へ現われたり、場内の通路は網の目に紆余曲折して八幡の藪式の迷宮を現出している」、「茶館、料

理店、カフェー、玉突き、スケート、詩迷（煙草を買つて賭ける遊戯的賭博）各種の売店、それらの店がそれぞれ客を吸収している」。もちろん、中国人の間に混じっている日本人観光客として、村松梢風は「古往近来のさまざまな支那の姿を一目に看取することが出来るという点で是れ程便利な場所は何処を探してもない」という特別な喜びと満足を感じていた[95]。

　ある日、佐藤官次という日本人が大世界の舞台に上がり、生きた鶏や蛇を食べるパフォーマンスを披露した。上海の日本領事はこれに激怒、日本の国体を侮辱したという理由で数日間監禁した。1931年1月に出版された『良友』画報[96]では、「恐怖の印象」というコラムで彼を紹介している。

　南市の「小世界」は、南市商会が投資して開設された「勧業場」[97]で、最初はフランス租界の吉祥街にあった。1917年、新世界や大世界などの遊楽場が大繁盛しているのを目の当たりにし、アトラクションや芸能の公演を増やして、客を呼び込もうとした。1923年には福佑路に移り、総合的な遊楽場に改築され、「小世界」と名づけられた。豫園の城隍廟に隣接しているので、安い入場料に設定し、下層階級の労働者たちを主たる客とした。1923年、姚民哀（1893-1938）[98]を編集長にPR紙『世界小報』を創刊した。

　南京路に四大デパートが誕生すると、デパート業と同時に豪華なビルを活用して遊楽場の経営に乗り出した。1917年開業の先施公司はビル6階と屋上に遊楽場「先施楽園」をオープンさせた。当初、デパートで2元以上の買い物をすると入場券がもらえたが、1918年より入場券を別に販売するようになった。先施楽園では、京劇、影絵芝居、申曲（現在の滬劇）、双簧、中国マジック、西洋マジック、女子新劇、大鼓、蘇灘などの公演があった。1918年8月、先施楽園は文芸誌『礼拝天』の編集者である周瘦鵑（しゅうそうけん）（1895-1968）を招いて『楽園日報』という小型新聞を発行、公演情報の宣伝を行った。「天韻楼」は永安公司の遊楽場であり、当初公演は少なく、童子団の雑技などしかなかった。1921年に改築後、公演スペースを3から10に増やし、京劇、女子新劇、申曲、蘇

95）引用はいずれも「大世界・新世界──上海の民衆娯楽場」、『支那漫談』騒人社（東京）、1928年。
96）1926年の創刊から1945年停刊まで、中国を代表するグラフ雑誌。同誌には文学や映画、演劇、美術、芸術だけでなく、政治や産業、スポーツや旅行、食文化といった幅広い記事が、多くの写真とともに掲載された。
97）1つの建物に多くの店が入り、多様な商品を販売する所のこと。
98）語り物芸能の芸人で、通俗小説の作家。

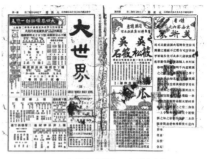

109　先施公司の屋上にある先施楽園　　　　110　大世界刊行の小型新聞

111　「大世界及時行楽図──ローラースケート」

灘、女子双簧、マジック、滑稽、影絵芝居などが公演を行った。永安天韻楼で
も王瀛洲を編集長に『天韻報』を発刊した。1926年開業の新新公司は、最上
階と屋上に遊楽場を設け、4つの劇場や演芸場などを設置し、申曲、越劇、雑
技、京劇などを上演した。新新公司では劉恨我が編集長の『遊戯場報』を発行
していた。

　デパートの遊楽場は大変な商売上手で、少しのスペースを利用して遊楽場内
に、経済的に少し余裕のある都市中産階級をターゲットにした露店や出店を出
した。このような店が先施楽園には30余りあった。中には、占いや賭博など
の金銭取引を専門に行うものもいて、繁盛していた。

19　豊田佐吉邸の謎

　1945年の日本敗戦以前、上海にある日系大手商社の多くは一等地のバンド一帯に事務所を構えていた。しかし、上海における日本社会の上流階級、たとえば日系大企業の支店長クラスの人たちは、上海在住の西洋の富豪と同様、共同租界やフランス租界にある芝生とテニスコートが備わったガーデン付きの邸宅に居を構えていた。たとえば三井洋行支店長の豪邸はフランス租界の中心部、すなわちペール・ロベルト路（*Route Pere Robert,* 現在の瑞金二路）とラファイエット路（*Route Lafayette,* 現在の復興中路）の曲がり角に位置し、約1万坪の土地に壮大な3階建ての本館を所有し、別館とその他の付属の建物も所有していた。その広大なガーデンには、池、温室、野球ができる芝生を備えていただけでなく、さらに5面のテニスコートまで設けられていた。フランス租界にある横浜正金銀行上海支店長のガーデン付き邸宅にも芝生やテニスコートがあった。三菱商事上海支店長の邸宅もそれらと同様に、「木々が生い茂り、芝生は広々とした」と記載されている。

　現在のトヨタグループの創始者であり、「織機の発明王」と称えられた豊田佐吉（1867-1930）も上海に邸宅を所有しており、その場所もフランス租界の中心部に位置していた。

　1867年（慶応3年）、豊田佐吉は静岡県敷知郡山口村（現在の湖西市）の大工の家に生まれ、1878年に吉津村川尻小学校を卒業した。1885年4月18日、明治政府は「専売特許条例」を制定した。当時まだ18歳だった佐吉は隣村の小学校の先生からこのことを聞きつけ、発明に身を捧げ、国に富をもたらし、人類に貢献するという情熱に駆り立てられた。その後数十年間に、佐吉は近代織機の発明に全力を尽くし、数々の目覚しい成果を上げ、その栄誉は世界的に称えられるに至った。

　1890年11月11日、豊田佐吉は豊田式木製人力織機を発明、翌1891年5月14日に1195号の特許証を手にした。これが佐吉の最初の発明である。1896年秋、豊田式木鉄混製力織機を発明、その後改良を積み重ねて1925年に無停止

杼換式自動織機を完成させ、世に送り出した。これはまさに画期的な発明品であった。日本の歴史において初の、人力を必要としない自動織機であっただけではなく、従来の織機とは次のような点で異なるものだった。すなわち、1人の台持ち工が3台から4台の織機を同時に管理することができ、生産能力をきわめて大きく高めることになったのである。また豊田の織機には「緯糸切断自動停止装置」が備えられているため、緯糸が切れた場合でも、織機はすぐに自動で停止する。これは「不良品が検出され次第、機械をすぐに停止させ、完璧な品質を保持する」という豊田佐吉の考え方を反映したものであり、豊田の製品が高品質を維持していく上での基盤ともなっていたのである。

1906年12月、「発明と経営とは相反するものではない」という三井物産大阪支店長の藤野亀之助の説得を聞き入れ、豊田佐吉は資本金100万円を出資し、豊田式織機株式会社を創業した。1910年5月、佐吉は自らアメリカやヨーロッパ諸国へ赴き、紡織関連事業、とりわけ織機の製造や、技術者の養成、そして指導などの状況を視察した。1911年1月帰国後、1912年10月に豊田自動織布工場を設立、1914年より正式に生産を開始した。1918年1月29日、佐吉はさらに資本金500万円を出資し、豊田紡織株式会社に改組した。当時保有していた織機は1000台、また男女合わせて約1000人の職工を擁していた。製品はすべて自社製の豊田織機でできた布で作られていた。商標に「鳰」、「菊美人」などがあり、主な輸出先はインドやジャワ島などであった。

第一次世界大戦中、日本の紡織業は中国進出への速度を上げるようになり、豊田佐吉もその進出の機会をうかがっていた。1918年10月、佐吉は単身中国へと渡り、上海を中心として各地の紡織業を視察して回った。1年後、佐吉は西川秋次（1881-1963）[99]を同行させ再び上海へ訪れ、工場の設立に本格的に着手することとなった。上海で紡績業を展開するにあたって、佐吉が抱いていた考えは、次のようなものだった。「中国は5億人の巨大な市場を有しており、社会生活を営む上で必要とされる綿布の需要量がはなはだ莫大なものとなることは必定である」。さらにまた佐吉は、みずからが発明した織機を中国に移入すれば、すでに中国に進出していた日本の紡績業に貢献することとなり、同時に中国の国民生活を豊かにする意義も有していると考えていた。

当時、上海にはすでに内外綿など多数の日本紡織工場（在華紡）が進出しており、土地の購買は困難な事案であった。西川秋次のサポートのもと、佐吉は

99）豊田佐吉の片腕として豊田紡績廠の設立および経営に活躍。

112　豊田佐吉　　　　　　　　113　豊田邸（ジョッフル路）

114　豊田邸正門　　　　　　　115　豊田邸庭園、豊田佐吉（前左5）、
　　　　　　　　　　　　　　　　　　西川秋次（後左3）

116　豊田邸西隣の盛宣懐旧居

自ら土地の調査を行い、多方面と交渉、1年間の努力の末、蘇州河河畔にあったジェスフィールド路（*Jessfield Road,* 現在の万航渡路）200号に約2万坪の土地を購入した。1921年11月29日、上海豊田紡織工場が正式に設立された。資本金は1000万両規銀[100]で、当時では最先端の精紡機と織機が配備された。佐吉は自ら取締役社長に就任、具体的な経営は西川秋次が担当した。上海豊田紡織工場は設立当初、紡績機はわずか2万錘にすぎなかったが、3年後には6万錘に達した。その数は上海における14社の在華紡のうち、6番目であった。

　1919年に上海に工場を設立するという計画を立てた当初から、豊田佐吉はほとんどの時間を上海で過ごすこととなり、紡織業を経営する傍ら、継続して発明にも勤しみ、織機の開発や改良をも重ねた。1926年11月、佐吉は株式会社豊田自動織機製作所を設立し、織機の製造と販売にもっぱら従事することとなり、後のトヨタグループ発祥の地となった。豊田の自動織機に対する評価は高く、国内外で名声を博したが、それは「世界の紡織の工場」と称されたイギリスでもセンセーションを巻き起こすほどであった。当時、紡績機器メーカーとして世界に名を馳せたイギリスのプラット社は特許権を譲って欲しいと佐吉に要請した。1929年12月21日、佐吉は10万ポンド[101]の値段で特許権譲渡契約を締結した（いわゆる「豊田・プラット協定」）。

　1919年5月、建築家の平野勇造（1864-1951）[102]の斡旋で、佐吉は白銀6万5000両[103]をはたいてフランス租界のジョッフル路（*Avenue Joffre,* 現在の淮海中路）にあった、ドイツ人が建てた邸宅を私邸として購入、上海へ永住する決心を固めた。この西洋式の豪邸は広々としたガーデンを有し、広さは5000坪に及び、テニスコートまで設けられていた。最初の住所はジョッフル路501号だったが、1925年に959号に変更となった。

　1927年4月、佐吉は病のため帰国し、1930年10月に逝去、享年64である。のちに、豊田邸は婿養子の豊田利三郎（1884-1952）の住居となった。1933年、利三郎はジェスフィールド路200号の豊田紡織工場本社に居を移し、ほどなくして名古屋へと戻った。1937年、豊田自動車工業が設立されると利三郎は社長に就任した。

100）近代上海の記帳用通貨単位。
101）約100万円に相当。
102）建築家、上海日本領事館、三井洋行上海支店の設計者。上海で活躍した13名の著名な
　　外国人建築家の1人。
103）約17万円。

　では、豊田邸の正確な場所はどこだったのか。また、最終的にはだれの所有に帰したのか。長きにわたってこれらの問題はあきらかにされることはなく、歴史上の謎と化していた。

　豊田邸は、ジョッフル路とマギー路（Route A. Magy, 現在の烏魯木斉路）の交差点、すなわち現在のアメリカ領事館あたりに位置していたという見方がある。1930年代に日本で出版された上海の地図、たとえば1932年3月に朝日新聞社が出版した『上海地図』などをみると、いずれも豊田邸の場所はそこになっている。

　また、現在の淮海中路日本領事館官邸（盛宣懐旧邸）が豊田邸であるという見方もあった。第二次世界大戦前に上海を訪れたことがある豊田の数多くの古参社員も、そのように記憶していた。

　さらに、豊田邸はすでに消失してしまい、もともと豊田邸があった場所は、現在ではアメリカ領事館と日本領事館官邸の間にある「上海新村」[104]となったのではないかという見方もあった。こうした見方をする代表的な人物が、在上海日本国総領事の片山和之[105]であったが、筆者もまたその見方に同意するものである。

　1920年代の上海の地図を確認すると、現在の淮海中路と烏魯木斉路の西側には、それぞれ別々の敷地に分かれて3棟の邸宅があった。しかしながら、1940年以降、3棟の内、東側と西側の建物は依然として存在するものの、真ん中の建物は上海新村になっている。上海の旧日本海軍の陸戦隊によって制作された『上海市街の地図』では、豊田佐吉邸は現在の上海新村の位置にあったと記されている。航空撮影に基づいて作成されたこの軍用地図は、一般の日本の地図の標識と異なり、より正確であった。さらに注目すべきは、上海歴史博物館所蔵の写真資料に、現在の在上海日本領事館官邸（盛宣懐旧邸）を正面から撮影した写真があり、その左隣に豊田佐吉邸を確認することができる。以上のことから、2棟の邸宅の間にある上海新村こそが豊田佐吉邸のもともとの所在地だったことがわかる。

　トヨタグループの事業は、紡織から始まり、後に自動車を手がけることとなった。自動車の初期開発資金の主な資金源は、上海豊田紡織株式会社によって提供されたものである。ゆえに、当時使用されずに捨て置かれていた豊田邸を

104）新村とは新しい住宅地、団地を指す。

105）在任期間は2015年-2019年。

高値で売却し、自動車事業が緊急に必要とした資金の主な部分に当てたのではないかと考えられる。ちなみに上海新村の開発を担当したのは日系の不動産会社であった。

上海新村は1939年に竣工した。上海の新式の「里弄」[106]と呼ばれた住宅であり、合わせて56棟の建物を有し、それぞれの建物がひとしなみに小さなバルコニーと庭を備えていた。これは当時上海の中産階級が家を購入する際に選択肢の筆頭に挙げた典型的な「新里」と呼ばれた住宅であった。1棟の邸宅を56棟の西洋式の建物に取って替えることは、不動産価格が高騰するフランス租界の中心地であったジョッフル路にあって、非常に採算のとれる不動産開発プロジェクトであった。当時においても、豊田佐吉の邸宅は、きっとかなりいい価格で売り出されたのだろう。

上海豊田紡織株式会社の事実上の経営を担っていた西川秋次の邸宅は愚園路1249弄にあった。そこは豊田紡織工場の上層幹部の住宅地で、当時29戸の住宅を有していた。近くにはブレナン路（Brenan Road, 現在の長寧路）34号[107]があり、そこは豊田紡織工場の職員およびその家族たちの住宅がある区域であった。かつては「豊田（TOYOTA）」と「西川（NISHIKAWA）」とを混同して、豊田佐吉の邸宅は愚園路にあったと指摘する笑い話のようなこともあった。

106）里弄とは上海における近代集合住宅。
107）現在の安西路23号、長寧路交差点あたり。

20　福民病院

　1934 年に建て直された福民病院は 7 階建てで、かつて四川北路において最
も高い建物だった。

　福民病院の創設者である日本人医師頓宮寬（1884-1974）は、香川県小豆郡
小部村（現在の土庄町）で代々医師の家系に生まれた。祖父の頓宮貞斉、父
親の頓宮正平も医師である。親たちの影響を受け、頓宮寬は幼少時より医者を
志した。1909 年、東京帝国大学医学部を卒業、1910 年に医師免許証（26214 号）
を取得し、東京三井慈善病院外科医局で勤務するようになった。1912 年 3 月、
東京で著書『仙骨及び腰髄の麻酔法』を出版し、7 月に東京日本医学専門学校
（現在の日本医科大学）の教授に就任した。1918 年春、中国に招かれ湖北省の大
冶にて、中国初の鉄鋼業の連合企業「漢冶萍煤鉄公司」[108]の病院長をつとめ
た。1918 年 10 月には、東京帝国大学医学部医学博士号を取得している。

　大冶に移り 1 年半後、頓宮寬と上海との長い関係が始まる。きっかけは
1919 年 9 月、大学の先輩で上海の虹口にある佐々木病院の院長佐々木金次郎
が東京で亡くなり、頓宮寬に上海で院長職を引き継いでもらいたいという遺言
を残したことにあった。佐々木金次郎（1869-1919）は秋田県由利郡生まれ、東
京帝国大学医学部を卒業した。1901 年、上海の常盤ホテルにて医師として開
業し、後に武昌路仁徳里で佐々木病院を、さらに文監師路（現在の塘沽路）と
南潯路の角地に佐々木第二医院を、それぞれ開設した（第二病院は 1904 年に閉
鎖）。1905 年 9 月、北蘇州路 37 号に移転、佐々木金次郎自ら内科、外科、眼
科の主任、および産婦人科の責任者となった。最終的に佐々木病院は四川北路
寄りの靶子路（現在の武進路）27 号に移った。

　1920 年 1 月、頓官寬は遺言に従い上海に赴任、佐々木病院の院長に就任した。
1921 年 4 月には病院を四川北路 142 号（現在の四川北路 1878 号）に移転、「福
民病院」と改名した。「福民病院」の名称は佐々木金次郎の友人で、上海商業

---

108) 1908 年設立。大冶で鉄、萍郷で石炭を採掘し、漢陽で製鉄を行う。日清戦争後、日本
　　はその鉄鉱を買い占め、資本投下を行った。

117 初期の福民病院

118 福民病院（1934 年）

119 診察中の頓宮寛

120 頓宮寛の著書

界の名士王一亭（1867-1938）による命名である。1923 年 8 月、頓宮寛の父親頓宮正平が南市にある王一亭の私邸「梓園」を訪れた際、王一亭は頓宮正平のために肖像画を描いている。

　1922 年、上海南洋医学専門学校校長顧南群（1892-1964）の招聘に応じ、頓宮寛は同校名誉校長兼外科主任教授に就任、さらに雑誌『南洋医学』編集長も務めた。顧南群は日本の愛知県立医学専門学校を卒業、1916 年に医学救国の理念に基づき、上海の山海関路に南洋病院を開設、2 年後には南市黄家路に移

転した。山海関路にある南洋病院の跡地には、南洋医学専門学校を設立した。同校教員には日本留学経験者が多く、教務長の李定は千葉医学専門学校、理学部教授の夏建安は大阪医科大学、呉宗慶教授は愛知医学専門学校、外科教授孫孝寛は京都市医科大学をそれぞれ卒業している。頓宮寛の名誉校長就任から2年後、南洋医学専門学校は南洋医科大学に昇格した。同校を卒業した陳人傑は、頓宮寛の紹介で岡山医科大学に留学、帰国後福民病院に内科医として勤務している。

　福民病院は当初3階建てで、ハーフティンバー様式の建物であったが、王一亭が保証人となって事務所跡地を利用し、40万元をかけ、3年余りを費やして建て替えられた。1934年12月、地下1階、地上7階の鉄筋コンクリート構造の新型病院が竣工した。ビル内にはエレベーターが設置され、病室は風通し、採光、防音などの条件を十分に考慮し、地下室には発電機と貯水池も整備された。病院は外科、内科、漢方医科、泌尿器科、小児科、婦人科、口腔科、眼科、耳鼻咽喉科、放射科などが設置され、各科に腕のいい専門医を配置した。1934年に新しいビルが完成した際の医療スタッフは以下の表の通りである。

院長兼外科、整形外科部長	頓宮寛（博士）
副院長兼内科部長	松井勝冬（博士）
副院長兼小児科部長	小原直躬（博士）
副院長兼産婦人科部長	高山章三（博士）
泌尿器科部長	庄野英夫（医学士）
眼科部長	川井観二（医学士）
耳鼻咽喉科部長	関匡和（博士）
歯科部長	小林元隆（博士）
放射室室長	高橋淳三（技師）
薬局局長	山本顕（薬剤師）
総看護師長	木村辰
事務長	吉屋助次郎

　リニューアルした福民病院では英語版の詳細な広告を制作、「福民病院は上海における唯一の日系大病院です。7階建ての病院には、日米独最新鋭の医療設備が備えられ、極東で最も優れた医療施設の1つです。頓官寛医師は日本人ですが、福民病院は間違いなく国際的な医療施設です。医師は日本人と中国人ですが、看護師には中国人と日本人以外に、ヨーロッパ人もおります。頓官寛医師は福民病院が上海で病気と闘う上で重要な役割を果たすだけでなく、世界で最も国際的な大都市上海に暮らす人々の友誼が強められることを望んでいま

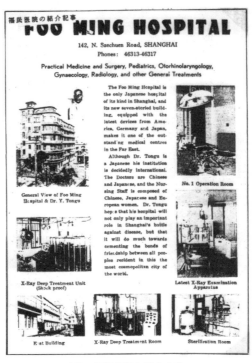

121　福民病院の英文広告

　す」と記している。広告にはさらに7枚の写真付きで、時計回りに、一号手術室、最新のレントゲン検査装置、殺菌室、レントゲン治療室、東ビル、レントゲン治療装置（耐震）、福民病院の全貌と頓宮寛、となっている。

　頓官寛は医師として、患者1人1人はみな病院のお客さんである、人種や階級を問わず、できるだけみなに親切に対応しなければならない。患者の前では他人の悪口を言わず、不満をこぼさず、怒らない。中国人の患者を治療する際は自分を中国人だと考え、できるだけ通訳に頼らない、という理念を持っていた。

　これまでの上海における日系病院は、日本人に対してのみ医療サービスを提供したが、福民病院はそれを打ち破り、中国人を主たる患者として、上海在住の欧米人や日本人がメインではなかった。そこで頓官寛は英独露等の医師を病院に招き入れたため、院内で複数の言語が飛び交うようになった。頓官寛と福民病院は、上海において日本人以上に外国人の間で有名であった。

　福民病院の看護師には中国人が多かったが、守衛や雑役にはインド人を雇った。病院が最も繁忙だった時期には医師と職員を合わせて 200 人を超え、上海でも有数の総合病院となった。日本人が経営する私立病院として、その規模は当時の日本国内の病院と比べても大きいものであった。

　魯迅（1881-1936）が上海で治療を受けた主な病院の 1 つが福民病院だった。魯迅の息子 周 海嬰（1929-2011）も 福民病院で誕生している。1929 年 9 月 26 日午後、許広平（1898-1968）[109]は入院、翌 27 日朝 8 時に産婦人科医の高山章三博士が産科鉗子を用い分娩した。魯迅は母子の平安を祈り、一鉢の「文竹」[110]を持参して見舞いに訪れている。当日昼ごろ、魯迅は謝敦南[111]に宛てた手紙の中で、「広平は 9 月 26 日午後 3 時に陣痛がはじまり、直ちに福民病院に入院。翌朝 8 時に男の子が生まれた。おそらく年齢の関係で、陣痛が強くならないため、出産に時間がかかったが、幸い医者の腕がよく、母子ともに健康だった」と記している。10 月 1 日、魯迅と許広平は子供に「海嬰」と命名することを合意した。10 月 10 日、許広平母子は無事退院したが、許広平が出産のため入院した 15 日間、魯迅はほぼ毎日福民病院へ見舞いに行っている。許広平退院後も、魯迅は周海嬰を連れて健康診断や、予防接種のためにたびたび福民病院に通った。

　また、魯迅はたびたび親戚や友人を福民病院に紹介している。1933 年 7 月、南京鉱路学堂と日本弘文館時代の同窓である張協和の次男に入院と手術が必要となると、魯迅は内山完造を介して福民病院へ入院させている。10 月 23 日夜、張協和の次男の完治に感謝するため、魯迅はわざわざ上海にある杭州料理のレストラン「知味観」で院長頓宮寛、外科医吉田篤二、放射線科医師高橋淳三および会計担当の古屋など病院関係者を招待した。そこには、許広平の出産を担当した高山章三博士や内山完造なども同席している。

　1945 年 9 月 23 日、福民病院は国民政府に接収され[112]、「上海市立第四病院」と改名された。頓宮寛と一部の医師、看護師は帰国するまでの間、上海日僑管理処の要求により医療活動を続けた。1946 年 4 月 8 日、頓宮寛は 2 つのスーツケースを持って上海から帰国した。同年 4 月 17 日、頓宮寛は故郷小豆島に

109）魯迅夫人。
110）観賞用アスパラガス。
111）謝敦南は、魯迅夫人許広平の親友である常瑞麟の夫。
112）第二次世界大戦終結後、法律によって日本の機構や、物資などが当時の中国政府に渡されたことを指す。

122　梓園を訪問した頓宮の父（1923年8月）
　　と王一亭（右1）

123　福民病院の職員一同

124　頓宮寛旧居（小豆島）

戻り、9月に安田診療所を設立、福民病院時代の関係者が集まってきた。さらに、翌 1947 年 9 月には内海病院を開設している。1961 年には「香川上海会」の会長に就任、1974 年 12 月 7 日に死去した。

　2016 年 5 月、筆者は頓宮寛の故郷である小豆島の土庄町を訪ねた。旧居と診療所の建物は残っていたが、人のいる気配はなく、建物や庭は荒れ果てていた。書棚の中の古書だけが静かに過ぎ去った歴史を物語っていた。

21 峨眉路 108 号

　バンド北側の目立たない街角に 1910 年代に建てられた英国式赤レンガ建築があった。峨眉路 108 号である。そこにはかつて 2 つの日本の病院が存在していた。しかも日本と中国を代表する 2 人の文豪、芥川龍之介と魯迅がそこで診察を受けていたのである。

　1920 年代、日本人は上海で大小様々な病院を開設、婦人科、小児科、歯科を含む各種の病院は 48 に達し、その多くが虹口（ホンキュウ）地区に集中していた。中でも長崎ゆかりの里見病院は比較的早く開設された病院である。創設者里見義彦は 1875 年 2 月生まれ、鳥取県の出身だがのちに長崎に転籍した。1902 年に長崎医学専門学校を卒業し、同年 12 月に医師免許を取得した（16403 号）。1907 年 1 月に上海にきて、文監師路（現在の塘沽路）8 号に診療所を開設、里見病院とも呼ばれていた。病院はのちに武昌路、四馬路（スマロ）（現在の福州路）など幾度か移転している。最終的に密勒路（現在の峨眉）8 号の A、つまり現在の 108 号に落ち着いた。この東向きの英国式建物が竣工して間もないころ、建物の左半分の上下 4 階を借りて里見病院が開かれた。当時の建物の南側にはいずれも窓があり、高いところからはバンドの景色がよく見えた。

　1921 年 3 月 30 日、芥川龍之介は『大阪毎日新聞』の特派員として上海に渡った。芥川は当時、新現実派を代表する作家として文壇に注目され、脚光を浴びていた。芥川は中国の伝統文化を熟知して好んでおり、中国古代の物語をモチーフにしてよく作品に織り込ませた。『大阪毎日新聞』が芥川を中国に派遣したのは、その眼差しを通して中華民国成立以降の中国の政治や、文化、思想などを日本の読者に紹介するためであった。

　新聞社が芥川のために予約したホテルは北蘇州河路と河南北路の交差点に位置する「東和洋行」であった。金玉均（1851-1894）[113] 暗殺事件が起きた場所である。しかも予約した部屋は暗く、一風変っていたので、芥川は「金玉均の幽霊でもなければ、安住出来る様な明き間じゃない」と嘆いた。そこで宿泊先

113) 李氏朝鮮後期の政治家で朝鮮独立党の指導者。1894 年 3 月 28 日に上海で暗殺された。

をあらため、西華徳路（現在の長治路）と閔行路の交差点にある「万歳館」に移動している。この「万歳館」は 1903 年に建てられた、日本人が経営する有名なホテルであった。

　予想外のことに、芥川は上海に着いた翌日に病気を患い、3 日目には里見病院への入院を余儀なくされた。病名は乾性肋膜炎であった。病室は 2 階の細い廊下に面したベランダ付きの部屋だった。微熱がなかなか下がらなかったため、芥川は昼間にずっと横になっていたら突然、死が訪れるのではないかと心配し、医者に内緒でできるだけ本を読み、手当たり次第に読書しつづけた。夜は睡眠薬を服用したが、夜明け前に目が覚めてしまうこともしばしばだった。その際、芥川は明代の文人王次回（1593-1642）の『疑雨集』の中の、「薬餌無征怪夢頻（薬を飲んでも効き目がなく、頻りに怪しい夢をみ）」の詩句を幾度も吟詠したという。この詩は王次回が妻の重病に際して吟じたものだが、芥川にしてみればまさにその時の自分を吟じたものとしてぴったりだと思ったのだろう。

　高名な芥川ゆえ、全く知らない人も含めて、病院にはひっきりなしに見舞い客が訪れた。毎日、花や果物などたくさんの見舞品があった。ある時などは缶詰やクッキーなどが枕元に列をなし、処置に困るほどだった。里見院長は、芥川が静かに療養できるよう、自ら見舞い客の訪問を断らなければならなかった。

　江南を見物するため早く健康を回復できるよう、芥川は 1 日おきに栄養剤を注射してくれるように里見院長に依頼した。3 週間あまりの入院を経て、芥川は 4 月 24 日に元気になって退院した。その日、芥川は宿泊先に戻り、「適時の治療をしてもらい、幸いだった」と叔父の芥川道章に手紙を書き、入院の状況を報告した。

　里見院長は先鋭な俳人で、上海で活躍する日本の文人、たとえば島津四十起（金風社社長）、大島花など「海紅会」の俳人を芥川に紹介した。これに対し、芥川は村田孜郎（大阪毎日新聞上海支局長）らを里見院長に紹介している。芥川が入院中、里見病院の病室はこれら俳人のたまり場となっていた。芥川は里見院長の句、「炭をつぎつつ胎動のあるを語る」を記憶していた。

　1932 年の第一次上海事変後、里見病院は狄思威路（現在の溧陽路）744 号へ移転した。そして 1943 年 11 月 5 日、里見義彦は上海にて逝去、享年 69 である。里見病院の院長職は息子の里見正義に引き継がれた。里見正義は 1912 年に上海に生まれ、1925 年上海東部日本人小学校を卒業、その後は日本に戻って進学し、医学博士号を取得している。

125　峨眉路 108 番地

126　訪中時の芥川龍之介（左）

127　芥川龍之介「上海遊記」『大阪毎日新聞』

128　里見義彦（中）

　魯迅の最後の主治医であった須藤五百三<ruby>すどうい<rt></rt></ruby><ruby>おぞう<rt></rt></ruby>（1876-1959）が開設した須藤病院も、峨眉路 108 号で開業されている。

　須藤五百三は 1876 年 6 月 18 日、岡山県下原村（現在は高梁市）に生まれた。1897 年、第三高等学校医学部（今の岡山大学医学部）を卒業、同期は 52 名であった。1898 年に医師免許を取得後、陸軍三等軍医となり、従軍医として中国大陸や台湾へ赴いた経験があった。その後、善通寺予備病院や姫路警備部隊病院などで勤務し、また軍医として朝鮮総督府黄海道（海州）慈恵病院院長を勤

129　須藤五百三肖像画（1958年）　　　　　　　130　須藤五百三

めた。1918年除隊後、上海で須藤病院を開業した。開業当初の須藤病院は内科と小児科しかなかったが、他にも外科と婦人科も扱い、ほぼすべての疾病に対応した。『魯迅全集』（人民出版社1981年版）の注釈の中で、須藤五百三が「1933年に上海で須藤病院を設立した」と書かれているが、これは正確ではない。少なくとも1926年に出版された『上海年鑑』（上海日報出版部）の「上海邦人営業別」には「須藤病院」という名前が確認できる。1936年の『支那在留邦人人名録』に表示された住所は密勒路108号であった。

　1929年9月、魯迅の息子周海嬰は福民病院で生まれた。周海嬰は幼い時から病弱で、魯迅は当初家から最も近い福民病院と石井病院を選んで診察を受けさせていた。治療費が高すぎたせいか、1932年から魯迅は内山完造の紹介で、家から離れた文監師路（現在の塘沽路）の篠崎病院へわざわざ通い、小児科医の坪井芳治に診察してもらっていた。この間、前後1年余りである。坪井芳治は医者の家系で、京都帝国大学医学部を卒業したのちに、1926年秋に上海で医師をしていた。1932年12月31日、魯迅は詩の掛け軸を坪井先生に贈っている。

　　　皓歯呉娃唱柳枝（白い歯をした蘇州出身の娘が端唄を歌う）、
　　　酒闌人静暮春時（何時終わるとも知れぬ酒席は静まりかえり晩春の頃のよう）。
　　　無端旧夢駆残酔（その場と関係のない往事を思い出して酔いは醒め）、
　　　独対灯陰憶子規（独り電灯の陰影を前にホトトギスの鳴き声を思う）。

　密勒路（現在の峨眉路）にある須藤病院は篠崎病院からさほど遠くなく、須藤五百三と内山完造は岡山の同郷で出身地も近かった。1932 年、内山完造を介して須藤五百三は魯迅と知り合いになった。10 月、魯迅は須藤に手紙を送り、これをきっかけに 2 人の交流がはじまった。1933 年 4 月 23 日、魯迅は知味館で宴席を開き、内山完造、須藤五百三など 20 名ほどの上海在住の日本人の友人が出席した。6 月 2 日には魯迅の依頼で、須藤は魯迅の知り合いを診察している。7 月 1 日より須藤は周海嬰の診察を開始、その後魯迅と頻繁に交流するようになった。3 年間にわたり、須藤は 150 回以上診察している。この間、須藤は魯迅宅への訪問の回数も多くなり、診療後、魯迅が須藤に同道して病院に薬を取りに行くこともあった。魯迅夫妻が周海嬰を抱いて須藤病院へ行くこともたびたびあった。1934 年 4 月 17 日、魯迅自身も須藤病院で胃の診察を受けている。以降、須藤は魯迅にとりほぼ唯一の主治医となり、魯迅が亡くなるまで須藤の診察を受け続けた。

　魯迅は須藤五百三に大きな信頼を寄せていた。友人への手紙の中で須藤に関し、「彼は 60 歳を超えたベテランで、経験豊富、私ともたいへん親しく、決して法外の値段を請求しない」と言及している。医者と患者としての関係を超えて、プライベートでも親しかった。1935 年 6 月 20 日、魯迅は日本で出版された『魯迅選集』（岩波書店）を 2 冊だけ受け取ったが、その内の 1 冊を須藤に贈呈している。ライチなどを贈ったこともあった。魯迅が周海嬰を連れて須藤病院に治療に行った際には、須藤もチョコレートなどをプレゼントしている。それにも関わらず、魯迅と須藤との付き合いは、いわゆる「実の兄弟でも勘定はきちんとせねばならぬ」を基本としていた。たとえば 1935 年 1 月 10 日の午前、魯迅は夫人と周海嬰を連れて須藤病院に診察に行った際、『飲膳正要』を必要としていた須藤にその本を渡したが、須藤は書籍代として 1 元を支払っている。同年夏、魯迅は須藤に『山菜博録』を進呈したが、須藤は本を受け取るなり、代金として 2 元 7 角を届けた。魯迅も遠慮せずに、それを受け取っている。

　1936 年 3 月 2 日、魯迅は現在の溧陽路にあった蔵書室へ本を探しに行った際、寒気に襲われて喘息を患った。医師の加療により、3 月中旬には小康状態となったが、5 月 16 日から発熱と喘息が続き、以降病気が徐々に重くなった。魯迅は須藤について、「肺病の専門家ではないが、年の功により経験が豊富で、医学を学んだ時期からいえば私の先輩であり、互いに分かりあっているのでよ

く話ができる」と語った。実は、魯迅は上海で唯一の肺病の専門医といわれていたアメリカ人医師トーマス・B・ダン（*Thomas Balfour Dunn*, 1886-1948）の診察を受けた際、病気に最も抵抗力のある典型的な中国人で、ヨーロッパ人なら 5 年前にすでに死んでいた、といわれていた。6 月 25 日、魯迅が文案を考え、許広平がそれを代筆して送った友人への書信の中で、「10 日ほど前に肺のレントゲンを撮っている。彼は青年時代から今までに少なくとも 2 度重い肺病を患っている。最初は肋膜炎で、両肺とも症状があり、普通の人間であればとっくに死んでしまっていたはずだが、彼はなんとまだ生きている。医者も大変驚き、おそらく病気への対処法が上手だったか、体のほかの部分が非常に丈夫だったからで、これはとても珍しいことだと語っている」と記した。1939 年、蕭紅（1911-1942）[114] も「魯迅先生の思い出」という文章で、魯迅は福民病院で詳細な検査を行ったが、レントゲンをみると、「右肺の上端は黒くなって、真ん中の一部も黒くなっていた。左肺の下半分はあまり良くなく、広い範囲で黒くなっている」、「福民病院のアメリカ人医師の診断では、魯迅先生の肺病は発症してすでに 20 年となっており、今回はひどくなる恐れがある」と言及している。アメリカ人医師は薬を処方せず、「薬はもう効かない」ことを強調した。

　魯迅は数か月の闘病を経て、1936 年 10 月 19 日に世を去った。病状が重かった時期、須藤はほぼ毎日魯迅に治療を行った。その際、2 人は胸襟を開いて自由に話し合った。魯迅が逝去した後、須藤は日本語紙『上海日報』（1936 年 10 月 20 日）、さらに中国語誌『作家』にて、「医学者がみた魯迅先生」と題する文章を発表、「魯迅先生の病状の経過」も付記した。その文章は 1 年後に出版された『魯迅先生記念集』にも転載されている。

　1946 年、須藤五百三は岡山に戻り、生家の成羽町で医業を再開した。地元の人たちは、須藤の「医は仁術なり」の理念と実践を顕彰するため、「須藤老医表彰会」を設立した。1959 年 1 月 6 日、須藤五百三が亡くなった。享年 83、地元の龍泉寺に葬られた。

---

114) 作家。代表作に『手』、『呼蘭河伝』など。

22　四川北路の都市生活

　四川北路[115]は南京路、淮海中路に次ぐ上海の繁華街である。繁栄した南京路、豪奢な淮海路と比べると、四川北路には市民の生活感が満ちており、まさに「楼不在高、有人則霊」（ビルは高さに意味があるのではなく、人がいるかどうかが重要なのである）。四川北路には1930年代、「神秘の街」や「生きた喜びの街」といった別称もあった。『良友』画報[116]の編集長梁得所（1905-1938）は当時の四川北路を、「都市生活だけを考えると、四川北路は上海随一の街である。周辺には映画館が10軒を下らず、ダンスホールも10軒以上あり、飲食店、特に広東料理に関しては大小様々な規模の店が数え切れないほどある」と評している。

　四川北路の旧称は「北四川路」で、南は四川路橋北端の北蘇州路から、横浜橋を経て、北は山陰路まで、西は旧淞滬鉄道の東側と東江湾路につながり、「S」字状になっている。開港以前、一帯は上海と宝山の県境にある名もない小川と田圃であった。租界が虹口（ホンキュウ）に開設され、蘇州河に橋が架かり、鉄道が敷設されるに伴い、住民が増え、ストリートが形成されたが、1892年時点では川虹河の南側に限られていた。1896年、共同租界は虹口で土地を購入し、「租界義勇隊」の射撃場を設立した。その後1905年に虹口公園の建設が始まり、それに伴って四川北路は現在の魯迅公園にまで延長された。蘇州河南岸の四川路とつながっているため、北四川路と呼ばれていた。四川北路と改名されたのは1946年である。

　1908年、工部局[117]は虹口公園から静安寺のカーター路（*Carter Road*, 現在の石門二路の、新聞路と南京西路に交差する部分）までの路面電車を開通した。

115）北四川路は1946年「四川北路」に改称され現在に至っており、本書でも住所名を除き「四川北路」で統一する。

116）1926年の創刊から1945年停刊まで、中国を代表するグラフ雑誌。同誌には文学や映画、演劇、美術、芸術だけでなく、政治や産業、スポーツや旅行、食文化といった幅広い記事が、多くの写真とともに掲載された。

117）工部局は1854年の太平天国の乱を機に英米仏3国が組織した租界の最高行政管理機構。

1922 年、蘇州河を跨ぐ四川路の狭い木橋は、幅 18.2 メートルの鉄筋コンクリートの橋に改造され、虹口に通じる主要通路が開通した。それによって四川北路に新たな発展のきっかけがもたらされた。1920 年代から 1930 年代にかけ、ランジ路（*Range Road*, 現在の武進路）南一帯に、ランドマークとなる高層ビルが相次いで建てられた。たとえば、古典的建築スタイルの上海郵政総局ビル、高級ホテルの新亜大酒店、L 字型の大橋ビル、高級住宅の徳隣マンション、高層で薄型の中国銀行虹口ビル、四行ビル[118]、などである。これらの建築物は四川北路の欧風情緒を一層豊かにした。各商業施設が完備されるにつれ、上海の第三の繁華街が徐々に形成されていったのである。

当時四川北路には日本人居留民と広東人が集中して住んでいた。横浜橋の北には千愛里を中心に日本人居留民が多くの社宅を建設、学校、病院、書店、劇場、神社などの生活や文化の機能を備えた施設が整備されていた。広東人は果物屋、洋服屋、食品店、飲食店を開き生活を営んでいた。当時の街の様子は、「四川北路一帯の住宅は、10 戸の内 6、7 戸は広東人であるため、アヒルやガチョウの丸焼きが随所に吊され、広州らしさを失っていな」かった。「粤菜」（広東料理）は「海派（上海風）広東料理」とも呼ばれ、味はあっさりして、閩菜（福建料理）に近かった。

四川北路の広東、福建料理屋は上海でもよく知られていた。「会元楼」、「粤商酒楼」、「翠楽居」、「中有天」などがその代表である。漢口路にあった「小有天」は当初繁盛していたが、1922 年に「中有天」が四川北路と宝興路との交差するあたりに開店すると、「小有天」から多くの常連客が奪われ、虹口にある中華料理の新しい人気店となった。1923 年、厳独鶴（1889-1968）[119] も「上海飲食店の比較」という文章の中で、「（中有天は）去年新しく開店した店なので福建料理店の中では後発で、場所はかなり狭いが甚だ繁盛している。小有天の商売にはかなりの翳りが出ている。その原因は上海在住の日本人の多くが福建料理を好むからで、これまで小有天の席には下駄を履いた客がない日がなかった。ところが中有天が開店すると、日本人はわざわざ遠出して小有天まで行く必要がなくなり、小有天の日本人常連客はいつの間にか中有天に奪われてしまった」と記している。魯迅も「中有天」の常連だった。その日記には中有天

118）大陸、中南、金城、塩業の 4 銀行等の共同のビル。
119）浙江省出身。1914 年、『申報』と並ぶ上海のクオリティー・ペーパー『新聞報』の記者として多くの文章を発表。

131　四川北路入口にある郵電大楼

132　四川北路（1930 年代）

133　四川北路の光景

134　虹口公園正門

における会食が記録されている。1927 年 12 月、潘漢年（1906-1977）[120]らが魯迅を訪問すると、その夜は「中有天」で会食となった。女性作家陳学昭（1906-1991）はフランス留学時、魯迅のために木版イラスト付きの書籍をたびたび購入していた。陳が上海に一時帰国し、再びフランスへ赴く際に、魯迅は彼女の

120）作家、江蘇省出身。中華人民共和国では上海副市長を務めたが、1955 年に逮捕、政治的権利をはく奪される。

ために「中有天」にて一席設け、送別会を開いた。また、梅蘭芳（1894-1961）
が上海に来た際にも一度「中有天」を訪れている。

　四川北路の両側には多くのダンスホール、映画館、演芸場、京劇と新劇の劇
場、茶楼、喫茶店、マッサージ店、妓楼などのさまざまな娯楽施設があり、上
海の各地に暮らす人々を惹きつけた。当時の街沿いの劇場と映画館は次のとお
りである。

　上海歌舞伎座（現在の四川北路 1800 号）は 1924 年に建てられた日本式劇場で、
当初は「上海演芸館」という名称であった。1 階 600 席、2 階 400 席あり、ま
たダンスホールも併設されていた。

　上海大劇場は四川北路と虹江支路が交差する、東南方面の曲がり角に位置し、
現在の四川北路 1408 号にあった。その前身は「中華大劇場」で、1916 年に開
設、当初は広東の地方劇である「粵劇」の劇場であった。1920 年代中期以降、
映画館として改築され、2 階建てのアメリカ風建築であった。1 階と 2 階正面
が客席で、その両側はボックス席となっていた。座席は広くゆったりして、内
装は豪奢であった。当時、中国人経営の映画館では最高であった。同映画館は
ロシア人居留民が経営するアジア映画会社に一時貸し出され、ソビエト連邦の
映画を上映している。1933 年 2 月に同館で封切となったソ連のトーキー映画
『活路』は、左翼系評論家に「新芸術の登場」と評された。魯迅も映画を鑑賞
する際に最もよく利用したのがこの上海大劇場である。1936 年 10 月 10 日、
魯迅は妻子およびロシア系の知人を伴い、同映画館にロシアの詩人、作家アレ
クサンドル・プーシキン（1799-1837）の小説を原作としたソ連映画『ドゥブロ
フスキー』（Dubrovsky）を見に行っている。魯迅はその日に友人に手紙を送り、
早めにその映画を見るように勧めたが、9 日後に魯迅はこの世を去った。

　オディオン（ODEON）大劇場は四川北路虹江路の西南方面の角にあった。
1925 年に中国人商人の単独資本によって開設された。

　広東大劇場（現在の四川北路 1552 号、厚徳里の入口のところ）は 1930 年に開
設された。

　そのほか、月の宮ダンスホールやニューヨークナイトクラブなどの娯楽施設
もあった。1931 年、梁得所は『上海の鳥瞰』の中で、「四川北路の顔は楽しく
てこわばらないもの」と記している。「夜、ダンスホールの外を通れば、中か
ら音楽が聞こえてくる。最近流行りの『Broadway Melody』を演奏している
かもしれない。

135　上海大戯院

136　工部局西童学校

137　上海最初の日本人学校

　大路の通行人は眉をひそめないで。

　ここに来れば憂いがなくなっていくよ。

　長くても短くてもため息はあまりにモダンじゃないの。

　この道ならいつも笑顔が似合うのよ。

　百万の灯りがピカピカときらめく、

　百万の心がウキウキとはずむ」

　商業、娯楽施設のほか、四川北路には有名な小中学校もあった。1915 年、工部局が運営する西童学校は蓬莱路から四川北路に移転した。1925 年、学生の国籍は 24 か国、学生数は 310 名に達した。上海において最初の日本人学校である日本北部尋常小学校は、1917 年に四川北路に新校舎を建設した。4 階建て西洋建築は西童小学校に匹敵するほどであった。1917 年、広東のキリスト教徒は四川北路に富吉堂を開設、同時に郇光小学校を併設した。1926 年、広東人同郷会の広肇公所が 6 万元を寄付し、広東人の子弟学校である広肇公学を四川北路の福徳里に新設した（1929 年に広東中小学校と改名）。多くの名門校が四川北路に集中するため、「毎日数多くの男女学生が行き来し、このストリートにいきいきとした彩りが添えられた」と評された。

　1926 年、日本人作家金子光晴（1895-1975）が上海を訪れた際に宿泊したのも四川北路の余慶坊である。金子は中国人的風格があったため、大家は彼を広東人だと勘違いしていたようである。4 月 24 日の午後、光晴は宿泊先からさほど遠くない内山書店で田漢（1898-1968）、陳抱一（1893-1945）、方光燾（1898-1964）など[121]の文化人と会談したが、夕食は手の込んだ精進料理だった。

　四川北路の文化的魅力のおかげで、上海で最も早く開店したカフェといわれる「上海カフェ」もこの四川北路にあり、同店には女給もいた。村松梢風（1889-1961）は同店に関し、「日本のカフェーの女給を模倣して、ああいう気風の支那の娘は三四人位働いている。洋靴をはき、襟の高いピカピカ光る服を着て、前髪だけ保存した断髪の、美しい人摺れのした娘達が、珈琲を運んだり、お客の膝へ上ったり、煙草をふかしたり、小声で歌を歌ったり、陽気に喋ったりしている」[122]、と描写している。このカフェは東京帝国大学を卒業した張資

121）田漢は作家、劇作家、陳抱一は油絵画家、方光燾は翻訳家、言語学者でいずれも日本留
　　学経験者。

平 (1893-1959)[123]が開設したものだった。新進作家蒋光慈 (1901-1931)、葉霊
鳳 (1905-1975) などは毎日通い詰めていた。カフェで得た経験をモチーフとし
て作品に織り込ませることもよくあった。新進作家がこのカフェを贔屓にした
ため、多くの文学青年が集まってきた。そこでは著名な作家と知り合うことが
できるし、女給たちの美しさを堪能できた。「上海カフェ」は「文芸」のおか
げで繁盛するようになった。上海カフェの繁盛を目にし、南市の西門書店の上
にも類似した店が出現したが、南市の西門と四川北路との文化的雰囲気が大き
く異なっていたため、南市の方は開店から半年後、ひそかに店を畳んでしまっ
た。

　四川北路が南京路、淮海中路などの共同租界やフランス租界の繁華街と異な
るのは、武進路の南側は共同租界内であるが、武進路の北側は中国側管理地域
の華界であり、江湾路、スコット路 (Scott Road, 現在の山陰路)、ダロン路 (Dar-
roch Road, 現在の多倫路)、ディックスウェル路 (Dixwell Road, 現在の溧陽路) の
区間が含まれていた。その地域は華界である閘北に属しているが、実際は租界
が管轄する区域であった。道路の警察権は工部局が行使、両側の治安は華界の
警察が管理ということになっていたが、実際はどちらの管轄にも属さない「三
不管」地域になった。武進路の北側、四川北路の両側は「越界築路」[124]によっ
て形成された新式の「里弄」[125]とビル、マンション、戸建てなどの近代的な建
物が並んでいた。しかし、その路地裏は華界でも生活条件がかなり悪い地域で、
バラック小屋やスラム街が少なくなかった。商業規模が蘇州河南岸の租界地域
に比肩できなかったのには明らかに歴史的要因がある。

　1920 年代、春の雨が止みはじめ、靄が薄くかかる夜、日本人作家村松梢風
が昆山花園から四川北路に向かって散歩していると、以下のようなロマンチッ
クで幻想的な風景を目にした。

　　其処らは残らず煉瓦造りの建物で、三階から五階位の大きな住宅ばかり
　　並んでいる。と其処に、斜めに入り込んでいる奥深い露地があった。露地
　　の口に立って見ると奥は真っ暗だった。両側の建物と、一番奥の突き当り

---

122)「上海夜景・北四川路」『新支那訪問記』騒人社、1929 年。
123) 作家、広東省出身。
124) 租界が租界の範囲外に造った道路。
125) 上海における近代集合住宅。

の屋根が、どんよりとした白っぽい空の中間に複雑な高低持った輪郭を付
けている。たった一つの奥の家の高い窓に明りがついている。そこは其処
の暗がり全体の一つの眼であるかのように見える。軽いヴエールのような
霧は、露地の中にまで流れていた[126]。

126）「市街の風景」『支那漫談』騒人社、1928 年。

23 魯迅旧居と3本の道路

　魯迅は人生最後の10年を上海の虹口で過ごした。彼が暮らした3軒の家は
横浜路、多倫路、山陰路にそれぞれあった。

　魯迅が上海に定住した最初の家は横浜路景雲里にある。横浜路は1915年に
建設され、兪涇浦が湾曲して流れているところから「横浜」と呼ばれ、それが
道路名となった。景雲里は1925年に建築された、3階建て半木骨造の32軒が
入る石庫門式住宅[127]である。横浜路は「越界築路」[128]であり、中国人が暮ら
す住宅には衛生設備やガスなど、上海の中産階級が好む住環境はなかった。
1927年10月3日、上海にやって来た魯迅は、当初共和ホテルに投宿した。10
月8日、弟周建人（1888-1984）の紹介で景雲里23号に移り住み、その日に許
広平（1898-1968）と結婚した。その後、同じ景雲里の18号と17号に前後して
転居している。景雲里に生活して2年後、福民病院で息子周海嬰が誕生した。
「海嬰」とは、上海で生まれた嬰児ということである。

　魯迅は「弄堂生意古今談（横町商売の今昔）」という文章で、「杏仁、蓮の実
入り玉麦粥、砂糖づけバラ入りカステラ、蝦と豚肉入りワンタン麺、薬味入り
茶ゆで卵、これは、四、五年前、閘北一帯の横町内外で軽食などの物売りの呼
び声である。そのとき記録しておいたなら、朝から夜まで、すべて二、三十種
にのぼるであろう。（中略）わたしのように上海に来たての田舎者にとっては、
声を聴くなり、よだれがしたたる趣があった」[129]。これは非常に写実的に景雲
里の日常を記録したものである。

　1930年5月3日、内山完造（1885-1959）の仲介により、魯迅は多倫路のラ
モスアパート（北川公寓）A3階4号に引っ越した。このマンションはイギリ
ス人が建てたもので、鉄筋コンクリート4階建て、当時は高級住宅といえた。
多倫路は当初「寶楽安路」と呼ばれ、四川北路の北側と西北側につながってお

---

127) 近代上海における中洋折衷型の伝統的建築様式で、西洋におけるテラスハウスに近い。
128) 租界が租界の範囲外に造った道路。
129) 今村都志雄訳『魯迅全集』第8巻、学習研究社。

り、道路はL字形である。1918年に建設され、イギリス人宣教師ジョン・ダロック（*John Darroch*）の名を冠し寶楽安路となった。ラモスアパートはいい場所にあったが、リビングが北向きであり、病気がちな子供の健康を考え、魯迅夫婦は長く暮らす場所ではないと考えていた。

　山陰路は1911年に建設された。当初は工部局理事長を務めたイギリス人スコット（*Scott*）の名を冠し「施高塔路」と呼ばれた。千愛里、恒豊里、東照里など多くの新式の集合住宅と邸宅があり、道路両脇には樹木が生い茂り、静謐な住宅地であった。1933年4月、内山完造は店員の名義で大陸新邨9号の家を借り、そこに魯迅を住まわせた。大陸新邨は1931年に建設された3階建てのテラスハウス式住宅で、建築資材は欧米から輸入され、ガス、衛生、冷蔵庫を完備しており、上海中産階級の豊かな生活の象徴であった。作家蕭紅（1911-1942）は、集合住宅内はとても静かで、少しの音も聞こえず、「魯迅先生の家には5つか6つの部屋に5人しか住んでいません。この内、3人は先生の家族、残りの2人は年老いた女中です」と記している。隣の千愛里は日本の東亜興業会社が1922年に日本人向けに建設した高級住宅地で、外観はイギリス式、内部は日本式であった。内山完造はこの千愛里3号に住んでいた。横浜路、多倫路から山陰路にかけては、租界時代のいわゆる越界築路に位置しており、作家夏衍（1900-1995）は、「日本人が集中して住んでいる地域であり、名目上は公共租界であったが、実質的には日本人が管理していて、白人巡査もほとんどおらず、インド人巡査もいなかった。もちろん、国民党警察もこの地域をパトロールすることができない」と語っている。

　左翼の作家は文学を武器とする共産党の工作員で、その大部分は共産党員や共産主義青年団員であった。闘争の最前線や日本から上海に移り住んだという経歴を共有するものも多かった。上海で彼らは書店を開き、雑誌を編集し、文章を発表するより他に活躍の場はなかった。虹口（ホンキュウ）は越境築路であるという特殊性ゆえに、左翼作家たちの自由の楽園となり、革命文学青年にとり適当な居場所となった。1920年代から1930年代にかけ、中国、ソ連、ヨーロッパ、日本を問わず左翼思想が流行し、文学青年は多かれ少なかれその影響を受けた。上記の夏衍も、「革命文学に関する論戦では、血気盛んで節度のない文章を書き、辛辣な話しを好んだ。これは当時の左翼文芸界の通弊である」と記している。魯迅も彼らの非難の対象とされた。左聯[130]の成立により文芸論戦は停止され、革命文学は四方へ攻撃を始め、演劇、映画、美術などの分野にも参入し

138 横浜路景雲里

139 魯迅（景雲路住居時代）

140 ラモス・マンション

た。

虹口にて魯迅は中国共産党指導の「中国済難会」に参加し、大量のマルクス、
レーニンの著作を購入、作家郁達夫（1896-1945）と共同で雑誌『奔流』を編集
した。また柔石（1902-1931）などと新しい文芸団体「朝花社」を結成、雑誌
『朝花』と『芸苑朝花』を創刊して、『近代世界短編小説集』の編者ともなった。
さらに作家馮雪峰（1903-1976）と共同で編集した月刊誌『萌芽』は、後に左聯
の機関誌となった。1930年2月、「中国自由運動大同盟」と「中国左翼作家連
盟」への参加を呼びかけ、左聯主席団、常務委員に選出された。虹口で魯迅は、
柔石、殷夫（1909-1931）など多くの文学青年とも友誼を結んだ。それ以降魯迅

130）1930年3月、プロレタリア革命文学を旗印に上海で結成された文芸団体。1935年に解
　　散。

は中国の左翼文化活動に積極的に参加しており、虹口（ホンキュウ）は魯迅の活動拠点となった。

　魯迅は虹口（ホンキュウ）を選んだもう1つの重要な原因は、虹口（ホンキュウ）が上海に特殊な日本の文化を持ち、日本留学組にとり、過ごしやすい生活環境があったことである。虹口（ホンキュウ）の日本人街は呉淞路と北虹口に分かれており、呉淞路地区は一般的な日本人が集まる商業地として知られていた。一方の四川北路と横浜橋以北地区を中心とする北虹口は、日本人高級住宅地で、学校、病院、書店、劇場、神社など日本の民族的要素の強い生活、文化施設が集まっていた。多くの日本留学組はこの北虹口を選んで生活しており、魯迅もそれに含まれていた。例えば、魯迅が診察を受けた、福民病院、石井病院、篠崎病院、須藤病院などはいずれも虹口（ホンキュウ）にある日系医院である。魯迅は上海でほとんど公園に行かなかったが、日本人白石六三郎（1868-1934）が経営する「六三園」に数回足を運んだという記録がある。

　北虹口には文化交流に従事する日本の友好人士がいたが、その代表的な人物が内山書店店主の内山完造である。1927年10月5日、上海到着から3日後、魯迅はエドワード路（現在の延安東路）にある共和ホテルから、四川北路の魏盛里にある内山書店まで本を買いに出かけている。景雲里に転居した当日の午後にも、内山書店に行って本を買っている。初来店してから1936年に逝去するまで、魯迅は内山書店を500回以上訪れている。初対面の様子も大変興味深い。内山完造が以下のように記している。

　いつも二三人の友人を同伴した一人の藍色の長衫（チャンサン）（普通の支那服）を着た小柄ではあるがトテも特長のある歩き方をする鼻下に黒い濃い髭を生やした水晶の様に澄んだ眼をしたドッシリとして小柄にも拘らず大きな感じのする人が私共の眼に映る様になった。いつであったか或日のこと、件の先生が一人で来られて色々本を撰り出した後で、長椅子に腰を下ろして家内のすすめたお茶を飲みながら煙草に火をつけて鮮やかな日本語で撰り出された幾冊かの本を指して、
　「老闆（ラオバン）（主人の意、老板とも書く）此の本を寶楽安路景雲〇〇号へ届けて下さい」
　と云われた私は今家の番号は忘れて終ったが其時にスグ、
　「貴方のお名前は」と聞いたら

「周樹人と申します」と云われた。

「アー貴方が魯迅先生ですか、お名前はよく存じて居りました。又広東からお出でになって居ることも存じて居りましたが、お顔を存じませんものですから失礼しました」

此の時から私と先生との交際は始まったのであった[131]。

景雲里は横浜路にあるのだが、ここで魯迅は「寶楽安路の景雲里」と強調している。実はこれには大きな意味が含まれている。横浜路は華界にあり、寶楽安路は一応租界側である。虹口の２本が交差する道路にはこのようなこだわりがあったのである。

魯迅は内山書店で開催される「文芸漫談会」の常連であるだけでなく、そこで中国文学研究者の増田渉（1903-1977）、作家佐藤春夫（1892-1964）、横光利一（1898-1947）、金子光晴（1895-1975）、改造社社長の山本実彦（1885-1952）などと出会い、日中文化交流を促進した。特に山本実彦との出会いにより、魯迅と改造社は直接の提携を結んだ。1936年6月より『改造』では日本の読者へ中国の現代文学作品を紹介する特集「中国傑作小説」を開始、魯迅は中国人青年作家を推薦するのと併せて、同誌に前書きを執筆した。最初に掲載されたのは蕭軍（1907-1988）の小説『羊』であった。1937年、改造社からは『大魯迅全集』を刊行している。

魯迅は内山と協力して、「世界版画展覧会」、「現代作家木版画展覧会」、「ロシア・フランス挿絵展覧会」などを開催し、勃興したばかりの中国木版運動を推進した。これと同時に魯迅は内山と上海で夏期木版講習会を開講した。これは中国近代初の木版技法に関する講習会であった。

筆者は20年来、研究の必要から横浜路、多倫路から山陰路まで、何度足を運んだかわからない。これら3本の道路の街並みは100年前とあまり変化が見られず、景雲里の住宅には依然として衛生設備がないため、一帯は異臭が漂い、当時の華界の後れた光景が残されている。山陰路は当時の高級住宅地がそのまま存続しているが、長年にわたる違法増築による興ざめな景色も、特に何か改善の効果が見られることもなく、まるで優雅な貴婦人がボロを身にまとっているかのようである。いずれにせよ、当時の魯迅が横浜路の景雲里から山陰路の

131）「魯迅先生追憶」『魯迅の思い出』社会思想社、1979年、初出は『改造』（1936年）に掲載。

141　千愛里

142　魯迅と内山完造（千愛里の内山邸）

　大陸新邨に転居したのは、立ち後れた地域から最新の住宅地への自然な移動であり、住居においてより高い質を求めようとする人間の本能的な反応であった。

　ここでもいわゆる再開発による失敗を目にすることができる。多倫路はその１例で、道路沿いには多くの有名文化人の影像があるのに対し、彼らの旧居はほとんど保存されていない。多倫路沿いに内山完造の影像があるが、これが本当に魯迅の日本人の友人に見えるであろうか。日中文化交流において傑出した功績のある人物が、旅館の主人のように頭を下げ、腰を低くした格好で彫刻されているのである。歴史的建造物に関する説明は簡略かつステレオタイプで、細かな説明がなく、さらに間違った表札を掲げるというおかしなこともある。歴史ある街並みの文化を保存していくには、まず歴史や文化をきちんと理解すること、これが基本である。

24 虹口の黄浦江埠頭

　上海モダンはイギリス租界区域に端を発する。虹口（ホンキュウ）の始まりは大都市にお
けるシンデレラの転身物語のようであった。蘇州河北岸の高層ビルは繁栄へと
向かう虹口の雄姿であり、虹口の黄浦江埠頭は上海が世界を抱擁するための港
であった。

　蘇州河北岸のアメリカ租界は「虹口」を起点としている。虹口の名前の由来
は虹口港からきている。明代初期、上海浦北段が呉淞江（ウーソン）へ流れ込む出口を「洪
口」と呼んでいた。清朝順治帝の時代（1644-1661）、洪口は虹口と改称され、
上海浦北段は「虹口港」と称された。その後、虹口は虹口港一帯の総称となっ
た。明代から清代にかけ、虹口港の両岸は船民が船を停泊させ、漁民が網を干
す場所となり、次第に農村が形成された。

　アメリカ租界の創始者は、アメリカ聖公会の宣教師ウイリアム・ジョーン
ズ・ブーン（*William Jones Boone*, 中国名「文恵廉」、1811-1864）である。1846 年、
ブーンは本国の聖公会の要求に従い、王家埠頭にて男子全寮制校を創立、現地
のキリスト教教師と通訳の育成に取り組む。1848 年には蘇州河を越えて虹口
に宣教を開始し、広い土地に家と教会を建て、上海道[132]にアメリカ租界の設
置を要求した。交渉の結果、上海道は虹口一帯をアメリカ租界とすることで合
意した。しかしこれは正式な取り決めではなく、四方の境界線も確定していな
かった。1863 年 6 月 25 日、アメリカ領事のジョージ・フリードリック・スワ
ード（*George Frederick Seward*, 1840-1910）と上海道台の黄芳はアメリカ租界の
範囲について合意、西は泥城浜対岸の地点（現在の西蔵北路南端）を起点に、
蘇州河と黄浦江に沿って楊樹浦へ東に向かい、楊樹浦に沿って北に 3 里まで、
そこから直線で泥城浜まで戻る区域とされた。これが最初のアメリカ租界の領
域であった。この地域では沿岸の埠頭や倉庫の需要が増え続けたため、虹口が
急速に発展する重要な契機となる。当時虹口は、蘇州河北岸一帯を指す俗称で
もあった。

132）上海の地方行政官庁。その長官が「道台」。

143　虹口埠頭から見たバンド

144　上海に到着した長崎丸

145　匯山埠頭から出港する定期船

　上海は明代弘治年間（1487-1505）においてすでに海運の重要な港となっていた。海船は呉淞口から黄浦江に入り、そのまま上海県城へ向かった。埠頭は主に県城東南の沿岸に設けられ、その長さは 2、3 里[133] であった。1842 年、イ

133）1 里は古代中国では約 400 メートル。

ギリス商船「メデューサ号」が黄浦江に入ったが、これが最初に上海へ入港した外国船である。1843年、上海が中国の5つの通商港の1つとして対外開放されると、もっぱらバンド（蘇州河と黄浦江の合流点から洋涇浜の黄浦江沿岸地区まで）を切り拓いて外国船の停泊地とした。1853年までにすでに10あまりの埠頭が建設され、埠頭の後ろは川に沿って細い道があり、細い道にはそれぞれに個性的で味わいのある2階建ての洋行の建物が並んでいた。1862年、日本の幕府保有の洋式船「千歳丸」が上海に入港した際に停泊したのは、バンドの天文台埠頭（当時のオランダ領事館所在地である黙耶洋行の入口前）であった。

1860年代以降、洋式の帆船は汽船に取って代わられ、黄浦江に入港する外国船の数もますます増加、バンドでは埠頭が不足したため、各洋行[134]は虹口の黄浦江沿いに埠頭を建設し始めた。当時、上海の港湾設備の運営は世界でも数少ない専用埠頭制度で、中国航路を有する汽船会社は、いずれも自らの埠頭と倉庫を所有して、関係者以外の使用を禁止していた。初の外資系埠頭は、1861年に開設されたイギリス系宝順埠頭とアメリカ系旗昌埠頭であった。中で最大なのは1871年に設立されたイギリス系の公和祥埠頭公司で、埠頭管理専門会社として10以上の埠頭を所有し、上海の埠頭王と呼ばれた。中国系は虹口に招商局が埠頭を2つ所有していたが、日系商業埠頭の急速な勃興と発展は、無視できない現実であった。

日本では開国以降、海外定期航路として1859年に初めて長崎上海間が、イギリス半島公司と東方汽船公司によって開設された。1865年には、イギリスの船舶会社 *P & O*（*Peninsular and Oriental Steam Navigation Company*）、1867年8月にはアメリカの太平洋郵船会社がそれぞれ横浜上海間の定期航路を開設した。1868年に明治政府が誕生すると、翌年10月には民間が外国船を購入すること奨励した。1870年11月、土佐藩出身の岩崎弥太郎（1835-1885）は九十九商会を譲り受けて、東京、大阪と高知を結ぶ航路を開設、1874年に三菱蒸気船会社（以下、三菱汽船会社と略記）と改称した。1875年1月18日、日本の内務省は三菱汽船会社に横浜上海間の定期航路の開設を命じ、英米の郵船会社に対抗するとともに、外国の海運業と競争できる民族海運業を保護する政策の実施を決めた。同年2月3日、三菱汽船会社は日本政府の強力な支援のもと、「東京丸」、「新潟丸」、「高砂丸」、「金川丸」の4隻を投入し、横浜上海間の定期航路を開設、週1便の運行を始めた。これが企業による日本初の海外定期航

---

134) 外資系商社のこと。

路である。

　上海における三菱の最初の埠頭はフランス租界にあった旧泰来洋行のもので
あった。まもなく、アメリカの太平洋郵船会社が 78 万ドルで上海航路の航路
権や所有船、虹口埠頭などを三菱汽船会社に売却することで、日系企業は虹口
において初めて自らの埠頭を所有した。葛元煦の『滬遊雑記』(1876 年) に、
「長崎、神戸、横浜行きは水曜日の夜明けに出港する。三菱洋行の汽船は虹口
の日本埠頭に碇泊する」と記されている。船賃は「長崎までが洋 6 元、神戸ま
でが洋 10 元、横浜までが洋 15 元」であった。上海から長崎までの船賃は上海
から福州 (8 元)、広東 (10 元) よりも安く、上海航路権を争奪するため低価格
に設定するという、日本の必死で強気な攻勢が示されている。

　1885 年 9 月、三菱汽船会社は「共同運輸会社」と合併して「日本郵船会社」
となり、上海に事務所を開設した。虹口の三菱埠頭も日本郵船中央埠頭と改名
され、別名東洋埠頭とも呼ばれた。1916 年に隣接するイギリス系怡和埠頭を
買収、2 つの埠頭を結合させることで同時に 2 隻の 3000 トン級の外洋汽船、
あるいは 1 万トン級の外洋汽船 1 隻を停泊させることができた。倉庫の敷地面
積は 182 畝[135]余りで、木造、れんが造り、鉄筋コンクリート造りなどの建築
が 28 棟があった。日清戦争以後、日本の水運企業は続々と上海港を拠点に、
長江流域と沿海地区に勢力を拡げ、1898 年に大阪商船会社は長江航路 (上海漢
口線) を、1899 年に日本郵船会社は上海天津間の定期航路を経営、1907 年に
日清汽船会社は長江航路などを開設した。1918 年まで、上海港へ入港する日
本の船のトン数での割合は全体の 37% を占め、イギリスの 32.5% を超えて首
位となった。中国での水運事業を拡大発展させるため、日系企業は上海で埠頭
を大量に購入、建設し、1920 年までに黄浦江両岸に 12 の埠頭を所有、埠頭の
全長は上海港の 24% を占め、イギリスに次いだ。1936 年には、日系埠頭の全
長はイギリス系の 76.2% となった。日本系の上海における主要な埠頭は虹口地
区に集中しており、日本郵船中央埠頭のほかに、大阪商船埠頭、満鉄埠頭、匯
山埠頭などがあった。

　大阪商船埠頭は楊樹浦埠頭とも呼ばれ、秦皇島路の西側にあった。大阪商船
株式会社が 1884 年に正式に設立される以前の 1878 年には、すでに鉄製の蒸気
船「秀吉丸」で長崎の口之津と上海の間で石炭輸送をしていた。1915 年、す
でに使用されていない埠頭を虹口で購入して改造、翌年には隣接する平和埠頭

135) 中国の 1 畝は 667 平方メートル。

146　匯山埠頭から出港の様子

147　日本郵船会社の中央埠頭

148　パブリック・ガーデンから見た虹口埠頭

を購入して埠頭を 259 メートルまで拡げた。大阪商船株式会社は主に海運と埠頭の倉庫や桟橋を扱った。欧米、日本航路の遠洋船、および台湾、福建の定期船が停泊した。

　満鉄埠頭は黄浦埠頭とも呼ばれ、提籃橋と秦皇島路の東側にある。もとは干潟であった。1908 年から 1910 年にかけ、満鉄は上海大連間の航路を開設して、干潟を購入、日本郵船会社に経営と管理を委託したが、1911 年 9 月より自ら経営するようになった。1913 年に埠頭を木造の固定埠頭に改築、全長は 300 メートル近くに達した。1934 年にセメントによる固定埠頭に再改築され、埠頭の後方には 11 の倉庫が立った。主に北の沿海航路（上海から大連まで）とヨーロッパの遠洋航路の船舶が停泊、雑貨、石炭、ヨーロッパ輸出入品の積み下ろしが中心であった。

　匯山埠頭は提籃橋の南側にある。もとはイギリス系麦辺洋行が 1845 年に建てた浮動埠頭であった。匯山は英語で路傍を意味する "waysaide" の発音を漢字化したものである。1903 年、麦辺洋行は長江航路の汽船と匯山埠頭を 250 万円で日本郵船会社に売却、1913 年から同社はそれを改造して 4 年かけて鉄筋コンクリートの埠頭を建設した。全長 263 メートルで、当時の上海港における日系の埠頭では最良の埠頭だった。主に日中の上海航路と世界一周クルーズ船が停泊、雑貨、石炭の積み卸しを中心とした。後方に倉庫が 10 棟あり、そのうち 3 階建て倉庫が 3、2 階建て倉庫が 2、倉庫の総容量は 4 万トンであった。埠頭を設計した下田菊太郎（1886-1931）は初めてアメリカ建築家協会会員の資格を得た日本人建築家で、シャンハイ・クラブの全長 34 メートルの、極東最長の豪華バーカウンターは彼の傑作である。

　上海航路開設後、日本郵船会社は船の割り当てと便の開設という点で大きく貢献したが、海路だけの場合、東京上海間の時間がかかりすぎるという問題は、日中両国の人と物資の往来に大きな影響を与えていた。1910 年、長崎商業会議所は「長崎上海間の連絡船開設に関する建議書」を提出し、長崎上海間に「最急行連絡航路」を開設することを主張した。すなわち、船と東京、横浜から長崎までの特急列車を連携させることで、東京、横浜などから上海までの運行時間を大幅に短縮できるというのである。1923 年 2 月 11 日、日中連絡航路が開通、上海から長崎行きの船が到着後、特急列車で北九州市の門司まで行き、そこから特急列車で東京まで至る。このようにして、船と鉄道を連携させる航路により、上海東京間は 54 時間 24 分にまで短縮された。日中連絡航路の開通

160

149　日支連絡船航路図

150　日支連絡船広告

は「日中交通の新紀元」と呼ばれているが、上海側の終点が虹口の匯山埠頭で
あった。上海への新航路が開通すると、万を数える児童を伴った日本人がこの
航路で上海にやって来た。広々とした黄浦江、虹口の匯山埠頭と黒煙を吐く汽
船が重なる風景が、彼らにとって最初の上海の印象となり、匯山埠頭は彼らに
上海の玄関とも呼ばれるようになった。

　1924年4月12日、タゴール（1861-1941）がインドから上海に来た際に乗船
したのが「熱田丸」であり、寄港したのも匯山埠頭であった。その日の朝、徐
志摩（1897-1931）、張君勱（1887-1969）、潘公弼（1895-1961）[136] など文化界の
著名人がこの匯山埠頭にて、花と拍手とともに、このノーベル文学賞を受賞し
た初の東洋人を出迎えた。

136）徐志摩は詩人、張君勱は教育家、哲学者、潘公弼はジャーナリスト。

25　砲塁の如き屠畜場

　1933年、虹口沙涇港のほとりに、鉄筋コンクリートの四角いビルがすっくと立ち、まるで威圧感のある砲塁のように、牛、豚、羊などを戦慄させた。これこそが工部局[137]が新設した屠畜場である。上海開港後、食肉の供給増加に伴い、食品衛生の監督と管理が市民の関心の問題となった。20世紀初頭、「揚子江漁夫」という筆名の日本人が上海に来て間もない同胞に対し、肉類は必ずマーケットや工部局が許可する肉屋で買うべし、さもないと馬や水牛の肉の可能性がある。牛肉は牛肉でも、結核病がないとは限らない。そこで肉類は必ず工部局屠畜場の検印があることを確認してから購入すべし、と注意を呼びかけている。当時、工部局は食品の安全に対して厳しい管理をしており、共同租界内の肉屋で売られている上等な牛肉には全部円形の、羊肉、豚肉、一般の牛肉には三角形の印が、それぞれ押されていた。そこにはさらに英文で *Killed Municipal Slaughter House*、すなわち工部局屠畜場の検印が押されてあった。それに対し、通常のマーケットで売られている肉類には "2nd Quality" のスタンプが押されていた。一般的な上海市民の感覚では、共同租界工部局屠畜場というのは一種の信頼できるブランドであった。

　1873年、私設の屠畜場は設備が粗末で、衛生状況が悪く、しばしば疫病が発生していたため、工部局は屠畜場を建設する計画を立てた。1876年に上海で初めての屠畜場が建てられた。その後、1891年に銀12000両を出資して、虹口の斐倫路（現在の九竜路）に土地4.2畝[138]を購入した。翌1892年に屠畜場が建設され、「四卡橋殺牛公司」と呼ばれた。この屠畜場は1日に牛68頭、羊102頭を屠殺、室内冷凍も可能で、牛舎には牛68頭、羊小屋には140頭が収容できた。その設備も比較的に先進的で、自動冷却装置もあり、定期的に清掃された。部門間も肉はカーゴで輸送され、屠殺後直ちに冷凍庫にて冷蔵できた。

137）工部局は1854年の太平天国の乱を機に英米仏3国が組織した租界の最高行政管理機構。
138）中国の1畝は667平方メートル。

151　落成直前の工部局屠畜場

　1931 年、工部局はまた狄司威路（現在の溧陽路）の砂径路の曲がり角に土地を見つけ、新しい屠畜場を建設した。当時の『申報』[139] には、「工部局建築課の C. ウィラー（*C. Wheeler*）とアンターバーガー（*Unterberger*）が設計を担当、余洪記造成所が施工した。1934 年 1 月に竣工、操業を開始した。総額で 400 万元近くの費用がかかり、4 階建て鉄骨コンクリート構造」と紹介されている。

　新たな屠畜場は広さ 16.7 畝で、通称は「宰牛場」、または「殺牛公司」であった。屠畜場は 2 階と 3 階に 32 箇所あり、牛、子牛、豚、羊、ヤギなどに分類されていた。屠畜のほとんどは機械が行い、同時にクレーン、輸送機、昇降機が作業の補助を行うため、大変人手が省けた。1 階から 4 階まで階ごとに家畜の飼育場が 3 つあり、牛 850 頭、子牛 500 頭、羊 1400 頭、豚 600 頭を収容でき、それは市内の 3 日間から 5 日間の肉を供給するのに十分な頭数であった。冷蔵施設は 2 階にあり、体積は 73500 立方メートル以上で、9 部屋に分けられ、新鮮な肉 79.2 万ポンド[140] を冷蔵することができ、新鮮な肉の冷蔵施設として当時上海最大であった。

　1937 年の『良友』画報[141] 第 124 号では、「弱肉強食」というタイトルで、この「アジアで最も完備された屠畜場の 1 つ」をイラストとともに紹介している。「優勝劣敗、弱肉強食、牛や羊などの下等動物は、数千万年前から人間の

139）清末から中華民国時代の上海を代表する日刊紙。
140）1 ポンドは 0.45359237 キログラム。
141）1926 年の創刊から 1945 年停刊まで、中国を代表するグラフ雑誌。同誌には文学や映画、演劇、美術、芸術だけでなく、政治や産業、スポーツや旅行、食文化といった幅広い記事が、多くの写真とともに掲載された。

152 屠畜場内部

153 屠畜場の冷凍庫

154 屠畜場の通路

主な食料となっていた。しかし屠畜といってもその道は1つではなく、目下大都市における屠畜業務は全て屠畜場が担当している」。牛たちは屠畜される前、目の前の広場で散歩をする。これは「哀れな牛たちの今生最後の散歩」である。牛舎に入れられると、「まず36時間そこに拘留され、緊張した血液が緩和された後、刑に処せられる」。屠畜の過程は整然として一糸の乱れもなく、まさに「君子は厨房を遠ざける」である。建物の丸い格子の中に「肉をかけ、空気を流通させて、肉を腐らせない」。牛の屠畜には3方法あり、電気、銃、ナイフを用いる。銃の場合、屠畜人が牛の脳門に向けて発砲する。ナイフの場合、牛をかごに入れ、上下左右をしっかり固定、牛がもがかない状態にしてから反対に倒して行う。これは上海在住のユダヤ人が生業としていた。

　1930年代、民族の危機が空前の深刻さで迫っていたこともあり、『良友』画報では、「屠畜されると皮を剝がされる。牛にまだ意識があれば、何か人間に悪いことをしてこのようなむごい目にあわされるのかと問いただすであろう」、

「皮を剥がされた後も牛の心房はまだ脈打っており、当初抵抗しなかったことを後悔している。今となって恨み憤っても、事実を補うことはできない」と嘆いている。

屠畜場では午前9時から午後3時まで牛を、午後5時から夜10時まで豚と羊を屠畜する。屠畜の全工程を派遣された監査員がチェックしていた。

最先端の設備の割合が高くなるにつれて、屠畜場では主に近代的電撃法を採用するようになった。それにより通常、元気な黄牛と水牛が、牛舎から屠畜場に移動し牛肉になるまで平均でわずか15分しかからなくなった。屠畜の現場は想像より恐ろしくなく、木製の板でできた幾つかの水槽に入った牛が頭部や背中を水から出している。屠畜となると、屠殺人は鉄製の高圧電気器具を牛の首に挟み、わずか2秒で牛は倒れる。すると屠畜人がスイッチを押し、木製の水槽の底が割れて牛は別の場所へ転がっていく。そこには鋭利なナイフがあり、牛の頭部と4本の足が切断される。牛は血を抜き、内臓を取り除き、皮を剥ぐ手順を経て、血の滴る牛肉は輸送機に吊るされ屠畜場を出ると、人の手によりナイフ等で分割される。

この他、屠畜場では工部局衛生局付属の狂犬検査所、小動物室、化製場の3つの業務も代行していた。小動物室では血清の実験用にオランダ豚とウサギを飼育していた。

屠畜場周辺の川はもともと汚染が深刻であったため、新たに家畜場を建設するに際しては、世間は環境衛生の面に注意を向けた。屠畜場が完成した年、作家葉霊鳳（1905-1975）は『川』と題した文章の中で斐倫河岸について、「岸から少し遠く離れたところに、鮮血が滴る屠畜場と陰惨で驚くべき検死所が並んでいる。屠畜場の汚れた血と汚物が毎日川に流され続けている。そこを一度でも歩いた経験があれば、その空気や景色がどんなものかわかるであろう」と記している。これに対し工部局は改善すべき点を認め、屠畜場の道路の向かい側にある焼却炉へ直通する大きな管を2本通し、あらゆる汚物、糞土や藁を、管を通じて焼却炉で焼却して肥料とし、それらは蘇州河を往来する船に乗せて直接農村まで送られるようになった。

26　上海の勝景は張園にあり

　清朝末期、静安寺路一帯には個人所有の庭園が集まっており、また外国領事
館の集中する区域の1つであった。草木が青々と茂り、優美な環境で、最も輝
かしい中国人所有の個人庭園の1つに張園がある。張園は30年以上に渡り、
上海で最もおしゃれなアミューズメント・パークであり、大衆にとって重要な
社交場であった。

　張園は現在の南京西路、茂名路、泰興路に囲まれたところにあった。元はイ
ギリス商人の邸宅で、敷地は約20畝[142]である。1882年、中国人商人張鴻禄
（字は叔和）が銀1万数千両で購入し、蘇州の庭園を模して改築、「張氏味蒓園」
と命名した。後に、敷地は60畝余りにまで拡張された。園内には珍しい花や
草が多く植えられていたが、ほとんどが海外から移植されたものである。開花
の時期になると色鮮やかで、目を離す暇がないほどであった。邸宅の両側には
静謐な小道があり、道の脇には青々とした竹林が広がっていて、一度では鑑賞
しきれないほどの美しさであった。その後洋風化され、華洋折衷の建築となり、
東屋（あずまや）などの建物も英語で命名されるようになった。庭園の入り口には「煙波
小築」（もやの立ち込める屋敷）と書かれた額が飾られていたが、実際園内には
現代的なアトラクションが多かった。園内には「海天勝処」という芝居小屋が
あり、語り物芸能「灘簧」（たんこう）がもっぱら上演されていた。ランドマークとなる建
物はイギリス人建築家が設計した2階建ての洋館「安塏第」（アルカディア・ホ
ール）で、1000人収容できた。建物の内外には椅子が置かれ、客は自由にそこ
に座り茶を喫した。2階の西北側の角には開け放しの展望台があって、園内全
体を見渡すことができた。この洋館は当時上海で最も高い建物であり、租界の
変遷と繁栄を満喫できた。その前には芝生が広がり、入場者がのんびり散歩し、
また大規模な集会を開催するのにも便利であった。「上海の景勝は張園にあり、
乗り物が毎日押し寄せる。客は花を愛で、杯を傾け、劇場から流れてくる楽器
の音もにぎやかである」と当時の詩歌で詠われている。

142）中国の1畝は667平方メートル。

　1885 年春、張園は一般に開放された。当初入場料は取らなかったが、後に園内の多くの貴重な花木にかかる巨額な維持費のため、1 角ずつ入場料をとるようになった。園内には、ビリヤード場、ボーリング場、競輪場、茶館、写真館、映画館などがあり、西洋文明の精華を集め、上海人の新奇を好む趣向に積極的に合わせた。1886 年 10 月、張園は電灯の点灯を試み、数十個の電灯が園内の草花や建物を照らし、きらびやかであった。当時電灯は上海では大変珍しく、それを見た入場客は奇と称した。写真も当時新奇なもので、上海には多くの写真館があったが、屋外で撮影することはまれであり、庭園風景の特色を活かして張園は園内に写真館を開設し、多くの女性客を引きつけた。「春や秋の吉日になると、粋筋の女性たちは張園に行って撮影されるのを好んだ。張園の景色を背景にすると写真も映え、思いを寄せる相手に送り、また客へのプレゼントにもなった」。文人の集まりでも、アルカディア・ホールを背景に記念写真を撮ることが好まれた。1890 年 10 月に、張園で気球ショーが開催された。当日張園には中国とアメリカの国旗が掲げられ、数千人が芝生に集まった。1 人の西洋人が気球に乗って空へ上がる様子を、首を伸ばしながら鑑賞する人たちからは、思わず驚嘆の声があがった。花火は張園の夜間の主要アトラクションである。花火は毎回多くの客を呼び寄せるため、火花が散って火災となる危険性が高かった。工部局[143]は周囲の住民から苦情を受けて管理せざるをえなくなり、張園の花火は時間と回数が制限された。

　張園の庭園風景を東京のそれと比較し、「張園には多くの樹木が生い茂り、夏に歩くと日差しが見えない。これは東京の皇居のようだ」と指摘するものもいた。張園はさらなる投資を惜しむことなく、日本人植木職人を招き、草花で様々な人物や動物、西洋の玩具を造ってもらったが、その様子は精巧でまるで生きているかのようであった。「このような花や菊の奇妙さは、中国にこれまでなかっただけでなく、世界で唯一無双である」と称されている。張園では何度も花の鑑賞会が開催され、出品された花の種類は 100 を数えた。

　張園は絵画や物品の展示会場でもあった。1909 年 11 月、中国金石書画会の同人がここで書画コンクールを開催、鄭孝胥（ていこうしょ）（1860-1938）、李平書（1854-1927）、狄楚青（てきそせい）（1873-1941）、王一亭（1867-1938）[144]など 34 人が出展した。同年、中

143) 工部局は 1854 年の太平天国の乱を機に英米仏 3 国が組織した租界の最高行政管理機構。
144) 鄭孝胥は清末の官僚で満州国の初代国務院総理を務めた。李平書は官界出身の財界人。
　　狄楚青は書画家、学者、王一亭は書画家、実業家。

155　張園

156　洋風建築のアルカディア・ホール

国物品陳列所（通称賽珍会）が四馬路（現在の福州路）から張園に移って開催され、モダンな舶来品が張園でのみ販売された。

　張園は共同租界の中心部に位置しており、上海各界の集会、演説会および災害救援チャリティーなどが開催されるスペースでもあった。1897年12月6日、中国人と外国人の女性100人以上がアルカディア・ホールに集まり上海の女学校設立に関し議論した。これは張園で初めて100人以上が集まった集会となった。1910年夏、「安徽省北部の鳳穎、滁泗などと、それらに隣接する淮北や徐州一帯では、数日にわたる豪雨により土手が決壊、田畑や家は壊され、土地は浸水、地面は水没、人間も魚になったような」水害が発生した。同年11月11日、上海各界は張園で「華洋救済会」を設立、議長にジョン・カルバン・ファーガソンと沈仲礼を選出し、民衆へ救援募金を呼びかけた。華洋救済会はその

157　張園内部

158　張園で休息する中国人

159　張園で上演する梅蘭芳

後『皖北災民図説序』、『皖北災民図説』などを刊行、『新聞報』や『民立報』などを利用して広く配布した。これらは飢餓に苦しみ、息も絶え絶えで、座して死を待っている被災者たちの惨状を写真で伝えるもので、読者の視覚に大変衝撃を与えた。写真を見た上海の民衆は、被害状況の深刻さに心を震わせ、次々と募金に応じた。

　20世紀初頭、政治の嵐が吹き荒れる中、張園は上海において重要な役割を果たした。1900年7月26日、唐才常（1867-1900）145）など80人余りが張園に結集して中国国会の設立を宣言、その後唐才常は漢口で蜂起している。1901年3月15日、上海各界の200人余りが張園で会議を開き、清朝政府がロシアと売国条約を締結しないように要請し、「国難から守ろう」とした。これは帝国主義に反対する初めての集会である。同年3月24日には上海の実業家と学

145）思想家、革命家。湖南省出身。

生 1000 人以上が張園で集会し、民族の危機に際し大衆を動員して外国の侵略を防ぐことを宣言した。

　1913 年秋、梅蘭芳（1894-1961）[146)]は丹桂第一台の求めに応じて、初めて上海にやってきた。公演に先立ち、張園のアルカディア・ホールにて楊蔭孫の一家のために『武家坡』を演じた。この時の梅蘭芳は 20 歳で、まだ有名ではなかったが、丹桂第一台での 3 日間の公演で上海を風靡した。巷間、「妻にするなら梅蘭芳のような、息子を生むなら周信芳（1895-1975）[147)]のような」といわれるほど、切に人々に敬慕されていたことがわかる。

　1909 年の愛儷園（*Hardoon Park*）の完成は、張園に大きな打撃を与えた。また、上海の新世界や大世界といった大型遊楽場が次々に出現したことも、張園凋落の一因となった。1919 年に土地は売却、跡地は住宅地に改築され、あれだけ名を馳せた張園であったが、ついに歴史の記憶となった。「張園はかつて風流を誇り、緑に覆われた庭園には絢爛たる楼閣が建てられた。世の中が瞬く間に移り変わることなど誰が予想しただろう。荒れ果てた草が生い茂る様子を見ると哀しくなる」と嘆かれた。

146）京劇 4 大女形の 1 人。1919 年、1924 年、1956 年と訪日公演を行う。
147）京劇の立ち役で、20 世紀上海を代表する役者、別名「麒麟童」。

27 梓園のこと

　南市の人気の少なく静かな喬家路に、梓園という邸宅がある。これは王一亭（1867-1938）の上海での私邸であった。梓園の原名は宜園といい、清朝康熙 21 年（1682 年）に進士となった周金然が購入して建てたもので、邸内には楽山堂、吟詩月満楼、寒香閣、青玉航、快雪時晴、琴台、帰雲岫、宜亭などの景勝があった。乾隆年間（1736-1795）になると、所有者は湖南巡撫を務めた喬光烈に移った。咸豊、同治年間（1851-1875）に郁家の所有となり「借園」と改名した。同治 8 年（1869）、郁熙縄に所有が移り、清末民初期になって王一亭が購入した。邸内に古い梓の木があることから、「梓園」と改称され、入口の額は呉昌碩（1844-1927）[148]が書いた。

　王一亭は、「母に孝行するには、まず母の心情を推し量り、喜んでもらう必要がある。晩年の母は穏やかに暮らし、喧噪にまみれた上海を好んでいなかった。上海南部にある郁家所有の宜園の跡地を探し当てたところ、水も木も明るく澄み、都市の中の山林といった趣があった。母を伴い入居し、竹や花を植え、夜の景色を楽しんだ」と語っている。梓園購入後、園中の建物を改築し、黒レンガの 2 階建て、和風の建物、中国式仏閣を建てたが、中国式の庭園の配置は 200 年来の原形をとどめていた。ここは王一亭安住の場所となり、彼の絵画、金石、書画の珍品を集蔵する主な場所ともなった。書画家王個簃（1897-1988）は、梓園のハス池に東屋（あずま）があり、そこには丹頂鶴が飼育され、それを鑑賞し写生していた、と回想している。

　梓園は私邸のため、一般人が見学する機会はほとんどなかった。王一亭の家族や親友も梓園に関する資料を残していない。そのため、王一亭の梓園における生活については神秘のベールに覆われてきた。幸いにも 1927 年 12 月 4 日、上海の日本高等女学校の一行が王一亭の梓園を訪れる機会があり、その応接室、アトリエ、仏殿、庭園から居間、寝室まで、日本人女子学生たちは王一亭の知られざる空間へと少しずつ足を踏み入れ、その感想を書き留めていた。それか

148）詩、書、画、篆刻ともに精通した文人、浙江省出身。

160　念仏念心

161　梓園入り口の額（呉昌碩揮毫）

162　梓園の仏殿

ら90年以上が経過したが、これら依然として生き生きした筆写により、梓園、王一亭の生活環境、その人間的魅力に関して真実の記録が残された。

　1923年に発生した関東大震災に際し、王一亭は上海慈善団体を結成して積極的に震災支援活動を行い、日本の被災者へ食糧や薬品を積んだ船を出港させた。日本人はこの行為に感謝し、王一亭を「王菩薩」と呼んだが、王一亭の私邸を見学した日本の女子学生たちも、王一亭に対し敬慕の念を抱いていた。

　第一応接室：ここは純中国風の応接室で、広い室内には中国特有の紫檀の椅子が置いてあり、両側の壁を背にしている。この二つの椅子の向こうにはそれぞれ椅子が二つ置いてある。椅子と椅子の間にはテーブルが置いてあるが、大

変ゆったりと配置されている。椅子と椅子の間に四角いテーブルがあり、これらの配置は中国人の気質とよく合っていることが一目で分かる。部屋の正面には立徳堂と書かれた大きな額と上に条幅が、その下のテーブルには中国特有の装飾品が置いてある。室内の左右の壁には、主人王一亭氏60歳の誕生日に贈られた各種の赤や白の紙に書かれた祝いの詩の巻物が多数掛けられている。さすが書道の大家だけあって、応接間にも異質な趣が溢れている。

　第二応接室：この応接室は風雅な庭の前にあり、眺めているだけでとても爽やかな気持ちになる。ここの夏の夜の涼しさはどのように人を気持ちよくさせるのであろうかと思わず連想してしまう。周りに線香の香りが漂っていて、とても静かな感じがする。正面に掛けてある絵は清朝中期に人物画を得意とした黄応瓢の作品であった。室内のすべての柱には王一亭氏本人の字が刻まれている。一同感動して、一緒にいろいろと見回した。右のドアを開けると小さな部屋があり、中には王一亭氏とご母堂の写真が置いてあった。校長先生は私達に写真の中の王一亭氏がどのように和やかで親しみやすい方であるのか説明された。続けて、人間の顔は両親から与えられたものだが、後天的要素も顔に影響する、それがいわゆる「相由心生（人間性は顔に出る）」である、とおっしゃった。

　仏殿：第一応接室を離れて広い庭に着いた。小さな池の周辺は天然の岩で、古い木が生い茂っている。池の中央には東屋が水面に浮かんでいる。岩の上に建てられた仏殿は中国の古典建築のようであった。木の茂みを抜けて岩を登り仏殿を眺めると、とても神聖な気持ちになる。屋根は中国風で、技術も優れている。窓も精巧で、見ていると仏殿に置くのに大変相応しいとわかる。窓を開けると、朝晩の読経時の焼香の香りが漂い、部外者も思わず目礼しながら中に入る。中央の仏壇の上に仏像は光り輝き、両側には精巧で美しい生花の造型をした燭台があって、これは一般の家庭では見られないものである。その他、仏壇には柔らかな表情の慈母像が供えられている。隣を見ると、珍しい仏像がある。これは六朝時代の珍しい仏像であった。仏壇の前に椅子があり、王一亭氏は毎朝ここで念仏を唱えている。

　居間と寝室：居間と寝室は繋がっていて、自由に出入りし話ができる。寝室の片側は壁沿いに蚊帳の付いた木製ベッドがあり、木には精巧な彫刻が彫られている。上にはいろいろな写真が掛けられていて、とても綺麗に見えた。特に木製ベッドの両側には小さなかごが2つぶら下がっていて、とても面白い。居

163　梓園の外景　　　　　　　　　164　梓園の立徳堂

間の両側の窓は開放されており、とても明るい。部屋には鏡や生活必需品が置いてある。部屋の中央に四角いテーブルが置いてあり、四方には列を組んだ中国兵の人形が並んでいる。よく見ると、それぞれの人形は違っていて、とても面白い。頭がなくなった人形や足がなくなった人形などがあるが、これは飾りであると同時に子供向けの教材でもあった。部屋の反対側に小さな木製のベッドが置いてある。周囲の壁には名家の絵画作品がいっぱい掛けてある。その中に飛翔するコウモリの絵があり、額には「福自天来（福は天より来る）」と書かれてある。明らかに王一亭氏が描いたものであろう。コウモリは日本では縁起のいいものではないが、中国ではコウモリの「蝠」は「福」と同じ発音なので、縁起物として扱われている。もう１つ珍品があった。ソファーだと思いカバーを取ると、蓄音機が置いてあった。

　画室：ここが一流の画家のアトリエというのは事前に聞かされていたため、ドアを押して入る際は緊張した。奥の窓以外、三面の壁には絵がいっぱい掛けられていて、とても驚いた。中央の大きなシャンデリアの下に大きな紫檀のテーブルが置いてあり、ペン、墨、洗面器、パレットなどいろいろな道具が置いてある。パレットに少し調合された赤い色があるが、日本画の色に似ていた。墨は有名な胡開文製で、かなりの量がある。書や絵を書く人は墨を買うのに金を惜しまないとのこと。王一亭氏の墨は確かに一般のものではなかった。校長先生のお話では、この硯は広東省肇慶の端渓で生産され、日本の赤間石の硯と同じで、非常に高級な硯だそうである。入り口左側の壁には八大仙人の絵がかけられている。なぜか馬の頭がとても大きく、ちょっと変に見えた。隣に掛けられているのも名画で、蘭の鉢植えの水墨画である。すべての絵が、見たとこ

ろかなり古いもののようだ。窓の壁には、今朝王一亭氏が私達の到着前に描いた4、5枚の新作が掛けられていた。絵の色彩は鮮やかで、池で遊んでいるアヒルや鶴などが描かれている。南画特有の筆法が白紙の上を自由に行き来している。天井の周辺には小さな電灯が、中央に大きな明かりが着いていた。陰影を取り除くためか、向かい側の壁は全部窓になっている。すべてのものが、本物の芸術家であることを思わせる。

　庭園：庭園はすごく大きいわけではないが、大変精巧で手が込んでいる。中央に池があり、十数匹のアヒルが水中で遊んでいる。池の周囲には角の取れた小さい穴のある石がたくさんある。これらの石は山から取ってきて、揚子江の河岸に置いておき、水に溶解しやすい物質が流されてこのように穴の多い石になる。その際水圧によって石の角が取れる。小さいものはセメントとして壁になり、あるいは小山に積み上げられる。仏堂の前には木が生い茂り、そこから下を眺めると東屋が見える。東屋の右に仏亭が見え、金属でできた丹頂鶴が一羽で立っている。その左側には樹齢300年といわれる大樹がある。孟南によると、春には白くてきれいな花が咲き誇り、とても美しいとのことである。自然の美しさと人工の技法が庭園をより美しく、より身も心も楽しませるものにさせている。

　梓園は本来私邸であるが、後に上海でその名が知られるようになったのは、王一亭が物理学者アルベルト・アインシュタイン（*Albert Einstein*, 1879-1955）を同邸に招待し、宴を設けたからである。

　ドイツ生まれの偉大な物理学者アインシュタインは1905年、26歳の時に奇跡的な論文を5つ発表し、相対性理論の確立と発展の基礎を打ち立て、世間の注目を集めた。当時はベルン特許局の名もない公務員であったが、世界の研究者たちは彼をコペルニクス、ニュートンの功績に匹敵するほどの近代科学界の大革命家と認めた。1922年10月、アインシュタインは夫人を伴い、改造社の招待で来日する。ベルリンからインドを経由して11月に香港に到着、日本の北野丸に乗り換えて上海に立ち寄った。11月13日午前10時、上海に到着したアインシュタインは中国学術界と各界の名士、学生、内外のジャーナリスト、各国大使館館員、改造社の代表、上海在住のユダヤ人などから熱烈な歓迎を受けた。王一亭もその歓迎に加わっていた。アインシュタインは上海に到着する2日前、船上にて無線でノーベル物理学賞受賞の知らせを受けており、上海到

着後スウェーデンの駐上海総領事から正式に通知され、当然のことながら大変喜んだ。

　今回の上海滞在中のスケジュールは、「中国の料理、演劇と庭園の素晴らしさを味わいたい」というアインシュタインの希望に沿って考えられた。そこで中国側が考えたのが、「一品香」、「小世界」、「梓園」の３か所である。王一亭の私邸を宴席の会場にしたのは、その邸宅が典型的な中国人家庭の住居であることと、アインシュタインに多くの中国の名画を鑑賞してもらうためであった。『時報』149)では、アインシュタインの上海到着前の段階で、「王一亭の邸宅で歓迎の宴席を設け、博士に中国人の住居を見てもらい、併せて中国の美術品を鑑賞してもらう。この席に中国の某名士が相伴する」と報じている。

　アインシュタインは上海到着後、まず上海のドイツ領事館を訪問、正午に改造社の招待で福州路の名店「一品香」にて旅のほこりを落とした。食事後、市内観光として龍華寺、総商会商品陳列所、李公祠などに行く予定であったが、アインシュタインの希望で城隍廟や豫園を訪れ、近くの「小世界」の芝居小屋で昆劇を鑑賞した。観光時に周囲がアインシュタインだと分かると、熱狂的な青年学生が「アインシュタイン！　アインシュタイン！」と叫んだ。皆がアインシュタインを歓迎し、彼の体に触れられたことを誇りとした。

　当日の夜６時、王一亭は梓園で宴席を設け、アインシュタイン夫婦を招待した。同席したのはアインシュタインに同行した同済大学学長でドイツ人のウエスト夫妻、改造社代表の稲垣夫妻、大阪毎日新聞の記者村田孜郎、上海大学学長の于右任（1879-1964）150)、『大公報』の曹谷氷、記者の張季鸞（1888-1941）、元北京大学教授の張君勱（1887-1969）、浙江法政学校教務長の応時博士およびその夫人張淑と娘の応慧徳などであった。

　宴会に先立ち、アインシュタイン夫婦は王一亭の収蔵する金石と書画の文物を鑑賞した。宴席では于右任が起立し、「私は本日、日本の改造社とともに博士歓迎の宴席を開きます。中国の青年を代表して、敬意を表します。博士は現代における人類の誇りであり、その偉大な貢献と発明は科学界に止まりません。中国の青年たちも博士を崇拝しております。時間の関係もあり、十分な接待はかなわず、博士のご高説を多く伺うこともできず申し訳ありません。博士が日本での講義を終えた後、再びわが国の青年に教えを賜れれば幸いです」と挨拶

149)　1904 年に上海で創刊された日刊紙。
150)　政治家、書家、ジャーナリスト、陝西省出身。

165　梓園を訪問する日本人女子学生と
　　　王一亭の長男王伝薫

166　梓園で招待を受けるアインシュタイン

167　梓園を訪れた梅蘭芳

した。

　それに対しアインシュタインは、「本日多くの中国の名画を鑑賞でき、大変
愉快でした。特に敬服したのが王一亭氏の作品です。中国の青年が科学界に将
来大きく貢献すると信じます。今回の滞在は慌ただしかったため、他日立ち寄
った際には、中国の青年に貢献したいと思います」と答辞を述べた。

　于右任とアインシュタインのスピーチに列席者から大きな拍手がわいた。こ
のスピーチは応博士が通訳を担当した。続いて、張君勱博士がドイツ語でスピ
ーチを行い、アインシュタインに対する敬慕を表明した。応博士の令嬢慧徳は
わずか11歳であったが、英独仏3か国語を流暢に話せた。彼女はドイツの有
名な詩を朗読し、アインシュタインから称賛を受けた。宴会は夜9時まで続い
た。その日のスケジュールでは、アインシュタインはこの後虹口の文監路（現
在の塘沽路）にある日本人倶楽部で行われる日本学士会の歓迎会に駆けつけね
ばならなかった。翌日の早朝、日本行きの船に乗船するため、本国の関係者主

催による歓迎会に関してはすべて謝絶した。

　初めての上海滞在はたった1日であったが、アインシュタインに強い印象を残した。「はじめての東アジアであったが、大変楽しかった。驚くべき見聞が多数あり、この理想的な気候、澄んだ空気、そして南の空の煌めく星など、頭の中で消し去ることのできない印象である。この印象を、いつまでも忘れることはないであろう。私は船中におり、これまでわずかの皮相な実験をしただけでありが、相対性理論に対する私の自信はますます強固となった」。

　梓園での3時間の宴席は、アインシュタインの上海訪問の中で最も重要なスケジュールであり、中国人家庭における宴席への初めての参加となった。アインシュタインへの崇拝が熱狂的となる中、多くの人間が梓園とその主人王一亭に目を注いでいた。しかし王一亭も自分がアインシュタインを自宅に招待した唯一の中国人になるとは思いもよらなかった。

　1922年12月31日、日本訪問を終えたアインシュタインは再び上海に立ち寄ることとなった。翌日午後3時、アインシュタインは福州路17号にある共同租界工部局講堂で中国人研究者と学生のために相対性理論に関する講演を行い、上海初訪問の際に梓園で語った約束を果たしたのである。

28 南京大戯院

　1897 年、アメリカ人興行師ヨンソン（*Youngson*）が上海の天華茶園、奇園などで映画を上映し、人々に驚きを与えた。「近頃アメリカの映画というものが幻灯にて奇妙ではげしく変化するものを映しだし、人々を驚かせている」、「未曾有の奇を開いて、神秘的で無窮の秘を明らかにする」。映画が中国に紹介された当時は「影戯」と呼ばれ、「影戯」を見に行くといっていた。ここから映画の原点が演劇にあることがわかり、映画館もそこから「影戯院」と名付けられた。

　上海初の映画館は、1903 年にスペイン人ラモス（*A. Ramos*）によって開設された。ラモスは当初乍浦路のローラースケート場で幾つかの不完全で古い映画を上映していたが、250 人を収容できるトタンでできた「虹口大戯院」という映画館を開設、その後、四川北路と海寧路の交差する場所に「ビクトリア影戯院」を建てた。これが上海初の映画館である。

　その後、ポルトガル籍のロシア人ヘルツベルグ（*S. G. Hertzberg*）が四川北路にアポロ影戯院、ラモスが静安寺路にオリンピック影戯院などを開設、虹江路の上海大戯院には中国人商人も出資している。

　1923 年 2 月、カールトン電影院が「上海第一の映画館」としてオープン、1925 年には中国系商人の単独出資で四川北路にオディオン大戯院が開設され、アメリカのパラマウント映画をもっぱら上映した。

　映画館が誕生すると、映画は伝統的な演劇と競合し、市民の娯楽生活の中で大きな地位を占めた。1930 年代、上海の映画館は 30 軒以上に達しており、ある映画関連の画報では映画館は上海で「一日に 100 万以上を収容する場所」であると誇張することなく記している。

　上海における初期の映画館は映画専用の建物ではなく、舞台を改造し、映写機とスクリーンを設置すればそれで成立していた。しかし、映画の技術と芸術の発展に伴って、映画館の建築と設備に対する観衆の要求はますます高くなっていった。外観の華麗さ、座席の快適さのほか、映写機の性能や音響の質まで

求められるようになった。そこで新設の映画館は建物と設備を売りにするように
なったが、その場合後続の映画館に敵うことはなかった。南京大戯院は
1930年代初期に一世を風靡したゴージャスな映画館である。

　南京大戯院は、愛多亜路（現在の延安東路）と坟山路（現在の龍門路）の交差
点にある元潮州山荘の墓地にあり、南怡映画株式会社（のちの聯怡公司）が投
資をして建設された。同社はすでに北京大戯院（1926年）を建設し成功した経
験があった。1930年3月25日夜9時に、南京大戯院は正式にオープンし、映
画館は「避暑と避寒、心をのびやかにして楽しめる唯一の場所」と宣伝した。
翌日よりハリウッドのユニバーサルのミュージカル映画『ブロードウェイ・メ
ロディ』を封切り上映、斬新で華麗なセット、悲喜こもごものストーリー、艶
やかなダンサー、素晴らしい歌曲、鮮やかで目を奪うほどの色彩、100人を超
える出演者、などを大々的に宣伝した。「繁栄したニューヨーク、人を誘う夜
の魅力、目も心も楽しませ、視聴するもの皆が喜ぶ。映画には雲のように美女
が出演、ラブソングは酒のようで、魂を奪われ、心はのびやかで楽しい」。

　ハリウッド映画の人気とともに南京大戯院はその建築の豪華さと設備の完璧
さで上海の観衆の目を引きつけるようになった。オープン1か月前の『ニュー
ヨーク・タイムズ』では、アメリカ国内で最高の設備を持つロキシー映画館に
匹敵しており、アジアのロキシーであると紹介している。『申報』の記事でも、
「その規模の壮大さ、設備の周到さという点で、上海で唯一である。1600人の
観衆を収容でき、夏は冷気、冬は暖気が流れ、座席はゆったり、温度は適温、
観客が快適になるよう務めている」と記されている。

　1930年10月6日公開の『アリバイ』に関しては、「感動的なラブソング、
残酷な暗殺、驚異的な決闘、魅惑的な情婦、奇怪なラブストーリー、まさに百
花繚乱で、観客の目を喜ばせ満足させます。ブロードウェイでロングラン公演
され、賞も獲得した名作であります」と宣伝している。10月2日公開のフォ
ックス社のミュージカル映画『フォックス・ムービートン・フォリーズ』に関
しては、「新しい笑い、新しいメロディー、新しい美女、新しい艶やかなダン
ス」、「新曲の名手たちを選抜し、清雅で心地よいラブソングを制作しました。
選ばれた美女たちを舞台に立たせ、新しく華麗なセット、奏でられる新しい音
楽で、新奇さを届けます」と謳っている。

　南京大戯院の設計者はアメリカ留学から帰国した中国人新進建築家の趙深
（1898-1978）と范文照（1893-1979）である。趙深は、北京の清華学校を卒業後、

168　南京大戯院

169　南京大戯院側面

170　南京大戯院の映画
『啼笑因縁』新聞広告

171　映画終了後の南京大戯院

アメリカのペンシルベニア大学へ留学、建築工学で修士号を取得し、ニューヨーク、フィラデルフィア、マイアミ、シカゴなどの建築設計事務所で働いた。范文照は、上海のセント・ジョンズ大学で学び、1921 年にアメリカのペンシルベニア州立大学建築設計学科を卒業、帰国後に上海で個人設計事務所を開設した。彼らが設計した南京大戯院は西洋の古典的な風格に満ちている。建物の外観は濃い褐色のレンガで、色調はあっさりして上品である。正門の上には3つの丸いアーチ窓があり、窓の間にはイオニア式の柱が設置されていて大変風格がある。ロビーと休憩室はいずれも大理石で装飾され、シアタールームの平面は時計のような形をしており、天井部は華麗な円形のドームで、周囲の壁面は柱式の装飾と古代ギリシャの模様を採用しており、クラシックな宮殿の風格を漂わせている。床は特殊な素材で作られており、堅そうに見えるが踏むと柔らかく音が出ないため、上映開始後に遅れて入場してきても、足音が聞こえることはない。贅沢な造りの映画館である南京大戯院は音響効果を重視し、アメリカのウェスタン・エレクトリック社（Western Electric Co.）設計による壁紙と柱を使い、良好な音響効果を備えている。映画館はセントラル空調を設置し、清新な空気で冬には暖気、夏には冷気を提供した。この完璧な設備により、南京大戯院はハリウッドのフォックス社、RKO、MGM の封切り館の権利を獲得し、上海一流の映画館となった。

　中国の国産映画も南京大戯院で主に上演された。1932 年、張石川監督、胡蝶、鄭小秋主演の『啼笑因縁』は一部にカラーとトーキーが入った作品で、南京大戯院の広告では「中国映画史上初のカラー映画」と謳われた。

　南京大戯院は魯迅が晩年よく出かけた映画館である。その日記に、「1935 年8 月 5 日、夜に弟が来たので妻子を連れて南京大戯院へ、"Public Hero Number 1" を鑑賞」、「8 月 14 日午後、妻子を連れて南京大戯院へ、『野性の呼び声』（The Call of the Wild）を鑑賞」などと書いている。『野性の呼び声』は、ジャック・ロンドン（Jack London, 1876-1916）の同名小説を原作としたハリウッド映画であるが、魯迅はこれに満足せず、「原作とは全く違う」と驚いていた。後に友人への手紙に、「今後名作を改編した映画は観る気がしない」と記している。

29　最高のパラマウント・ダンスホール

　都市の律動は昼間にあり、都市の心髄は深夜にある、という人がいる。ダンスホール、ジャズ、ネオンサイトが都市のナイトライフの精髄を輝かせている。

　上海開港初期、外国人女性の数は少なかった。1864 年、イギリス共済会は上海の租界で初めての舞踏会を開催したが、男女比は 10 対 1 といわれている。外国人女性の数が増えるにしたがい、大規模なダンスパーティーを開催するのに必要な男女比に次第に達するようになった。上海最初のダンスホールはガーデン・ブリッジのアスターハウスホテルと南京西路のカールトン・ダンスホールで始まり、毎週末の夜に開催されるダンスパーティーは深夜まで続いた。参加者は全員外国人であった。1922 年、現在の西蔵路と漢口路の交差する地点にある一品香ホテルでも西洋風を取り入れてダンスパーティーを開催、多くの中国人を引きつけ、上海におけるダンスブームが次第に起こった。それに合わせて、さまざまなダンスホールが次々と開設され、プロの踊り子たちが登場した。上海のデパートやホテルでも、例えば四大デパートの 1 つ永安公司は大東ダンスホールを開設している。このダンスホールはフィリピン人ビッグ・バンドを招聘、昼も夜も営業して、上海中から優秀な人気の踊り子を集め、彼女たちがダンスのパートナーとなり深夜まで、毎週土曜日は夜通しで営業するなど、当時のダンスブームが見て取れる。ドックレース場「逸園」もダンスホールを附設、ホールは美しいレイアウトで、異常に広かった。ドッグレース場という大衆的な施設で、逸園のダンスホールには国籍による入場制限がなく、中国人と西洋人が入り交じり、非常に人気の社交場として、「上海で最高、最も偉大な 4 大ダンスホールの 1 つ」と称された。

　1928 年、日本人作家金子光晴（1895-1975）とともに上海を訪れた、夫人で女流作家の森三千代（1901-1977）は、上海のダンスブームに驚き、帰国後に「跳舞的上海」と題する詩を発表している。

　1933 年 12 月 14 日、パラマウントホテルは静安寺のジェスフィールド路（現在の万航渡路）と愚園路の交差する角地に落成された。"Paramount" は「卓絶、

最高」の意味であり、中国語では「百楽門」、つまり「百楽」の門という意味で表記された。ブームの潮流に合わせて、パラマウントホテルはダンスホールをメインにし、パラマウント・ダンスホールともいわれた。その造型の精巧さ、施設の豪華さのため、上海最大の高級娯楽施設となった。とりわけ入口に高くそびえてネオンサインを輝かせるネオン塔は周囲を光で照らし、1930年代上海の夜の繁栄した日常を示す目印の1つであった。

　パラマウントは中国人銀行家が投資し、中国人建築家楊 錫 鏐（ようしゃくりゅう）（1899-1978）が設計した。楊錫鏐は南洋大学を卒業した中国建築家学会の会員で、上海に新しい建築様式を提唱、かつて中国建築師学会が滬江大学[151]と協力して設立した建築学部の教授を務めた。

　パラマウント・ダンスホールは3階建てで、敷地面積が930平方メートル、外壁は厳かで美しい花崗石を使っており、沿道の1階はショップとなっている。内装は芸術性あふれる風格であった。1階は広々とした円形の休憩室とバー、2階から3階はダンスホールとホテルとなっている。1階からダンスホールまでは白い大理石のらせん階段で、手すりはクロムのきらびやかな金属でできており、上品で気品があった。ダンスホールは当時最も流行していたスプリング床を敷き、400人余りが収容可能で、その両脇には75席ある宴会場も設置された。ベランダにはもう1つの、厚さ2寸[152]の水晶ガラスを敷いた小さなダンスホールがあり、フットランプがガラスに映っていた。「ほのかに明るい光と影が入り混じる中、それぞれのペアが踊っていると、そのまま月に上って嫦娥と手を携え月の宮へと入っていく神仙になったかのような趣」になった。ダンスホールには様々な色彩のランプが18000以上あり、光の強弱も自由に調節できた。安全面では、常備の非常口、非常エレベーターのほか、イギリスから輸入したデービー灯[153]が40本以上用意されていた。緊急時には自動照明により、入場客を安全に避難させ、暗い中での混雑を避けることができた。ホール内の暖房設備は当時最新の「換気」式で、10分に1回の換気のため、喫煙者が多くても室内に紫煙が立ち込めることはなかった。

　建物全体の建設には9か月かかり、費用は40万元以上、内装に20万元以上

151）1906年に上海で創立された、バプテスト教会系の大学。「滬江大学」の名称は1914年から1951年までで、現在の上海理工大学の前身。
152）1寸は約33.333 mm。
153）可燃性の大気の中で使用される安全灯で、ランプの火を鉄製の細かい網で覆う作りとなっている。

かけて、上海最大で最も豪華なダンスホールができあがった。当時のメディアでは、「ガラスの灯台が四方を照らしている。花崗石の壁面は厳かで美しく、大理石の階段は珍しい。鉄筋の欄干は軽快で面白い。ガラスの床で目が眩み、スプリング・フローリングは快適だ」と宣伝している。

　パラマウント・ダンスホールに足を運んだことのある西洋人は、「舞台は正面を向いて、舞台上のバンドは皆ロシア人の楽師であったが、演奏しているのはアメリカのジャズであった。私たちが到着した時、ちょうどコーラスのショーが始まったが、コーラスもロシア人女性で、金髪の美人もいた」、「イギリス人の友達によると、ロシア人女性を雇った方が中国人よりずっと安く、また中国人は金髪の白人女性に憧れているとのことである」と回想している。上海に来た多くの白系ロシア人女性たちは抜きん出た美しさで、ダンス技術もロシアにいたときからトレーニングを受けていたため、非の打ち所がなかった。そのため白系ロシア人の踊り子たちは瞬く間にダンスホールのトップとなり、スラブ女性特有の金髪と高い鼻は、繁栄した都市のきらびやかなネオンサインと映え合って、上海のナイトライフの巨大なポスターとなった。『申報』の「上海のダンスホール」という記事では、「ロシア革命により白系ロシア人女性が次々と上海にやって来た。上海に暮らすものに対する彼女たちの貢献として、ダンスがある。我々が今後上海のダンスについて語ろうとするなら、1頁目はロシア人に割かねばなるまい」と記している。

　パラマウント・ダンスホールのオープン初日には、上海市市長の呉鉄城（1888-1953）が夫人を伴い臨席、アメリカ人バンドと世界各地の人気ダンサーが花を添え、パラマウント・ダンスホールの名声は増大、上海上流階層にとって社会勉強の場所となった。中国人作家巴金（1904-2005）は、「双十節在上海」という文章の中で、「道路向かい側の角地に高級ダンスホールがある。5、6人の中国人セレブが2、3人の婦人を連れて、2台の車に乗っていった」と書いている。巴金の文章は1934年10月に書かれたもので、そこで記されている道路向かい側の角地にある高級ダンスホールとは、まさしくオープンしたてのパラマウント・ダンスホールであろう。

　1936年3月、チャールズ・チャップリン（1889-1977）は映画『モダン・タイムス』のヒロインであるポーレット・ゴダード（1910-1990）を連れて上海に立ち寄った。わずか1日の滞在であったが、上海に来る前に知人から上海の遊び場について尋ねていた。知人は上海にはパラマウントという有名なダンスホ

172　パラマウント・ダンスホール　　　　173　パラマウント・ダンスホールの内部

174　パラマウント・ダンスホールでのロシア人バンド

175　パラマウント・ダンスホールで踊るチャールズ・チャップリン

ールがあると教えた。チャップリン一行は午後1時半に上海に到着、4時から
パークホテルで歓迎会に参加、6時半にキャセイホテルでインタビューを受け、
またパークホテルに戻り夕食会に参会した。夕食後、共舞台、新光映画館で2
本観劇した。もちろん最後は忘れることなくパラマウントへ行ってダンスをし、
夜中の3時にホテルへ戻り、翌朝の午前8時に上海を出発して香港へ向かって
いる。

　1940年旧暦の大晦日の夜、上海の各ダンスホールはいずれも赤と緑のイル
ミネーションを絵画のように光り輝かせて客を招き寄せた。思いもよらぬこと
に、9時過ぎから米高揚、大新、仙楽、緑宝、大華などの6軒のダンスホール
で相次いで爆発事件が発生、そこにパラマウントも含まれていた。パラマウン
トでは、壁、カーペット、椅子などが破損されたが、死傷者は出なかった。被
害のでなかったダンスホールも営業を停止し、不測の事態に備えた。上海ダン
ス業界の損益は50万元となった。その後しばらくして、情勢と経済的事情か
らパラマウントの人気踊り子たちが次々と香港へと南下してしまい、マネージ
ャーは仕方なく自らあちこちへ新人を物色して回った。踊り子たちが出て行っ
た重要な原因の1つに、過酷な労働条件が当然あった。業界紙『跳舞日報』で
は、「パラマウントの内部の設備と装飾に関しては「荘厳華麗」、東洋一の楽府
の名称も絶対に適当である。しかし内部には恐るべき状況も現れてきており、
パラマウントの経営陣はこの大きな欠陥の改善に尽力し、踊り子たちへの様々
な条件に対し可能な範囲内で穏やかに修正を図り、最終的に立場の弱い女性た
ちの背負う負担が軽くなる余地を与えてほしい。これはパラマウントの今後の
営業に大きな意味があるだけでなく、1000人の踊り子たちの将来に希望を与
えることになる。これが私達の希望するところであり、また多くの踊り子たち
が考えているところでもある」と記している。

　1989年、台湾の著名作家白先勇（1937-）は回顧小説『金大班の最後の夜』
を発表した。小説の主人公はかつて上海の踊り子であり、台北のみすぼらしい
ダンスホールで、「何も世間のことを知らない奴だよ。右も左も夜巴里だ。言
い方は悪いが、パラマウントのトイレなんてここ夜巴里のダンスフロアよりも
広かったんだ」と嘆いている。この小説では無意識のうちに、昔の出来事の埃
を払ってくれている。

30 七重天

　デパートは近代都市をリードした産業であった。1910年代から1930年代にかけ、中国人商人は南京路に、先施（1917）、永安（1918）、新新（1926）、大新（1936）と次々に四大デパートを開設していった。四大デパートが南京路で繰り広げた鎬を削る激しい競争は、中国一の商店街の繁栄の現われであった。この四大デパートの中でトップを占めたのが、オーストラリア華僑であった郭兄弟が創設した永安公司である。

　永安公司は地の利において優勢を占めていた。1907年、郭兄弟は香港に永安環球デパートを開設、そこで成功を収めると上海に姉妹店の開設を決めた。1915年、南京路における南北へ移動する人の流れに関する統計を取り、店舗を置く場所を見定めようとした。結果として、南京路へは北からより南から向かう人の流れの方が多いことが分かった。当時上海の富裕層は南京路の南側に住んでおり、そこで南京路と湖北路が交差する南西の地点、先行する先施公司の前に店舗を置くこととした。この地所はユダヤ人サイラス・アーロン・ハードゥーン（*Silas Aaron Hardoon*, 1849-1931）の所有で、年間の賃料銀5万両、契約期間は30年、満期後は土地建物をすべて返却という、大変厳しい条件を提示された。郭兄弟は南京路にビジネス・チャンスを見て取り、30年で永安公司は20トンの金を稼げると判断、ハードゥーンと契約した。1916年に永安公司のビルが着工され、1918年9月5日に竣工、開業となった。その敷地面積は5681平方メートルで、建物面積は30992平方メートル、鉄筋コンクリート構造、本館は6階建てであった。建物の平面は正方形で、東北部の外郭は弧を描いていた。外壁は花崗石を用い、1階はモザイクの床であった。ショーウインドーには海外から輸入したガラスを用い、屋上には「天韻楼」というガーデンを設置した。建物はイギリス系の公和洋行が設計、中国系の馥記営造廠が建設を請け負った。公和洋行は当時上海最大の建築設計事務所で、ヨーロッパ近代風のデザインで知られ、匯豊銀行（香港上海銀行上海分行）、上海税関、サッスーン・ハウス[154]なども設計していた。

永安公司は「グローバルな経営で、国産品を売り出す」という方針で、主に輸入品、特に先進国のブランド品を扱い、社会の中間から上層階級を顧客に、各種の高品質で新奇な商品を集め、顧客のニーズを満たすよう努力した。永安公司のトップを郭琳爽（1896-1974）が継ぐと、商品に国産品の占める比重を上げ始め、デパートで初めてのファッションショーや、商品の製作現場を見せたりする企画を行うようになった。また、ギフト券を発行し、顧客が商品券で自由に品物を選べることも企画した。経営が軌道に乗り、永安公司は1920年代から1930年代にかけ、年平均で100万元以上、最高時は200万元、戦争下の孤島時期[155]には毎年800万元余りという利益を得た。

1932年、永安公司はライバルのデパートと競うためデパートの使用面積を拡大し、東隣の茶館「楼外楼」の所有権を買収、元の建物を撤去して、三角形の19階建て高層ビルを建設、「新永安公司」と命名した。鉄骨構造、外壁にはホーローレンガを用い、高速エレベーターや冷暖房など当時最新の設備を設置した。さらに2つの通路を設けて道を隔てた永安公司と行き来もできるようにした。土地が三角形のため、ビル全体が三角形であった。新永安公司は1階から5階までがデパート、7階はレストラン「七重天」であった。設計した哈沙徳洋行も上海で影響力のある建築設計事務所であったが、その風格は公和洋行とは明らかに違い、アメリカ最先端の高層建築様式であった。翌年、ビルが完成するとその高層の雄姿から「七重天（*Seventh Heaven*）」と広く称されるようになった。

永安公司の本館と新館は英米それぞれの風格のある高層ビルで、南京路に独特な輪郭を描き出し、ビル屋上に輝くネオン、赤いアルファベットの"*Wing On*"緑の漢字「永安」が1930年代南京路の夜景のシンボルの1つとなった。

ネオンサインはジョルジュ・クロード（*Georges Claude*, 1870-1960）が1910年にパリで発明した。1923年にアメリカに伝わり、中国では1926年に南京路のイヴァンス（*Evens*）図書公司のショーウインドー内で、初めて"*Royal Typewriter*"のネオン広告が現れた。デパートでは1927年に先施公司がビルの屋上に「先施」という2文字のネオン広告を設置した。

永安公司が最初に使ったネオンサインは、デパートの目立つところに掲げた

154）サッスーン・ハウスは現在の和平飯店北楼。

155）1937年11月11日に日本軍が上海の華界を制圧してから、1941年12月8日に太平洋戦争が勃発し日本軍が共同租界を占領するまでの期間。

176 永安公司デパート

177 永安公司の新館「七重天」

178 南京路の高層ビルと「七重天」（中）

"Customers are always right"（お客様は神様）である。新館「七重天」が完成した後に、ネオンサインの広告は全盛期を迎えた。四大デパートのネオンサイン広告が夜空に高くそびえ、まばゆい照明と夜空が一体となり、無数の星のように南京路を照らし、多くの上海市民と中国各地、世界各国からの観光客を魅了、不夜城である「モダン上海」の重要なシンボルとなった。

　中国系資本のデパートである永安公司は、民族の危機に際し、国産品の提唱を自らの任務に課した。永安公司新館は、「建物は雄壮、立地は適当、東アジアを雄視するに十分である。将来的に国産品を専門に販売し、国産品の地位向上に努める。その業務はあらゆるものを含み、精巧で美しいものを結集させる。わが国で最も完備した国産品のマーケットとなる」と宣言した。国産品の国民

経済に与える重要性を深く認識した永安公司は、新館オープンに際し、広く国産品を求めて、小売部門と輸出のための輸送と販売部門を分けた。そのため、永安公司新館に設けられた売り場は国産品を扱う重要な拠点となった。

　建設された七重天が一体どのくらいの高さなのか、人々の関心を呼んだ。石を結んだ縄を屋上から垂らして実測しようと考えたものもいたが、様々な要因で実行されなかった。簡単な三角法で測量したものもいた。『永安月刊』には、「信じるか信じないかはあなた次第──永安公司のビルの高さは？」という記事を掲載、三角形に切った硬い紙を道路のどこかに置き、斜辺に沿って七重天の屋上を見る。視線が最も高い部分に来るところを標準にそこから真っ直ぐ永安公司内までの歩数を数え、歩数の長さを計算し、それに自分の身長を加えると、永安公司の高さになる、と記している。もちろん、これは一種の遊びの計算に過ぎず、正確なものではないが、人の興味をそそるのも一種の宣伝である。

　上海のデパートは消費と娯楽の二重の機能を持っていた。永安公司はその点で最も完備しており、デパート以外にローラースケート場、写真館、天韻楼遊楽場、大東ホテル、レストラン、喫茶室、氷屋、大東ダンスホール、永安粤劇団公演などの文化娯楽施設があった。永安ローラースケート場は上海一完備された、高尚なローラースケート場で、標準的な床、標準的な靴を使い、第二回全上海アマチュア・ローラースケート競技会を開催した。大東ホテルは当時上海における一流ホテルである。大東ダンスホールは毎週土曜日、夜通しで営業され、外国人ビック・バンドをフィリピンなどから呼び寄せ、上海の優秀な人気ダンサーを集めていた。大東酒楼は優雅な環境で、西洋料理や美味しい料理が出てくる。七重天にある永安ガーデン・カフェは上海の高級リゾートであり、永安公司新館の広いベランダに建てられ、灯火が光り輝く夜のガーデンとなっている。そこには竹林や色とりどりの花があり、中央には星形のダンス・ステージがあった。毎晩ジャズバンドが奏でるジャズのスタンダードを背景に、入場者はパートナーと軽やかに踊り、美酒やごちそうを注文、濃厚な香りのコーヒーを味わい、南京路の夜景を見下ろすことができた。この七重天の風情に関し、「臨江仙」という詞を詠んだものがいる。

　　踊り子の動くシルエット、風が彼女の髪をかき上げる。高層の一角でしばし安逸をむさぼる。
　　手すりに寄り掛かり、君は誰に微笑みかけているのか。ステージは爛々と

179 南京路の夜景

180 永安公司のショーウインドー

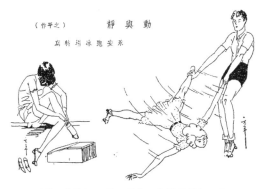

181 永安ローラースケート場のスケッチ

している。

晩春で蓮の花もまだ開かない、一面緑のようなホール、室外は青空に白い
雲で熱気がこもる。

夜は更けても歌舞音曲は止まず、酒宴は続く。浮世はかくも楽しく、酔わ
ずには帰れない。

　台湾の作家白先勇（1937-）は上海で過ごした幼年時代を回想する中で、永安公司に対する強い印象を記している。「永安公司の各階の店舗には目を奪うような美しいものが満ち溢れ、様々な色が入り混じり、ピカピカと光っているかのようだった。それは次々と魔法が繰り出される童話の世界のようであり、永安公司の七重天の名称のように、連日第七天国のようであった」。

31　永安の文化雑誌

　1937 年 11 月、上海の租界（蘇州河南側の地区）は「孤島」となった。1941年 12 月、アジア太平洋戦争が勃発すると、上海は「孤島」を含めてすべての地域が日本軍の占領下となる。戦時中の「孤島」と「淪陥」[156]の期間、上海では『万象』（1941 年 7 月-1945 年 6 月）、『上海芸術月刊』（1941 年 11 月-1943 年 2月）などの文芸総合誌が相次いで刊行されたが、刊行期間の長さや内容の豊富さからいえば、『永安月刊』に比肩できるものは 1 つもなかった。

　上海は中国における新聞出版業の中心であり、上海の租界が「孤島」になる以前に、バックグラウンドと立場の異なるさまざまな新聞や雑誌が抗日の旗の下に結集、強力なプロパガンダのための布陣をひいて、上海を全国抗日プロパガンダのセンターにつくりあげた。しかし、上海を占領した日本軍は工部局[157]に反日活動と新聞によるプロパガンダの取締りを要求したため、1937 年11 月下旬から上海の租界で刊行されていた多くの抗日関係の新聞や雑誌が相次いで廃刊に追い込まれた。1939 年 5 月 1 日、正式に創刊された『永安月刊』の創刊号では、「今まさに国事は多難である。乱世において乱世を治めることをせず、乱世と無関係な月刊誌を刊行することは、時事に通じず、現実にそぐわないと誹られるべきであろうか、いやそうではない。『永安月刊』を創刊する意図は以下の通りである。未だ夜明けに至らず、大地は暗い、時代の奔流は荒れ狂い、静まることはない。一般の人は不安、焦燥に駆られており、精神や行動に対しいずれにも悪影響を与え、その弊害が広がると社会の前進しようとする精神と秩序に影響、ひいては国の根本を揺るがし、その害が甚大であることは想像に難くない。それ安定させる方法として、衣食と娯楽では表面的には可能でも、内側までは不十分である。内も外も安定させ、落ち着かせるには文字に頼るより他ない。文字の力は精神を鎮めて、行動を奮い立たせ、発展を支

156）1941 年 12 月 8 日から 1945 年 8 月 15 日までの、上海全体が日本軍占領下となった時期
　　を指す。
157）工部局は 1854 年の太平天国の乱を機に英米仏 3 国が組織した租界の最高行政管理機構。

え、心身に益するものと考える。本誌を創刊する目的がまさにそれである。本誌の目標はまさに上記の通りで、その範囲は広く及び、商売、家庭、個人に役立つ知識、散文、雑文、絵画、写真など載せないものはない」と記している。

『永安月刊』の刊行により、文字と写真の力で、「孤島」に陥って1年半が経過した上海の市民に、精神と文化の糧を与えられた。「8年間の抗日戦争は、その歳月が非常に重苦しいものであった。淪陥期の上海にいると、とりわけ息が詰まるような苦悶を感じた。『永安』はその時期に誕生した。同誌の創刊は甘露のように二重の苦しみにもがく市民の1人1人に、一服の清涼剤となった」のである。

『永安月刊』が共同租界の警務所に登録した番号は「C字第461号」だった。また、フランス租界の中央巡捕房（警察署）でも登録を申請した（登録番号はA字2020号）。雑誌は上海永安有限公司（社長郭琳爽）が発行し、編集長は鄭留、特別編集者は麦友雲、梁燕、劉魯文、呉匡などであった。その後、「美術鑑賞や評論が得意」で「故事来歴に通じ、コラムの名手」と評判の鄭逸梅（1895-1992）も編集に加わっている。編集長の鄭留が創刊時期を振り返り、「はじめから赤字になることは覚悟の上であった。ただ文化発揚のため、会社として新機軸を打ち出すための宣伝として、損得を考えなかった」と記している。

郭琳爽（1896-1974）は、「広東省中山の出身で、嶺南大学農科学士である。スポーツが得意で、極東運動会におけるバレーボールの中国代表チームのキャプテンとして、幾度もチームを率いて上海や、日本、南洋各地へ遠征に出かけた。1923年に欧米諸国を歴遊してビジネスを考察した。嶺南大学理事、香港東華病院総理、さらに、香港青年会、永安公司、永安銀行、永安水火及び生命保険会社、上海永安紡織会社などの取締役、また上海嶺南大学分校理事などを歴任した」。1937年に第二次上海事変が勃発すると、上海と香港の永安公司スタッフを動員して国歌と『義勇軍行進曲』を高らかに歌った。「近頃全国では抗戦が烈しく、銃後の民衆は深く考えねばならない。国歌は中国人が馴染むべき歌曲である。また『義勇軍行進曲』を歌うと意気軒昂となり、気持ちを高ぶらせることができる。故に弊社は今月14日から毎日午前8時45分と午後6時の退勤後、上記の2曲を1回ずつ歌うことにする（まず国歌、次に行進曲）。国歌を歌う時は、全員が部署にて起立し、ラジオから流れる曲に合わせて合唱する。行進曲を歌う際には仕事をしながらで構わない。夜合唱が終わって職場を出る際、ステップしながら大声で歌えば、軍の行軍のようで結構である」。

1939 年、郭琳爽は上海永安公司を掌握し、戦時中の「孤島」期にあったが、「欧米各国の大手企業が多くの刊行物を出版していることを鑑み、永安月刊雑誌を創刊し、月刊誌を刊行」することにした。

　「孤島」時期、さらに日本軍が租界を完全掌握したアジア太平洋戦争勃発後は、出版界は非常に困難な状況にあったが、『永安月刊』は信念を堅持し、劣悪な環境に怯むことなく、文化人としての姿勢と雑誌の一貫とした格調を貫いた。それには永安公司の支援のほか、編者部一同の努力が大いに関係している。『永安月刊』の創刊から 5 年目に、この雑誌の 3 つの精神がまとめられた。1. 信念は堅固に。困難を恐れて中止してはいけない。2.　力は十分に。人も物もどちらも極めて必要で、どちらかでも欠ければ支えきれない。3.　目的は明確に。どんな事業であれ、先に目標を定め、それから実行する。それはまるで船の舵が安定せねば、その航路が混乱してしまうのと同じである。この、「堅忍不抜の精神と困難に立ち向かう気迫には、感服せざるを得ない」。2 点目に関して、雑誌を作るには、マンパワー以外、財力のサポートが極めて重要である。雑誌が倒産する主な原因は資金の不足である。戦時下の永安公司は、何度も危機を経験したが、基本として営業は正常に行われ、利潤も多かった。これは大手企業が雑誌を経営する有利な点であった。

　『永安月刊』創刊時の上海は、「孤島」の歪んだ繁栄期にあったことは否めないだろう。当時蘇州河南岸にある租界では国際性と安全性が担保されていたため、中国人管理地域である華界とその周辺地域から多くの難民と短期資金が租界に流入したことは、商工業の発展に有利な条件となり、「孤島」に歪んだ繁栄をもたらした。永安公司もこれによって利益を得て、商売は繁盛した。1 人の店員が平均して 50-60 人の顧客を相手にしなければならなくなり、営業売上の純利潤は 17.2% に達した。したがって、「純粋に文芸と美術で芸術を美化することを旨とする」総合刊行物『永安月刊』が、家庭、育児、健康、医薬、美容、服飾、映画、写真、芸術、風刺漫画などを記事の中心としたのは、「環境と立場」の制限だけでなく、戦時下において市民生活と精神的ニーズにいかに適応していくかという工夫でもあった。「小誌は文芸や、美術、常識など相変わらずの記事を載せる刊行物であるため、過激な文字がなく、国家民族に役に立たない、という指摘もある。その一方で、「孤島」に暮らす人たちの嗜好に合わせて艶やかで色っぽい文字がない、という声もあった。この 2 つの批判について、どちらも正鵠を射ているものだと小誌は考えている。では、この 2 つ

182 永安公司社長郭琳爽

183 『永安月刊』創刊号

184 ウェディングドレス
（『永安月刊』）

185 女流画家関紫蘭（『永安月刊』）

186 呉国禎の揮毫（『永安月刊』）

　の批判に対し分析してみたい。前者は現状に制限があるからであり、後者については小誌がそれを望まないためである。小誌は、文芸や美術だけでも相当な成果をあげることができるのであればそれで十分であり、それに各種の常識など加える必要はない、と考えている」。「小誌はできるだけ本誌の立場に合う原稿を採用している。例えば、食堂で軽く食事をとるとして、揚げたものや辛い

ものには手を出せなくても、煮込みや炒めものであったら食べられるということはある。それぞれの料理にそれぞれの味があり、栄養があるなら、どんな料理であれおいしくいただける」。

戦時中であっても、一般市民にとって最大の関心事といえば、衣食住を基点とした家庭生活であった。「家庭は社会の縮図、社会は国家の一環である。家庭のことを直接に論じれば、間接的に国家の問題を論じることにもなる」。『永安月刊』創刊号は、児童心理学者の黄寄萍（1905-1955）に、「家庭生活漫談」という文章の寄稿を依頼、そこでは家庭生活の楽しみは富を基準とせず、精神生活による愉快の方が物質生活を上回ることが指摘された。この他、「子供と家庭」、「子供の心理と教育」、「女性と家庭」、「家庭の常識」、「新たな家庭の一員について新年に語る」、「家庭の安全に関する報告」などの特集記事も掲載した。

戦時下における市民の健康と衛生も、『永安月刊』が注目するテーマであった。『永安月刊』は創刊号から「中西医薬問答」のコラムを設け、イギリス留学経験のある医学博士陳達明ら２名の医師に、投稿者の質問に答えてもらった。これ以外に、「夏の流行病治療に関する常識」、「髪の衛生」、「トラコーマの感染と予防」など、健康と衛生に関する記事も掲載した。

暗雲立ち込める戦争の影の下で、永安公司は独自の市民娯楽の文化をつくりだした。たとえば、「同好のものたちで結成した永安楽社は上海で唯一の粤劇（広東の地方劇）の団体」である。同社は 1939 年 5 月 11 日より、黄金大劇場にて歴史劇『五湖情侶』（范蠡が西施を献上して呉を滅ぼす話）と『荊軻伝』（樊於期の燕への亡命から荊軻が秦王暗殺を試みるまで）を上演している。『荊軻伝』では郭琳爽が主役を演じ、上海および広東と広西の難民のために義援金を集めた。

『永安月刊』では戦時中の市民の娯楽のため、もちろん永安公司付属のスケート場やダンスホールの宣伝も兼ねてであるが、スケートとダンスに関する広告を掲載した。また、「洋食のマナー」、「歳月を大切にする記念品——写真」、「コーヒーの歴史」などの記事も市民に歓迎された。

戦時下の精神的にしんどい時期、市民の生活には魚、鳥、猫などペットを飼う特殊な「嗜好」が加わった。『永安月刊』は「情操を陶冶するための添え物——静かな趣をもつ熱帯魚」という記事を掲載し、「嗜好は決して罪ではない。嗜好を上手に利用できれば、精神的にも生活的にも大いに益するのである。熱帯魚を飼うと、仕事が大変になり、神経が緊張したときに、時に金魚鉢のそ

ばに寄り、いろいろな熱帯魚をじっくり鑑賞してみると、やわらかく漂う水草に合わせ、優美な姿を見せている熱帯魚はあなたを喜ばせるかのような動きをしてくれる。その悠然とした動きは知らず知らずのうちにあなたを煩わしさから解放させるのである。熱帯魚を飼うだけでも心身ともにリラックスできるのである」と記している。それと同様に、「有名で高価な花卉、色とりどりのインコ、各種のカナリヤ」を観賞するのも、余暇を過ごす選択肢として提示している。

　中華民国が誕生した 1912 年から、1937 年に第二次上海事変が勃発するまでの間、上海女性の服装は変遷を遂げ続けた。戦時下にもかかわらず情勢がすこしでも落ち着けば、シティガールの服飾美に対する追求は止むことはない。上海の女性はチャイナドレスを好み、「夏はシルクや薄絹など生地のほか、輸入品の透明または柄の織物の下にスリップを着たり着用したり」、「秋となるとチャイナドレスの上にセーターやジャケットを羽織ったり」した。そこで『永安月刊』では、「チャイナドレス」や「アウター」などのファッションに関する記事も掲載した。

　『永安月刊』の主旨は戦時下に暮らす上海市民の精神的な要求に応えることにあり、まさに「創刊の辞」にあるように、純粋に文芸と美術を以て芸術や美を構築する総合誌であった。そのため、小説や散文など市民の風俗、市井の生活などを題材とする上海文学以外にも、撮影や美術など上海芸術の特徴に関心を向けた。

　『永安月刊』の 3 色の表紙を飾る人物は、『良友』画報[158]同様、上海市民の話題となった。創刊号の表紙を飾ったのは永安公司社長郭琳爽の令嬢郭志媛である。その後、毎号の表紙に上海のセレブとスターが登場した。呉麗蓮、鐘鳳華、陳潔、何萍、陳慧娟、孟憲英、浄月華、鄭倩如、陳雲裳（1916-2016）、慕容婉儿（1916-2015）[159]、などである。表紙となった人物の写真の多くは永安撮影室で撮影されたが、中には著名な写真家、例えば郎静山（1892-1995）の作品もあった。絢爛たる表紙に登場するセレブや淑女など戦時下の美女たちを眺めることは、戦争で精神的苦痛に喘ぐ人たちにとって、一種の心の安らぎとな

---

158) 1926 年の創刊から 1945 年停刊まで、中国を代表するグラフ雑誌。同誌には文学や映画、演劇、美術、芸術だけでなく、政治や産業、スポーツや旅行、食文化といった幅広い記事が、多くの写真とともに掲載された。

159) この内、陳雲裳と慕容婉儿は当時の人気映画女優。

ったのかもしれない。

　表紙の人物のほか、『永安月刊』には毎号かならず写真作品が掲載された。世界の写真の名作だけではなく、郎静山、陳伝霖など中国人写真家の作品も多く含まれていた。中国人画家の優れた美術作品を掲載するのも、『永安月刊』の重要なコンテンツであった。中国画では、高剣父（1895-1951）の「千里江山」、「弱肉強食」や王一亭（1867-1938）の「花鳥」、「無量寿仏」、易大廠居士（1874-1941）の「如此山林執隠倫」、呉大澂（1835-1902）の「扇面」、張書旗（1900-1957）の「芭蕉」、徐悲鴻（1894-1953）の「狸奴」などがあった。そのほか、劉海粟（1896-1994）、顔文梁（1893-1988）、倪貽徳（1901-1970）、関良（1900-1986）、陳士文（1907-1984）、丁衍鏞（1902-1978）、龐薫琹（1906-1985）、黄覚寺（1910-1988）、関紫蘭（1903-1985）などの洋画家を紹介するコラムもあった。『永安月刊』は美術専門誌ではないが、美術界全体が低調であった戦時下という特殊な時期に、人生の壮年期にあたる中国の美術家、とりわけ上海の美術家の作品と活動を盛んに取り上げることで、市民のために美の糧を提供するだけでなく、中国近代美術の発展にも貢献した。

　上海で有名な永安公司が出版する文芸、美術関係の通俗誌『永安月刊』は、まさに上海の都市商業文化の産物であった。上海の「孤島」から「淪陥」までの時期に、当局に従属せず、日本軍とその手先である傀儡政権に協力せず、堪え忍びながらひそかに抵抗し、民族の気骨を示すことは容易なことではなかった。上海の刊行物として、戦時下の衣食住を第一とする市民に精神的な糧を提供し、心の飢えを解消するために、市民が楽しめる文芸や美術をとりあげ、戦争による災難と庶民の苦痛を告発し、社会の不公平と民間の悪習を風刺して、戦時下の上海を最も代表する通俗誌の１つとなった。1947年９月、日中戦争勝利２周年の記念日に、上海市市長呉国楨（1903-1984）は快く、『永安月刊』百号記念号に以下の言葉を贈った。「中身は充実、絵画も写真も生き生きしている。歴史から広く学び、構想が雄大で思想は緻密である。美しきものに溢れ、珠玉のものが散らばっている。万人に語り伝えられ、名声は永遠に伝わる」。これは、当時の国民政府が『永安月刊』の戦時中の功績に対して贈った称揚の言葉であった。

32　耳目を一新させた「大新」デパート

　西蔵路はもともと泥城河という河であり、河には何本かの橋がかかっていた。新世界[160]が開業された当時は、まだ泥城河の西側にあった。1915 年、泥城河は埋め立てられて大通りとなり、西蔵路あたりは次第に栄えはじめた。

　1936 年 1 月、南京路と西蔵路の交差する地点に立派なビルが立ち現れて高くそびえ、通行人たちが足を止めて見上げる観光スポットになった。これが大新公司である。

　大新公司は、当時上海の四大百貨店の中でその開業が最も遅かった。それは最も早く開業した先施公司に比べ二十数年も後となった。なぜ「大新」と名づけられたか。それは名前の通り、規模が大きく、設備が斬新であることに疑念の余地がないからである。大新公司は、「上海の耳目を一新しただけでなく、中国全土において百貨店のトップに立つ」存在であった。

　四大百貨店のうち、先施は徳和洋行、永安は公和洋行、新新はハンガリー建築家ゴンダ、といずれも外国人建築家がビルを手がけていた。それに対し大新だけは、近代中国最大の建築事務所である基泰工程司が設計を請け負った。この 10 階建ての建物の敷地面積は約 8 畝[161]で、三面がともに大通りに接しており、鉄筋コンクリート建築法を採用し、華洋折衷のデザインは優雅さと雄大さを両方備えていた。外壁は国産のクリーム色釉薬で塗られたタイルを使い、玄関は青島産の黒い花崗石を用い、床はイタリア石を敷き、内観も外観も美しく、顧客が百貨店の店内に入ると建物ではなく商品に目が行くようになっていた。『申報』の記事では、「新しいビルは南京路と西蔵路と労合路（*Lloyd Road*, 現在の六合路）の角に位置し、立地がよく、路の幅が広く、駐車しやすい。百貨店の中でも華麗な装飾、広大な空間、通気性がよく、照明は明るい。もろもろの便利さという点で抜きんでており、十分に人を引きつける。新ビル 1 階は計 7 つの入口があり、その内の 1 つは屋上の遊楽場へ直通できるようになってい

160）新世界は 1914 年に開業した総合娯楽施設で、西蔵路のランドマーク。

161）中国の 1 畝は 667 平方メートル。

る。百貨店の客でも一般観光客でも、出入りが至極便利である」と記している。

　ビルは馥記建築工場が建築を引き受け、1934 年 11 月 19 日に建設を開始し、1935 年 12 月に竣工した。完成まで 13 か月しかかからなかった。

　大新公司の設備の新しさといえば、まず顧客が使用するエスカレーターである。これは上海初のエスカレーターであった。大新公司では米国のオーティス（OTIS）製のエスカレーターを 2 基設置、1 基は 1 階から 2 階まで、もう 1 基は 2 階から 3 階までとなっており、2 基同時に上下に運行できた。1 時間に 4000 人もの顧客を運ぶことができ、閉店前にはエスカレーターを 2 基同時に下りに動かすことも可能で、顧客が店内から出る際に便利であった。また、地下から上がって行く最新のエレベーターが 6 基あり、エレベーター・ガールが操作した。エレベーターのドアの開閉は全部機械によって自動的にコントロールされ、最も上昇速度の速いものに乗れば遊楽場に直通できた。「エスカレーターの運行速度はそれほど速くなく、昇降の際には周りを眺め、すべてを見渡すことができ、好きな商品を選べる。エスカレーターの踏み台はちょうど一人用で、順を追って昇降ができ、確かに飛んでいるような楽しみがあり、少しも混雑時の密集による不快さはなかった」。当時の上海に自動式エレベーターは十数台しかなく、パークホテル、大陸ビル、ブロードウェイマンションなどの少数ビルにのみ配置されていた。百貨店にエレベーターが設置されたのは大新公司が最初であった。

　「大新公司に行ってエスカレーターに乗ろう」は当時上海人の間で流行語となった。エスカレーターは大新公司の広告と無形資産となり、百貨店に莫大な利益をもたらした。著名な作家白先勇（1937-）は、「エスカレーターに足を乗せ、ゆっくりと空中に昇っていく感じ、あのエスカレーターは全国では大新公司しかなかった。あの時のエレベーターは子供の頃の夢を乗せ、大新遊楽場の「天台十六景」へと向かっていった」と回想している。

　先施、永安、新新などの百貨店の主要な顧客は上海の中層上層階級に設定されていたが、大新公司は「中、下層」に着眼した。この理念を最もよく表していたのが上海で最初に地階にオープンした「ディスカウントストア」である。これも当時の上海ではこれまでないものであった。地階の深さは約 9 尺[162]、湿気を遮断するために床の下に約 4 尺を残した。すべての外壁は鉄筋コンクリートを使用し、さらに防潮の工事を加えた。防潮と通路などを考慮し、売り場

162）1 尺は 0.3 メートル。

187　大新公司

188　都市の中心部にある大新公司

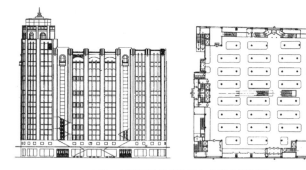

189　大新公司の立体図と1階の平面図

面積は地階の3分の2になった。開業時には混雑を避けるため、ニュースを聞いて駆けつけてきた顧客は必ず4角のチケットを購入しなければならなかった。地下のストアでは広州の点心（軽食）やお茶、コーヒーを販売した。また、イタリアン・ソーセージの店では、緑色のチャイナドレスに白いエプロンを身にまとったモダンガールが、「細い指で自らソーセージを調理してくれた。出来たてのソーセージをパンに挟んで食べれば実に美味である。ワンセットはわずか1角5分で、実にコスト度外視の商売」であった。ディスカウントストアのほか、地階には金物や南方の特産物（海産物、金華ハム類）、アイスなどの売り場があった。

　百貨店には冷暖房が設置され、温度は摂氏15度から21度の間で保たれた。この温度だと空気は清浄で、商品も保存しやすくなる。冬は暖かく春のようで、夏は涼しい風が吹き込み、顧客が店内にいると心身とも気持ちよく、気分爽快

であった。

　大新公司は地下から4階までが百貨店の売り場であった。1階には合計で約3千尺のガラスケースが置かれ、その数は上海の百貨店の中で最も多かった。各通路の幅が11尺あるため、顧客が多くても余裕を感じられた。大新公司が自らデザインしたガラスケースは取り外しが便利で、視線の邪魔にならず見通しがよかった。陳列されている商品はケースの隅にあっても、中央にあっても顧客が外から見て一目瞭然であった。このようなガラスケースは上海初のため、顧客からは評判であった。

　百貨店5階は「大新酒家」というレストランとダンスホール、6階より上、すなわち10階建ての大きなビルディングの半分以上が遊楽場であった。そこには「天台十六景」と呼ばれた多数の雑技場、茶館などの娯楽施設や店舗、さらには京劇、新劇、演芸、マジック、カンフー、映画など8つの小屋があり、2000席以上の観客席が設けられた。この中には雑技と日本の寄席のような演芸場も用意され、演目は多彩であった。たとえば1936年11月1日の番組を例としてみると、京劇、新劇、演芸、喜劇、紹興文戯（現在の越劇）、改良甬劇（現在の甬劇）、化粧蘇灘（現在の蘇劇）、申曲（現在の滬劇）の公演があり、映画は昼夜ともに『恋愛成功』を上映、チケットは2角で、1枚購入でもう1枚分がサービスで付いてきた。1936年8月、大新公司の遊楽場を取材した日本の『東京朝日新聞』の記者が2角の入場券を求め、エレベーターで9階に上がった際、「ドアーが開かれると周囲の空気はガラリと変つて、群衆の汗と安芝居のカン高い銅鑼の音でかもし出すこの雰囲気は余りに階下の上品さや明朗さとかけ離れた世界である。ここに群がっている人々は、いわゆる支那国民の大部分を占めている細民階級である。支那のデパートはかけ離れた2つの階級の人々に、等しく喰い込んで」と記している。さらにこのような遊楽場は庶民階級の余暇を過ごす場所であり、大衆をねぎらう場所ともいえるのではないかとコメントした。

　大新公司の道沿いの大きな日除けの下には全部で18のショーウインドーがあった。そのつくりは豪華で、中国産の黒閃石を使用した。上層部はタイルを用い、簡潔さを求め、永久なる美を求めた。ショーウインドーのデザインが斬新で、色とりどりの新商品を陳列、顧客に見学させた。このため、大新公司はわざわざ商品陳列部を設け、商品陳列および美術に関する経験豊富な人員を集め、新しい商品の陳列の設計や製図、配置などの仕事を行った。ショーウイン

190　大新公司1階の
　　　エスカレーター

191　大新公司のショーウインドー

192　大新公司広告（『申報』）

193　大新遊楽場の看板

　ドーに新商品を陳列することで商品の売行きが大いに促進され、良い効果を得た。商品陳列部は定期的に各国の陳列デザイン技術に関する書籍を購入し、それを学ぶことによって業務水準を向上させた。商品陳列部は品物の特徴によって6000種類以上の形の異なる陳列用道具をも設計した。

　大新公司は文化と経営を同等の地位におき、百貨店の一角に書画部を設け、常に著名人にその場を貸出し、各種の文化の展示を行った。これは他の百貨店にはないサービスであった。中国工商美術家協会と中華慈幼協会はそこで「難民児童に厚手の衣類を寄付するための美術展覧会」を行ったことがある。中華全国木版協会、中国画会、上海美術家協会および呉似蘭（1908-1964）、汪亜塵（1894-1983）、張文元（1910-1992）、豊子愷（1898-1975）、陳秋草（1906-1988）、関良（1900-1986）などの画家もそこで展覧会を開催した。

　当時最も新しい百貨店であった大新公司は、その開業準備期間中に日本へ赴き、「大丸」百貨店や他の大手百貨店の経営方式に関する実地調査を行った。

併せて、地元上海の業界内の経験を吸収、大新公司を特徴づける以下の営業方針を打ち立てた。1、掛け値なし。安売りを宣伝文句にしない。2、定価で販売、バーゲンを売りにせず、他社よりも低い価格設定にする。3、大新ブランドの商品をつくり、顧客を惹きつける。

　1930年代から1940年代の南京路の風景には、バーゲンセールの旗がはためいているが、そこに大新の旗はほとんどない。これこそが大新公司の商売における品格である。

33 滬西の大時計：川村記念碑

　1926 年 8 月 31 日、『申報』と『民国日報』は目立たない位置に、滬西紡織工業区内に記念塔が落成したというニュースを掲載した。『申報』のタイトルは非常に簡単で、わずか「滬西紀念塔落成」の 7 文字であった。一方、『民国日報』のタイトルはやや微妙で、「ストライキ中に在華紡の記念塔落成」である。ここで言及された「記念塔」とは、日本内外綿会社が社長川村利兵衛（1851-1922）を記念するために建てた「川村時計塔」のことである。在華紡の中国人労働者による大規模なストライキが発生した時期と重なったため、この「川村時計塔」に関する報道は非常に控えめとなった。

　日本の紡績業界において川村利兵衛はよく知られた「綿業の中国通」だった。早くも 1884 年 8 月に訪中し、浙江省余姚一帯で紡績に関する調査を行っている。翌 1885 年には神戸、上海、寧波の中国系商社 3 社と提携、「秋馬洋行」名義で寧波の江北岸に日中合弁による紡績工場を立ち上げた。それに際しては、ペダル式紡績機 24 台を大阪浅川製作所に注文している。1887 年 7 月、川村利兵衛が大阪紡績会社に入社すると、渋沢栄一の提案により、再度 3 か月上海、香港などに行って綿花の集散の状況を調べ、南通、南翔などの綿花の産地へ赴いている。1889 年 3 月 14 日、上海共同租界の江西路第 8 号館に事務所を設立、上海織布局を通じて横浜、神戸 2 港に中国綿花を輸入した。

　1898 年 2 月 26 日、川村利兵衛は内外綿会社社長中野太右衛門の招請で同社取締役に就任した。1902 年 4 月、川村利兵衛は再び訪中して綿業を視察、中国の風土と民情を深く理解するようになり、内外綿会社が中国に進出するための多くのデータを蓄積した。帰国後、川村は中国の広大なマーケットの青写真を取締役会に提示した。中国の面積はヨーロッパ全土の 1.5 倍あり、長江流域と河南などの綿花の年間生産量は約 2.4 億包み[162]以上である。そして得意げに、「豊富な原料、安価な労働力、無限に広がる市場、外国の企業家が垂涎するのは当然だ」と述べた。

163）1 包みは綿 10 枚（3 kg または 3.75 kg）。

　1909年7月、川村利兵衛のアイデアにより、内外綿会社取締役会は上海で土地を購入し工場を建設することを決定した。最初の工場は滬西の小沙渡地区に決めた。小沙渡は、もとは上海西部の小さな渡し場で、流れの絶えない蘇州河が横たわっていた。1899年、「上海土地章程」は4度目の改訂を行い、共同租界はさらに拡張された。1900年、工部局は渡し場の南岸に小沙渡路（現在の西康路）、労勃生路（Robison Road, 現在の長寿路）、戈登路（Gordon Road, 現在の江寧路）などの大通りをつくった。渡し場付近には人が住みはじめ、徐々にコミュニティーが形成された。この一帯の蘇州河は湾曲しており、両岸は工場の立地がしやすく、材料と製品の運搬にも非常に便利であった。

　1909年後半、内外綿会社が小沙渡地区の蘇州河沿いに47余畝（約9615坪）の土地、翌1910年9月には宜昌路に13余畝（約2686坪）の土地をそれぞれ購入、中国で工場を建設することになった。1911年7月、内外綿で最初の紡績工場が上海で操業を開始した。1911年から1923年までのわずか十数年の間に、内外綿会社は小沙渡地区に9つの紡績工場を建設した。その中で、1914年に澳門路に建てられた工場は中国で最も早い鉄筋コンクリート造で、紡績工場のモデルになった。内外綿会社の工場は当初上海で「水月」を商標とした粗布を生産し、中国の内地を主な販売市場としていた。後に織り目の細い布の生産に転じ、商標も「彩球」に変え、インド、南洋、アフリカ地区に輸出販売をした。1930年に中国国内の業者と競合するため、商標を「四君子」としたインダンスレン（indanthrene）などの新品種の布を発売した。内外綿会社の工場が生産を開始すると、同興紡績工場、日華紡績株式会社などの日系紡績会社も相次いで小沙渡地区に工場を建設した。統計によると、日本企業は上海西部地区に全部で19の紡績工場を建設している。以来、「小沙渡」は上海西部における在華紡工場地区を表す地名となった。

　1939年の調査によると、上海西部地区の在華紡の筆頭が内外綿で、9つの工場の敷地面積は800畝[164]以上に達し、日本人職員は400人近くいた。鐘淵紡績系列の上海製造絹糸紡績会社は4つの工場の内2つが、豊田紡織株式会社系列の日華紡織株式会社は3つの工場が、それぞれ上海の西部地区にあった。

　「内外綿」をはじめとする在華紡は、小沙渡地区で工場を建設するだけでなく、周辺に社宅や生活と福祉に関連する施設も設置した。小沙渡地区の繁栄には、在華紡工場の集中と生活施設の整備が相当関係している。内外綿会社を例

164）中国の1畝は667平方メートル。

にすると、会社は日本人職員用に規格がそれぞれ異なる社宅を建てた。澳門路660弄にある内外綿会社の社宅は1920年代に建てられたレンガと木造作りの2階建て和風アパートで、A、B、C、D、Eの5種類の部屋に分けられ、電気、ガス、水道と衛生設備を備え、級別に区分された職員の住宅として提供された。住宅地の中央には稲荷神社、弓道場、テニスコート、ブランコなどが備え付けられ、家の周りには緑地があり、日本の桜が植えられた。住宅街の歩道には街灯も設置された。

　内外綿会社の初期製品は「水月」を商標としていたため、生活福祉施設の多くが「水月」と命名された。例えば、水月花園は内外綿会社が従業員のために作ったレジャー施設であった。水月クラブ（厚徳館）は従業員のパーティーと休養のために建てた施設であった。水月病院は内外綿会社の社員用の病院で、内科、小児科、外科、耳鼻咽喉科を設け、定期的に名医を病院に招き診療してもらった。水月学堂では従業員の子弟に対し初等教育を行い、教師は直接日本から募集した。1927年に西部日本小学校が開設されると、水月学堂は水月幼稚園に変更された。内外綿会社は工場の周辺に中国人労働者のための住宅を建てた。有名なのは「九里工房」であるが、他にも南桜華里（26棟）、北桜華里（31棟）、梅芳里（37棟）、南大旭里（25棟）、北京大旭里（5棟）、東瀛里（7棟）、錦繍里（38棟）、東京里、東麻里などがあった。

　1919年1月、内外綿会社取締役会は川村利兵衛の功績を顕彰するため、内外綿水月学堂の庭園に川村の銅像を立てることを決めた。1920年10月10日に挙行された除幕式では、駐上海日本総領事館の山崎総領事、華商紗業連合会の聞蘭亭会長などがあいさつを述べた。銅像の高さは7尺、台石は花崗石でつくられ、高さは併せて1丈2尺であった[165]。銅像の衣装は川村利兵衛が中国滞在中に愛用していたスポーツウェアであった。記念文を撰したのは大阪の有名な儒学者藤沢南岳（1842-1920）で、大阪のシンボル的な建物の通天閣も彼の命名であった。揮毫したのは日本人書家湯川亨（1856-1924）である。

　1922年7月29日、川村利兵衛は病気で亡くなった。その後嗣は川村記念事業基金として30万円を寄付した。1923年9月に、内外綿会社は共同租界工部局[166]に川村記念塔の建設を申請し、1924年に承認された。そこで、内外綿会社は1.772畝の土地（当時の地価は1畝当たり5000両白銀）を購入、上海西部の

165）1丈は約3.3メートル、1尺はその10分の1で30センチメートル。

166）工部局は1854年の太平天国の乱を機に英米仏3国が組織した租界の最高行政管理機構。

194　内外綿上海事業の創設者川村利兵衛

195　川村記念碑「大自鳴鐘」①　　　196　川村記念碑「大自鳴鐘」②

小沙渡地区の労勃生路（*Robison Road*, 現在の長寿路）、小沙渡路（現在の西康路）
の交差する地点に川村時計台を建てた。鉄筋コンクリート構造のこのタワー式
時計台は、巨大な石をベースにし、高さ 105 フィート[167]、周りは四角形、中
は 6 階立てになっていた。最上階には四方に時計の面をはめ込んだ大きな時計
が設置された。時計は周囲 72 フィート、高さ 7 フィート、直径は 6 フィー
トであった。文字と時計の表面はいずれも真鍮を使い、キラキラと光を放った。
時計は昼夜休むことなく、15 分刻みで鐘が鳴った。

167）1 フィートは 30.48 センチメートル。

197 内外綿日本人社員宿舎

198 内外綿建造の中国人社員宿舎

199 小沙渡路（現在の西康路）のマーケット

　完成した川村時計台は、上海西部の紡績工業区のシンボル的な建物になった。しかし、現地の中国人はこのよく知らない日本人の名前など気にかけず、その新奇さと自動時報装置にしか興味を持たなかったため、川村時計台を「大自鳴鐘」と呼んだ。「大自鳴鐘」のある一帯は上海西部の主な商業地であり、人口が多く、商売が盛んであったため、徐々に繁華街が形成された。『普陀区地名志』によると、当時有名な店として以下のものがある。何寿康醤園（1911 年創業）、老陸正大布店（1927 年創業）、恒大絹布商店（創業 1926 年、綿布を販売。上海西部の「協大祥」とも呼ばれた）、悦来芳食品店（1932 年創業、季節食品とキャンディーを販売）、福中会社（1933 年創業、日常百貨を販売。西洋薬と洋服を兼営）、仁厚堂国薬号（1934 年創業、漢方薬の処方と丸薬、軟膏などを扱う。自家製薬酒も販売）、聚興園酒肴館（1926 年創業）、老宝鳳銀楼（1928 年創業、最初は提籃橋、後に長寿路に移転）、高昇大劇場（1932 年創業、後に大都会映画館に改名）、滬西大舞台（1930 年開業）、三星大劇場（1940 年開業）、などである。以上のように、「上海西部地区で有名な商業を中心とした地区として大自鳴鐘の地名が形成」

された。

　大自鳴鐘地区は上海西部の工場地帯にあったが、比較的にぎやかで、熱気に
あふれた繁華街に見劣りしない活気があった。当時の様子が以下のように生き
生きと描写されている。「高くそびえた店舗は南京路と同じように西洋式であ
る。赤色や青色に輝くネオンは、通行人の目をキラキラさせている。軒を連ね
る飲食店や、南方特産物屋、シルク店など客の往来が途絶えることがない」。

　もちろん、上海西部にもその地域ならではの特徴があった。つまり、場末の
芝居小屋が多いのである。たとえば、「道路沿いに「高昇戯院」がある。花柄
の織物で屏風のような幕が入口にかかるだけであった。幕に「余艶芳」や「篠
翠霞」など美しい女優の芳名が書かれている。彼女たちはここでも労苦にあえ
ぐものたちに柔らかなぬくもりをあたえている」。

　「滬西大世界」は内外綿会社の中国人従業員の社宅「大旭里」の隣の荒地に
あり、また「地舞台」とも呼ばれていた。そこにはお祭りのように数十の小屋
があった。京劇、淮劇、滬劇、マジック、講談などがかかっていて、わずかな
銅版の木戸銭を払えばよかった。毎週日曜日は常に人でいっぱいであった。演
目は『狸猫換太子』や『武松打虎』など、雑多な演目が多かった。

　「大自鳴鐘」は上海西部の地域名として数十年にわたり流布した。

34　五角場の「大上海」建築群

　1930年代、上海東北部にある江湾五角場には、壮大なる中国の古典的建築が集まっていた。これらは国民政府による華界（中国人居住地域）の「大上海」再建計画の産物であり、中国近代化の歴史的な物証でもある。

　上海は国際都市として東アジアで名を馳せているが、実際には上海といっても都心と周辺部に分かれている。地域概念として、上海には共同租界、フランス租界のほかに、南市、閘北を含む華界があった。いわゆる「二界三方」である。しかし、とりわけモダン上海といわれるのは、共同租界の、中でも蘇州河南部の旧イギリス租界地区を指していた。1924年に出版された『上海逸事大観』では、「上海という二文字は都市全体が含まれており、都市の境界内であれば上海と称すべきなのはいうまでもない。しかし俗世間でいうところの上海とは、南は洋涇浜、北は蘇州河、東は黄浦灘、西は泥城橋までの地域、すなわちイギリス租界区域を指している。故に虹口や南市の人間はイギリス租界に行くことを、「上海に行く」といっていた」と記している。実際、大衆は都市としての上海をこのように使っており、華界地区から旧イギリス租界に行く際に「上海に行く」という表現は、1920年代から1980年代まで続いた。

　西洋的な上海の繁栄と中国的な上海の立ち遅れ、とりわけ都市インフラストラクチャーの格差は非常に顕著であった。これは主権の独立と民族の振興を目指す国民政府にとって、重い問題であり、挑戦でもあった。

　1927年7月7日、上海特別市政府が成立、首都南京同様に国民政府の直轄市となった。1930年7月、国民政府の市組織法に基づき、特別市から直轄市へと変更され、行政院直属となる。そこでは上海市街区の範囲を以下のように定めた。旧上海県に属していた滬南、閘北など11の市や郷、および宝山県所属の呉淞、高橋など6つの市や郷はいずれも区となり、松江、青浦、南匯などの県はその一部が上海市内に編入されたが、一時的に接収と管理は見送られた。

　新たに設立された上海特別市政府は勇気がわき上がり、ますます高まるナシ

ョナリズムに応じて、中国自身の近代化を推し進めるために、「大上海計画」
の実施を考えた。その核心的な構想は、国際都市である租界の外郭に華界にお
ける新都市を再建し、外国列強の勢力と対抗、上海を中国国内および世界各地
とをつなぎ、「租界に取って代わる」大都会として建設を行うこと、であった。

　1928 年 7 月、上海特別市政府は現地視察を行い、翔殷路の北部、淞滬路の
東部、閘殷路の南部を市の中心区建設の区域として選定した。「市中心区」と
は、市全体の文化建設における中枢を意味していた。その構想に準じて、市政
府ビル（1933 年）、市図書館（1935 年）、市体育場（運動場、体育館、プール、
1935 年）、市博物館（1936 年）が次々と江湾の中心部に建設され、また、中心
区の道路網により呉淞港と上海北駅間の水陸輸送が連結された。

　上海市政府ビルは 1931 年 6 月に起工、1933 年 10 月に建設された。その間、
日本軍の侵略による「第一次上海事変」で約 6 か月間工事が停止されたため、
実際の工事期間は 1 年 10 か月であった。建物は宮殿風で、四方はすべて鋼鉄
製の扉と窓を備えており、建物下部四方には金山のゴマ石でできた石段が取り
付けてある。正面の石段は地面から大講堂正面まで直通となり、アーチ状の橋
があるため、馬車などが直接正門に行くことができる。階段のそばには獅子の
石像が 1 対と 2 つの掲揚台が備え付けられている。建物内外のすべてのコンク
リート製柱などには彩色が施されていた。1 階と 3 階はオフィス、2 階は大講
堂、図書室と会議室、4 階は貯蔵室と職員の居住スペースであった。

　市中心区には十字型の幹線道路が走っている。東は五権路、西は三民路、北
は世界路、南は大同路である。市政府ビルは行政区の中央に位置し、上記の四
本の幹線道路の交差するところに設置された。市政府ビルの前には約 700 アー
ル [168] の広場を建設した。広場の高所より周囲を見渡せば全市が一望できる。
広場の南には四角い池があり、池の南端は行政区の表門として五孔石の牌楼が
立っていた。池の両側には美術や文化に関する重要な建築物が設置可能であっ
た。市政府ビル北側に中山記念堂を建て、民衆が集まる公共の場所に定め、記
念堂前の広場には孫文の銅像を立てた。市政府ビルの落成は「大上海計画」の
第一期建設工事の完成の証明であった。

　1933 年 10 月 10 日、「上海市政府ビル落成式典」が挙行され、上海にいる内
外のすべての要人が出席した。式典では呉鉄城（1888-1953）市長が以下の言葉
を述べた。「大上海計画の重さと遠大さからいえば現在建てられた新しい市政

168）1 アールは 100 平方メートル。

200　上海市政府庁舎

201　上海市博物館

202　上海市図書館

203　上海市政府庁舎と博物館　　　　204　上海市体育場

府ビルはわずか「滄海一粟」（大海原に浮かぶ一粒の粟）と言えよう。しかし、現在の市中心区の場所は、北は呉淞に近く、南は租界と隣接し、東は黄浦江に臨み、西は鉄道に接している。相応しい立地かつ交通は便利であるため、数年後には必ずや相当な発展を遂げるはずである。私たち上海市民はともに自信を持ち、他人のすでに出来上がった建設に依存せず、立ち上がって繁栄かつ発展の新天地を創り上げるべきである。これを以て私たち中華民族の古くからの文化の創造力を表さなければならない。これまで上海市民がはらった上海市建設に対する努力を鑑みれば、将来必ず上海市が最も健全かつ繁栄する大都市となり得ると深く信じている」。

　注目すべきは、式典を祝う航空ショーが大変衝撃的であったということである。9台の飛行機はいずれも中国航空協会より贈られた「上海市第一号機、上海商号機、上海工業機、上海校号機、上海童軍機、寧波号機、浙江省救国号機」、および航空学校の練習機2台である。当日午前10時に祝賀式典が開始、「保安隊の軍楽隊による演奏の中で、青天白日満地紅の中華民国国旗が掲揚されていき、風にはためく様子はすこぶる壮観であった。同時に爆竹が一斉に鳴らされ、雷のように拍手が鳴り響いた」。このときの飛行機が、「空を飛び回りながらビラを撒き、空に花が咲くように色とりどりで煌めく様子は大変壮大」であった。

　大上海計画に含まれる上海市体育場には運動場、体育館、プールが設けられ、当時、極東最大の体育場として1935年5月に完成された。同年10月に全国運動会もそこで開催された。「競技場の面積は37500平方メートルに達している。その四方にある観覧席は6万人を収容することができる。中央は陸上、サッカー、バレーボール、国技などの競技場になり、観覧席の下は選手の宿舎で、

2500 人が収容できる。休憩室、事務室、放送室、食堂などが全部備えてあった」。「観覧席は階段式で横に並び、城壁のようにみえ、雄壮極まりない。観覧席の高さは 10 メートルになり、四方全部で 6 万人の観客を納めることができる」。「中央特別観覧席は、貴賓及び記者のために設けられている。各新聞社に貸し出すため、記念幕の内側には二十数台の電話が備え付けられている」。体育館とはつまり「屋内のジムである。館内の広場はバスケットボール・コートが 3 面入るほどである。高いところに照明 48 基が設置されている。全館観客席を 5000 席設けている。事務室、更衣室、浴室などが付設されている」。「普段はバスケットボール場が 3 面設けられているが、試合の際はさらに広いバスケットボール・コートを中央に設置する。白い鉄製のバックボードは、自由に移動でき、一般のものと異なる」。プールは「長さ 50 メートル、幅 20 メートル、突き当たりに飛び込み台が 1 つ、飛び込み板を 2 つ、プールには照明 32 基が設置されている。水の容量は 60 万ガロン、濾過設備は特に完全である」。「濾過設備には大きな水槽 3 つが設けられ、濾過前の水を水槽に入れ、まず炭酸水素ナトリウムとカリウムミョウバンで消毒し、さらにきれいに濾過してまたプールに戻す。この工程を繰り返すことによってプールの水の清潔が維持され、水を換える必要がなかった。これは最新の設備である」。

　「第六回全国運動会」は落成したばかりの上海体育場で開催された。陸上、球技、水泳などの競技を通じて中国人選手たちがその雄姿を見せた。開会式では小学生 3000 人が太極操を披露、「動きが一様に揃い壮観」であった。国民政府は運動会の開催を通じて、「民衆の体育を積極的に推奨し、大規模な運動場も完備させた。皆がトレーニングに励み、世界のスポーツ界へ参入して、国際オリンピック大会で祖国のために栄光を勝ち取ることを期待」していた。

　上海で最初の博物館はフランス人のカトリック宣教師ピエール・マリー・ウード（*Pierre Marie Heude*）が 1868 年に創設した徐家匯博物院である。次に古いのは、1874 年に王立アジア協会中国支部が創設した上海博物館である。大上海計画にあった上海博物館は国民政府が自ら上海に設立した博物館であり、主として上海の都市としての発展の歴史を展示し、「遺品と模型の間に歴史が映し出される」ことを目指した。1936 年に竣工され、1937 年 1 月に正式に開館した。『良友』画報[169]はかつて「知識の宮殿：開館間近の上海市博物館」という特集記事を組み、その「見る・考える：上海博物館見学記」の記事では以下のように記述している。「上海市博物館は、中国古代の装飾美と現代最新の

205　大上海計画の中心広場にある孫文像　　　　　206　上海市政府庁舎落成式会場

科学設備を備えた斬新な建築である。真正面にある上海市図書館と互いに映り
合っている。これは呉市長が民国23年（1934年）以来、30万元を使い、民衆
に楽しんでもらうように建造した上海最新の文化施設であり、また上海市の最
高の文化芸術の宮殿の1つである」。「国際的大都市上海自身には本来悠久の歴
史があり、この博物館は中国の固有文化を表現する使命を持っているだけでな
く、上海のすべてを展示する必要がある。したがって、これは都市博物館であ
ると同時に地方博物館でもある」。「体系的な陳列、芸術的な展示のレイアウト、
きれいに並べられたラベルや解説文もこの館の特色である。入場券もごみとし
て捨てられないよう美しいものにし、教育的効果もあった。入場券には幾種類
の写真や絵画または文字が印刷され、入場者に記念品として贈られた。それら
は年間で150種類も作られているそうで、その潜在的な教育の効果は非常に大
きい。それにその研究活動も驚くべきである。現段階ですでに7、8種類の叢
書が出版されている。これらの書物はすべて当館の研究員や、国内の著名な学
者、同館の館長や、部長、主任が執筆を担当している」。

　上海市図書館は1934年9月に着工、1935年10月に竣工した。外観は西洋
の近代建築と中国建築とを折衷した様式を採用し、美しくて堅固なものである。
中国の伝統的な建築様式によって建てられた門は黄色いガラス瓦で覆われ、軒
先が華麗に飾られている。四方は石欄干で囲まれ、中国建築の特徴を顕著にあ
らわしている。ホールや図書室、陳列室など内部はすべて純正な中国スタイル
の装飾できらびやかに飾られ、また朱色の柱も立てられている。書庫には50

169）1926年の創刊から1945年停刊まで、中国を代表するグラフ雑誌。同誌には文学や映画、
　　演劇、美術、芸術だけでなく、政治や産業、スポーツや旅行、食文化といった幅広い記事
　　が、多くの写真とともに掲載された。

万冊の蔵書をおさめることができる。閲覧室には 300 席を設けている。ほかに児童図書館、雑誌閲覧室、研究室なども設置され、1936 年 9 月 1 日に開館した。初代館長陸達はイギリスのロンドン大学を卒業し、中央大学、暨南大学の教授を務めた人物である。

　中国の民族経済の回復と海外留学から帰国した新しい世代の建築士の誕生は、「大上海計画」の構想と実施に堅固なる土台となった。「大上海計画」中心区の主な建築物は、中国の建築家の董大酉<ruby>とうだいしゅう</ruby>（1899-1973）の傑作である。董はアメリカのミネソタ大学で建築学修士号を取得後、コロンビア大学の芸術と考古学部で学んだ。1930 年に上海で董大酉建築士事務所を設立、上海市中心地域建設委員会顧問と建築士事務所主任に就いた。それら簡素化された中国の古典建築は江湾地区の貴重な歴史的遺産になっている。

　「大上海計画」という近代化の歩みが日本の中国への侵略戦争によって中断されてしまった。1944 年に撮影されたアメリカド・キュメンタリー映画『中国の戦闘』（*The Battle of China*）では、日本の中国侵略の目的の 1 つは中国の近代化の進展を阻止することにあった、と指摘されている。

35 1945──上海における日本の降伏

　1945 年 8 月 15 日、昭和天皇による「終戦の詔書」がラジオから流された。このいわゆる「玉音放送」のなかで、日本は中、英、米が署名する「ポツダム宣言」を受諾し、無条件に降伏することを宣言した。

　昭和天皇が無条件降伏を宣言したあと、ほどなくして、国民政府主席蒋介石（1887-1975）は重慶でラジオ演説を行い、中国政府における日本降伏後の対日方針を表明した。報復を求めず、旧悪を唱えず、人と共に善事を行い、徳をもって怨みに代えるという中国の「伝統的な美徳」を強調した。同時に、蒋介石は中国派遣軍総司令官の岡村寧次（おかむらやすじ）（1884-1966）陸軍大将に打電し、6 つの降伏原則を提示した。また、中国陸軍総司令官の何応欽（1890-1987）大将を派遣し、中国戦区最高責任者として日本軍の降伏を受け入れるよう指示した。

　8 月 21 日、降伏について国民政府の指示を受けるため、岡村寧次は総参謀副長の今井武夫（1898-1982）少将と参謀の 2 人を湖南省芷江（しこう）に派遣した。同日午後 3 時、中国陸軍本部参謀長の肖毅蕭中将は芷江で今井武夫少将に接見し、降伏を受け入れる地区の区分や、地区の担当者などの情報、および降伏に関する重要な諸規定を示し、さらに中国陸軍総司令部より岡村寧次大将への第一号覚書を手渡しするように指示した。

　当時、中国の戦区（大陸、台湾およびベトナム北部を含む）に留置された日本軍の捕虜と日本人居留者は 213 万人を超えていた。上海周辺には日本軍の登部隊、すなわち第 13 軍 6 師団 12 万人余りが駐屯し、司令部は江湾五角場にあった。さらに上海には 7 万人以上の日本人居留民が住んでいる。その後、3 万人以上の日本人居留民が長江流域の各地から続々と上海に集まり、総数は 10 万人に達した。

　9 月 9 日の午前、中国戦区陸軍総司令官の何応欽大将は南京中央軍官学校講堂で降伏文書調印式を執り行い、在中国日本軍最高司令官の岡村寧次大将が日本の降伏文書に署名した。これを以て日中戦争は正式に終結を宣言した。

　上海での降伏を受け入れる作業は 9 月 4 日から正式にはじまった。南京、上

海のいわゆる「京滬地区」の接収業務の指揮を執ったのは第三方面軍総司令官の湯恩伯（1899-1954）将軍だった。命令に従い、国民政府の大部隊が接収地に到着する前に速やかに前進指揮部を派遣、「指揮部の責任者となる人は、全体の状況をよく理解し、国際公法を熟知する正式な中高級将校が担当しなければならない。その名義はすべて「某戦区（方面軍）某地区前進指揮所主任」と称すべきである。その下にはかならず必要な幕僚や日本語に精通するものを付けなければならない」とした。

　このため、第三方面軍副司令官の張雪中（1899-1995）中将、鄭洞国（1903-1991）中将、参謀総長の徐祖詒（1895-1976）中将、総参謀副長の李元凱少将、高級参謀林日藩少将などが先に上海に到着し、キャセイホテル（現在の和平飯店北楼）に第三方面軍前進指揮部を設立した。張雪中は上海指揮部主任を担当し、鄭洞国は南京指揮部主任を担当した。国民政府第三方面軍に投降した日本軍の高級将校は、第13軍司令官の松井太久郎（1887-1969）中将、参謀長の土居明夫（1896-1976）中将、参謀副長川本芳太郎（1898-1975）少将、高級参謀笹井寛一大佐、参謀森中佐、市川中佐、井上中佐、浦野中佐、音吉少佐、海軍は支那方面艦隊司令官の福田良三（1889-1980）中将、参謀長の左近允尚政（1890-1948）中将、参謀副長の小川少将、参謀小田切大佐、谷岡中佐、陸戦隊司令官の勝野実少将、根拠地隊司令官の森徳治少将であった。

　第三方面軍の降伏の受け入れを担当する多くの将校は日本語が話せるだけでなく、投降した日本人将校と同窓のよしみもあった。例えば、総司令官の湯恩伯将軍、副総参謀長の李元凱少将、連絡組組長の林日藩少将、参謀の劉宏、何以鳴などはみな日本の陸軍士官学校の卒業生であった。参謀総長の徐祖詒中将は日本の陸軍大学を卒業し、日本軍第13軍参謀長の土居明夫中将と同期であった。

　9月4日夜6時、上海前進指揮部の張雪中中将は日本軍第13軍参謀長の土居明夫中将らを呼び、初の降伏に関する会議を開いた。中国側から出席したのは南京前進指揮部主任の鄭洞国中将、第三方面軍総参謀長の徐祖詒中将、総参謀副長の李元凱少将である。アメリカ側から出席したのは連絡指揮部参謀長のディバス大佐である。日本側には土居明夫中将のほか、副参謀長の川本芳太郎、高級参謀の笹井寛一大佐らがいた。張雪中は中国側の「覚書」で要求した、「文書、報告書、綴じ込み」、また兵力や海空軍の設備と器材、各軍の管理事業、倉庫、食糧、公的資産などを全部引き渡すように日本側に要求した。土居明夫

207　蔣介石の 8 月 15 日ラジオ演説（『中央日報』）

208　第三方面司令湯恩伯

209　日本降伏に歓喜する上海市民

はすでに準備が整い、翌日の午前 8 時に届けると回答した。

　9 月 6 日、第三方面軍の先頭部隊 2000 人余りが上海に入った。9 月 8 日、第三方面軍総司令官の湯恩伯将軍は上海の大場空港に到着した。日本軍を不思議がらせたのは、湯恩伯が戦勝側の将軍として上海に到着した際、上海前進指揮部の護衛のため、警備隊 2 隊を派遣するように日本軍に命じたことである。この日本の警備隊 2 隊は新しい軍服を身に纏い、頭に戦闘用ヘルメットをかぶり、最新型の 96 式の軽機関銃を持ち、2 台の自動車が前衛と後衛の重要な位置に配置され、湯恩伯将軍の凱旋式の警備にあたった。日本の将校たちは、これはおそらく世界戦争史において前例のないことであると思った。

　上海に入ってきた第三方面軍司令部は当初上海のキャセイホテルに設置され

たが、その後は華懋公寓（現在の錦江飯店北楼）、江湾路の日本海軍陸戦隊の建物、最後に虹口公園に近い上海神社事務所、と移転した。上海での降伏の受け入れ作業がほぼ終わると、第三方面軍司令部は無錫に移動した。国際都市である上海の地位が非常に重要であるため、湯恩伯は上海に入ると直ちに、「上海での降伏の受け入れが成功するか否か、世界各国が注視している。われわれはあらゆる障害を排除し、迅速かつ公正な手段でそれを全うし、全中国の陸軍の模範にならなければならない」という指示を出した。

　日本軍の武装解除について当初、上海周辺地域にいる日本軍をすべて市中心の競馬場に集め、それと同等な数の中国軍が整列して直面、日本軍が中国軍に武器を引き渡す、という意見があった。しかしこのやり方は、「ただ勝利を誇示しているだけで、後顧の憂いを残す」として否決された。最終的に日本軍が自主的に作成した武器の明細書を中国側に提出、その後日本軍が中国側の指定した場所に武器を引き渡すことで降伏の受け入れは完了、ということになった。

　上海の降伏式典は 1945 年 9 月 12 日午後 2 時に正式に挙行され、湯恩伯将軍は日本軍の第 13 軍司令官松井太久郎中将の降伏を受け、第 1 号命令、つまり日本軍は即日より引き続き接収の準備をするよう命令した。

　具体的な武装解除の期日は以下の通りである。

　　日本軍第 13 軍（上海）：9 月 20 日〜 10 月 10 日
　　海兵隊、海軍特別根拠地隊（浦東）：9 月 14 日〜 9 月 30 日
　　海軍陸戦部隊、空軍地上部隊（楊樹浦）：9 月 14 日〜 9 月 30 日

　国民政府第三方面軍が日本軍の武装解除、軍用物資の接収にあたり、武器、食糧、被服、馬、衛生用品、病院、兵舎など、複数の接収グループを設立、それに際しては可能な限り日本留学経験のある将校をその業務に充てた。日本は「東アジア復興の明日の戦友」であるという意識の下、任務を遂行したため、大きな紛糾が起こらなかった。

　武装解除された日本軍の捕虜に対して、国民政府第三方面軍は、「陸軍は呉淞（ウーソン）に、海軍陸戦部隊は浦東に集める」を原則として収容した。統計によると、江湾地区の捕虜収容所には日本陸軍の捕虜 41721 人、呉淞地区に 2581 人、憲兵は 1284 人、楊行地区は 9900 人、松江地区は 8126 人をそれぞれ収容した。日本軍の捕虜収容所での生活は以下のようである。「毎日午前 5 時半起床、洗

210　上海市民に検挙された日本人戦犯

211　武装解除に関する『良友』画報の記事

面後朝食を摂り、その後毎日決められた仕事に従事する一部の人を除き、みな
自修時間が設けられていた。午後は娯楽や運動が主で、作業時間は短かった。
夕方は活動を停止、9時には消灯して就寝する。毎月の主食は日本と同じ量で、
副食費も変わりなく、上官も兵士も同様に毎日80元の配給があった」。また、
中国陸軍総司令部が公布した「中国戦区日本徒手将兵服役規定」によると、日
本軍捕虜は管轄区内の交通通信と各修復工事に参加し、作業時間は8時間であ
った。上海にいる日本軍捕虜は派遣された道路や橋などの建設作業を行った。
1946年1月8日より、上海市では1日当たり70人の日本軍捕虜を徴用、閘北
交通路の修築作業に充てた。

　1945年12月、日本軍捕虜と日本居留民の送還が始まった。計画によると、
上海地区の送還は1946年4月30日までに完了する予定であったが、船の手配

が困難なため、実際には５月中旬まで延長された。戦後の国民政府は上海で日本軍の降伏と日本の資産の接収を行い、戦勝国としての正当な権利を行使、近代における日中関係の一側面を顕示することとなった。

訳者あとがき

　上海という都市の魅力について語り出すと本当に際限がない。とりわけ租界のあった開港時代の上海には、近現代の大都市で起こりうる、あるいは具備しているありとあらゆるものが詰まっていた。革命、戦争、暗殺、ストライキ、スキャンダルといった事件のみではない。上海自体、都市としての規模はさほど巨大ではないが、開港時代には共同租界とフランス租界のバンド一帯の繁華街を中心に、その周辺には中国人が集住する南市、閘北（ザホク）地域があり、蘇州河流域には工場地帯が広がり、さらに郊外には1930年代に当時の中国政府が行政区を建設した江湾や千年の古刹がある龍華まである。バンド一帯の中心部にある高層ビル、デパート、映画館、劇場、新聞社、学校、カフェ、レストラン、ダンスホール、遊楽場など大都市のキラキラした施設の他、郊外には庭園や邸宅、寺院、工場もあり、さらに埠頭、スラム、花街、賭場までが狭い空間に寄せ集まって上海独特の世界を形作っている。日本人作家村松梢風が上海を「魔都」と名付け、2010年代以降、中国でも上海を「魔都」と呼ぶのが流行しているが、確かに上海には人を引き付ける魔性の部分が強い。

　このような多面的な上海を理解しようとするならば、租界と華界、中心部と周辺部、大通りと路地裏、商業地帯と工業地帯、などにそれぞれ目を配らねばならず、経済や文学以外にも、教育、建築、都市開発、芸術、宗教などからの多様なアプローチが必要となる。2000年以降、上海からはすでに南市、閘北、盧湾の区名がなくなり、比較的街並みが保存されていた虹口（ホンキュウ）一帯も都市再開発が加速度的に進行するなど、1本の道路や河を隔てるだけで様相を異にした20世紀上海を理解するために、自らの足で各地を歩き、往事の様子を目に浮かべ、その土地勘を養うことがますます求められている。

　本書『上海　記憶の散歩』はその点で多角的、総合的に開港時代の上海を理解できる最適の書といえる。本書は南京路、静安寺路、武康路、ジョッフル路、四川北路、呉淞路、峨眉路など、上海の近現代史を語る上で重要なストリートの歴史と特色を、細やかなエピソードを含め紹介することで、そこで発生した

出来事や、生活していた人々の日常を浮かび上がらせてくれる。高層ビルが林立する繁華街も、煙突から煙が上がる工場地帯も、行商人の売り声や俗謡で賑やかな下町も、静謐な寺院や教会、青年の活気が漲る学校も、外国人たちが談笑するクラブや公園も、本書の血を通わせた描写により、現代の私たちの眼前に提示される。「下馬観花」(馬から下りて花を観賞する) という言葉の通り、本書はともするとファストフード的に上海の一部を切り取り理解した気になっている現代の私たちに、街を歩き、街の細部をじっくり眺めることでしか味わうことの出来ぬ、汲めども尽きぬ都市上海の魅力に気づかせてくれる。複数の著者ではなく、個人でこのように多面的に、微に入り細を穿ち上海を描く著者の学識と筆力には敬服するより他はない。

　著者の陳祖恩先生は1949年に上海で生まれ、上海の復旦大学歴史学部卒業後、上海社会科学院歴史研究所に入所、後に上海の東華大学で教授として教鞭をとられた、生粋の上海人である。専門は中国近現代史、とりわけ上海史と日中交流史の業績が多く、邦訳されたものとして、『尋訪東洋人──近代上海的日本居留民 (1868-1945)』(2007年、邦題は『上海に生きた日本人──幕末から敗戦まで』)、『上海的日本文化地図』(2010年、邦題は『上海の日本文化地図』) がある。本書『上海　記憶の散歩』は2018年に上海人民出版社から公刊された。陳祖恩先生は同出版社から、2020年に『南京路──歴史と風景』、2021年に『洋涇浜北辺──歴史と風景』、2022年に『上海珈琲──歴史と風景』と、20世紀上海に関する著書を次々と上梓されており、その執筆活動はますます旺盛である。陳祖恩先生はこれまで茨城大学、法政大学、神奈川大学にも滞在され、さらに上海在住の日本人を中心とした「上海歴史散歩の会」を立ち上げ、20年以上にわたり上海各地を案内されるなど、日中の文化交流にも大きく貢献されている。これら「日本と中国の相互理解の促進」の功績により、2022年には日本国外務大臣表彰を受けた。

　陳祖恩先生の専門領域は中国近現代史であるが、先生の関心は広く、文学、美術、建築などにも造詣が深い。本書が政治、経済から文化や生活にまで目を配り、開港時代上海を多面的に論じられているのも、陳先生だからこそ可能であったといえる。本書で取り上げられた、王一亭、郭琳爽、岸田吟香、内山完造、など実業家や商売人でありながら文化人でもあるような人物が、陳先生の高く評価する「上海人」(出生地は関係ない) なのではないだろうかと勝手に推察している。

　もう１人の訳者である銭暁波先生は、旧フランス租界育ちの上海人であり、高校卒業後に日本の大学、大学院で日本文学を学ばれた。博士論文は横光利一を対象とされ、谷崎潤一郎や永井荷風の作品を愛し、江戸川乱歩などの日本の探偵小説の古典を多数翻訳している。都市を描く文学を深く理解され、谷崎、永井の日本語に親しみ、旧フランス租界育ちの上海人であることを自負される銭先生と翻訳を分担できたことは大変楽しい時間であった。ちなみに、分担は銭先生が１〜11、19〜22、31〜35の各章、森平が序、12〜18、23〜30の各章である。

　著者陳祖恩先生と訳者銭暁波先生は、かつて東華大学で同僚であり、また原著の編集を担当された上海人民出版社の張暁玲さんは、東華大学大学院生時代に陳先生から教えを受けていらした。私自身も2002年以来、陳先生には上海や東京における研究会、酒席の場や古書店探訪に同道した際に、都市史研究の手ほどきをしていただいた。上海留学時代の2005年、本書でも言及している旧フランス租界内の武康路に接する湖南路沿いに部屋を借りた際、内見に立ち会っていただいたのもよい思い出である。本書の出版に関係した、編集者と訳者がいずれも著者陳祖恩先生から、長きにわたり咫尺の間で教えを受けてきたものであったことは大変嬉しい。

　陳祖恩先生というと、ハンティング帽にリュック姿で軽やかに上海の街を散策し、眼前に広がる光景を往事と比較しながら街並みと社会の変遷を観察されている様子が印象的である。散策の途中で美味しいレストランを発見する嗅覚にはいつも驚かされる。先生は観光客では決して見つからない、高級ではないが風格があり、個性的な料理を手頃な値段で出す店が好みである。

　本書収録の上海歴史地図の作成にあたっては、林千絵さんにご協力いただいた。記して謝意を表したい。

　本書の出版に際しては勁草書房の永田悠一氏に細やかなサポートをしていただいた。心から感謝を申し上げる。

2022 年 8 月 31 日

訳者を代表して　森平崇文

日本語参考文献

【概説・研究書】

陳祖恩『上海に生きた日本人——幕末から敗戦まで』大修館書店、2010 年

陳祖恩『上海的日本文化地図』上海錦繍文章出版社、2010 年

木之内誠編著『上海　歴史ガイドマップ（増補改訂版）』大修館書店、2011 年

榎本泰子『上海　多国籍都市の百年』中公新書、2009 年

丸山昇『上海物語　国際都市上海と日中文化人』講談社学術文庫、2004 年

劉建輝『魔都上海 日本知識人の「近代」体験』ちくま学芸文庫、2010 年

孫安石・菊池敏夫・中村みどり　編『上海モダン　『良友』画報の世界』勉誠出版、2018 年

村松伸『上海・都市と建築　1842-1949』PARCO 出版、1991 年

田島英一『上海　大陸精神と海洋精神の融合炉』PHP 新書、2004 年

岩間一弘・金野純・朱珉・高綱博文編著『上海：都市生活の現代史』風響社、2012 年

【写真集】

ヴォーン・グリルズ『上海今昔』創元社、2022 年

小堀倫太郎編『懐かしの上海』国書刊行会、1995 年

【上海を題材としたエッセイ、評論、小説、戯曲】

内山完造『上海漫語』改造社、1938 年

内山完造『上海夜語』改造社、1940 年

内山完造『上海風語』改造社、1941 年

内山完造『上海霖語』大日本雄弁会講談社、1942 年

内山完造『上海汗語』華中鉄道総裁室弘報室、1944 年

内山完造『そんへえ・おおへえ：上海生活三十五年』岩波新書、1984 年

村松梢風『魔都』小西書店、1924 年

村松梢風『上海』騒人社、1924 年

横光利一『上海』岩波文庫、2008 年

芥川龍之介『上海游記・江南游記』講談社文芸文庫、2001 年

金子光晴『どくろ杯』中公文庫、2004 年

松本重治『上海時代（上）（下）』中公文庫、2015 年

堀田善衛『上海にて』集英社文庫、2008 年

武田泰淳『上海の蛍・審判』小学館、2016 年

林京子『上海・ミッシェルの口紅—林京子中国小説集』講談社文芸文庫、2001 年

松浦寿輝『名誉と恍惚』新潮社、2017 年

斉藤憐『上海バンスキング』而立書房、1982 年

井上ひさし『シャンハイムーン』集英社、1991 年

索　引

【地名・河川名】

呉淞　212, 215, 222

呉淞江　1, 19

黄浦江　1, 2, 5, 6, 11, 25, 35, 40, 46, 58, 80–82, 103, 154, 155, 160

閘北　146, 212, 223

徐家匯　8, 11–13, 15, 17

蘇州河　8, 11, 18, 20, 35–38, 46, 71, 80, 81, 83, 124, 140, 146, 154, 156, 164, 195, 207, 212

南市　8, 119, 128, 146, 170, 212

バンド　12, 23, 46, 49, 50, 60, 83, 121

虹口　35–37, 70, 80, 101, 110, 127, 134, 140, 141, 148–152, 154, 157, 160, 161, 176, 212

松江　1, 6, 212, 222

楊樹浦　80, 82, 85–88, 154, 157

洋涇浜　12, 15, 18, 80, 156, 212

龍華　5, 6, 8–10

【道路名（括弧内は別称）】

呉淞路　80, 110, 112–114, 151

エドワード路（延安東路）　47

山陰路　70, 149

ジェスフィールド路（万航渡路）　124, 182

四川北路（北四川路）　105, 127, 140, 141, 143, 145, 146, 148, 151, 178

ジョッフル路（霞飛路、淮海中路）　69, 104–106, 108, 124, 125

四馬路（福州路）　8, 40, 101, 134, 167

静安寺路（南京西路）　18–24, 68, 165

浙江路　22

南京路（南京東路、大馬路）　18, 27, 49, 83, 85, 103, 119, 140, 146, 187, 188, 200, 205

武康路　66–70

【建造物名】

逸園　182

ガーデン・ブリッジ　11, 35, 37, 38, 46, 182

キャセイホテル　220, 221

玉仏寺　93, 96

グランド・シアター（大光明電影院）　56

滬西大世界　211

梓園　128, 170, 174, 175, 177

ジェスフィールド・パーク　62, 73, 74

七重天　188–190

上海カフェ　145, 146

小世界　119, 175

新世界　115, 116

静安寺　8, 18–21, 23

大世界　115–119

中有天　141, 142

張園　165–169

東和洋行　134

南京大戯院　179, 181

パークホテル（国際飯店）　24, 186, 201

パブリック・ガーデン　37, 38, 46, 52, 62

パラマウント・ダンスホール　183, 184, 186

パレスホテル　103

東本願寺上海別院　29

万歳館　135

豫園　28

ライシャム・シアター（蘭心大戯院）　58-
　63, 65

六三園　151

匯山埠頭　159, 160

【機関・団体・会社・学校名】

怡和洋行（Jardine, Matheson& Co., Ltd）
　49

永安公司　119, 182, 187-190, 192, 194,
　195, 197, 199-201

英商電車公司（Shanghai Electric Const-
　ruction Co.）　38

公董局　52, 54-56

工部局　20, 23, 26, 32, 36-38, 44, 46, 47,
　62, 80-83, 85, 106, 115, 140, 145, 146,
　161, 162, 193, 207

工部局交響楽団　61-63

シャンハイ・クラブ　40-42, 44, 47

上海自来水公司　82

正広和　67, 87, 88

小刀会　52

商務印書館　9

新新公司　120, 187, 200, 201

先施公司　119, 187, 188, 200, 201

セント・ジョンズ大学　73, 75-79, 181

大新公司　187, 200, 201, 203-205

中国舞劇社　64

兆豊洋行（H. Fogg & Co.）　40

内外綿会社　206-208

南洋公学　66

福民病院　127, 129, 131, 133, 139, 148, 151

裕豊紡績　86

三井洋行　29, 86

耶松公司（上海耶松船廠、Shanghai Dock
　and Engineering Co. Ltd）　37, 82

楽善堂　26, 29, 30, 32

【人名】

〈日本人〉

芥川龍之介　134, 135

石井柏亭　99, 101-103

伊集院彦吉　94

井上紅梅　101

内山完造　131, 137, 138, 148, 149, 151-153

宇都宮徳馬　98

大谷光瑞　101

岡村寧次　219

金子光晴　145, 152, 182

川村利兵衛　206-208

岸田吟香　26-29, 31, 32, 34

佐藤春夫　152

里見義彦　134, 135

幣原喜重郎　96

渋沢栄一　206

下田菊太郎　42, 44, 159

須藤五百三　136-139

高杉晋作　37

坪井芳治　137

豊田佐吉　121, 122, 124-126

頓宮寛　127-131, 133

西浜二男　97

平野勇造　124

船津辰一郎　44

増田渉　152

松本重治　44

水野梅暁　92

峰源蔵　37

村田孜郎　135, 175

村松梢風　21, 115, 118, 119, 145

森三千代　182

安田老山　37, 38

山本実彦　152

横光利一　21, 106, 152

〈中国人〉

于右任　175, 176

王一亭　8-10, 89, 90, 92, 94-98, 102, 128,

129, 166, 170-177, 199

王韜　　31, 32, 36, 59

欧陽予倩　101, 103

何応欽　219

夏国瓊　63

何如璋　27

郭琳爽　188, 194

葛元煦　18, 59, 157

関紫蘭　199

牛恵霖　93

厳独鶴　141

黄興　67, 68

黄楚九　115, 116

胡公寿　19, 27

呉国楨　57, 199

呉昌碩　94, 97, 170

呉大澂　199

呉鉄城　9, 184, 213

柔石　10, 150

周信芳　169

周痩鵑　119

周有光　75

朱葆三　90

蒋介石　219

蕭軍　152

蕭紅　149

蒋夢麟　44

徐光啓　11, 15, 17

徐志摩　160

徐悲鴻　15, 199

盛宣懐　66

盛竹書　90

曹聚仁　20

孫玉声　115

譚抒真　63

張季鸞　175

張君勱　160, 175, 176

張光宇　25

張斯桂　27, 28

張子祥　27, 28

張資平　145

張聿光　94, 101

趙深　179

陳雲裳　198

陳果夫　68

陳立夫　68

鄭逸梅　194

鄭孝胥　19, 166

鄭振鐸　61

狄楚青　166

田漢　145

湯恩伯　220-222

唐才常　168

唐紹儀　67

董竹君　63

董大酉　218

竇立勲　63

馮焌光　12, 13

白先勇　186, 192, 201

巴金　70, 184

潘漢年　142

范文照　179, 181

豊子愷　204

穆時英　24, 104

慕容婉儿　198

馬思聡　62

梅蘭芳　90, 101, 143, 169

兪樾　32

兪振飛　63

楊虎　56

楊錫鏐　183

葉霊鳳　146, 164

李平書　3, 4, 166

劉海粟　99, 101, 102, 199

梁得所　143

郎静山　198, 199

魯迅　70, 131, 134, 136-139, 141-143, 148-153, 181

〈その他〉

アーネスト・オー・ハウザー　20, 42
アーネスト・メジャー　31
アルベルト・アインシュタイン　174-177
ウイリアム・アレクサンダー・パーソンズ・
　　マーティン　27
ウイリアム・ジョーンズ・ブーン　154
エドワード・R・カニンガム　46
オールコック　14
金玉均　134
サイラス・アーロン・ハードゥーン　21,
　　187
サミュエル・アイザック・ジョセフ・シェ
　　レシェフスキー　71, 73-79
ジョージ・フレドリック・スワード　80
ジョン・カルヴァン・ファーガソン　66
タゴール　160
ターレント　42
チャールズ・チャップリン　184, 186
ドドウォール　12
フランシス・リスター・ホークス・ポット
　　72, 73
ハリー・スミス・パークス　49
バロン　54
フィリップ・クプレ　15
フェルディナント・フェルビースト　12,
　　13
フェレア　13, 14
プーシキン　54-57
ヘボン　26, 28, 29
ホッグ　21

ポール・ゴールドマン　23
マテオ・リッチ　11, 15
マリオ・パーチ　62, 63
ユリシーズ・シンプソン・グラント　41
ラズロ・ヒューデック　70
リトル・ロバート・ウィリアム　85
ロバート・ハート　47-49

【新聞・雑誌・書籍・作品名】

永安月刊　190, 193-195, 197-199
滬遊雑記　18
上海逸事大観　212
上海小志　81
上海春秋　20
上海竹枝詞　35
春申旧聞　18
淞南夢影録　6, 36, 38, 40
申江百詠　13, 83
清国上海見聞録　37
新聞報　66, 168
申報　12, 29-32, 34, 36, 92, 93, 162, 179,
　　206
東方雑誌　92
良友　119, 162, 163, 198, 216
和英語林集成　26, 28
North China Daily News　82

【その他】

関東大震災　89, 90, 97, 98
千歳丸　37, 156
大上海計画　213, 215, 218

著者略歴

陳祖恩

1949 年生まれ。復旦大学歴史学部卒業後、上海社会科学院歴史研究所に入所、東華大学教授、上海社会科学院歴史研究所特約研究員等を歴任。専門は中国近現代史。著書に、『上海日僑社会生活史』(2009)、『上海を生きた日本人──幕末から敗戦まで』(2010)、『上海的日本文化地図』(2010)、『南京路：歴史与風景』(2020)、『洋涇浜北辺：歴史与風景』(2021)、『上海珈琲：歴史与風景』(2022) などがある。2022 年、「日本と中国との相互理解の促進」の功績により日本国外務大臣表彰を受けた。

訳者略歴

銭暁波

1972 年生まれ。上海対外経貿大学副教授。学術博士。専門は日本近代文学、日中比較文学。著書に『日本と中国の新感覚派文学に関する比較研究──ポール・モーラン、横光利一、劉吶鴎と穆時英を中心に』(2013)、『谷崎潤一郎　中国体験と物語の力』(2016)、訳書に『江戸川乱歩短編小説集』(2017) などがある。

森平崇文

1973 年生まれ。立教大学教授。博士（文学）。専門は中国メディア、上海史。著書に『社会主義的改造下の上海演劇』(2015) などがある。

上海　記憶の散歩

2023 年 1 月 20 日　第 1 版第 1 刷発行

著者　陳　　祖　　恩

訳者　銭　　暁　　波
　　　森　平　崇　文

発行者　井　村　寿　人

発行所　株式会社　勁　草　書　房

112-0005　東京都文京区水道2-1-1　振替　00150-2-175253
（編集）電話 03-3815-5277／FAX 03-3814-6968
（営業）電話 03-3814-6861／FAX 03-3814-6854
本文組版 プログレス・平文社・中永製本

©QIAN Xiao-bo, MORIDAIRA Takafumi　2023

ISBN978-4-326-20063-4　Printed in Japan

井ノ口哲也　入門　中国思想史　　　　　　　　　　　　　　　　　　　　A5判　三〇八〇円

井ノ口哲也　道徳教育と中国思想　　　　　　　　　　　　　　　　　　　A5判　三〇八〇円

菅野敦史　台湾の国家と文化　「脱日本化」・「中国化」・「本土化」　　　　A5判　五七二〇円

レオ・チン
菅野敦史訳　ビカミング〈ジャパニーズ〉　植民地台湾におけるアイデンティティ形成のポリティクス　　A5判　八二五〇円

巖善平　中国の人口移動と民工　　　　　　　　　　　　　　　　　　　A5判　★五八三〇円

加藤陽子　天皇と軍隊の近代史　　　　　　　　　　　　　　　　　　　四六判　二四二〇円

＊表示価格は二〇二三年一月現在。消費税（一〇％）を含みます。
★はオンデマンド版です。

勁草書房